U0556899

BLUE BOOK

智库成果出版与传播平台

辽宁蓝皮书
BLUE BOOK OF LIAONING

辽宁经济社会发展报告

（2023~2024）

ECONOMY AND SOCIETY DEVELOPMENT REPORT OF
LIAONING(2023-2024)

主　编／张万强
副主编／王　磊　王　丹　姜瑞春　宋帅官

社会科学文献出版社
SOCIAL SCIENCES ACADEMIC PRESS（CHINA）

图书在版编目（CIP）数据

辽宁经济社会发展报告 . 2023~2024 / 张万强主编；
王磊等副主编 . --北京：社会科学文献出版社，2024.4
（辽宁蓝皮书）
ISBN 978-7-5228-3395-8

Ⅰ.①辽…　Ⅱ.①张…②王…　Ⅲ.①区域经济发展
-研究报告-辽宁-2023-2024　Ⅳ.①F127.31

中国国家版本馆 CIP 数据核字（2024）第 058032 号

辽宁蓝皮书

辽宁经济社会发展报告（2023~2024）

主　　编 / 张万强
副 主 编 / 王　磊　王　丹　姜瑞春　宋帅官

出 版 人 / 冀祥德
组稿编辑 / 任文武
责任编辑 / 张丽丽　吴尚昀
责任印制 / 王京美

出　　版 / 社会科学文献出版社·生态文明分社（010）59367143
　　　　　　地址：北京市北三环中路甲 29 号院华龙大厦　邮编：100029
　　　　　　网址：www. ssap. com. cn
发　　行 / 社会科学文献出版社（010）59367028
印　　装 / 天津千鹤文化传播有限公司

规　　格 / 开　本：787mm×1092mm　1/16
　　　　　　印　张：23.5　字　数：351 千字
版　　次 / 2024 年 4 月第 1 版　2024 年 4 月第 1 次印刷
书　　号 / ISBN 978-7-5228-3395-8
定　　价 / 138.00 元

读者服务电话：4008918866

主要编撰者简介

张万强 现任辽宁社会科学院党组成员、副院长，经济学博士、研究员，英国威斯敏斯特大学访问学者。主要研究领域为区域经济、产业经济、财政学。兼任辽宁省委省政府决策咨询委员、辽宁省政协智库专家、沈阳市委市政府决策咨询委员等，获得辽宁省优秀专家等称号。出版专著8部，包括《打造世界级装备制造业基地：战略定位与发展路径》《构建内生增长动力的老工业基地振兴道路》《提升中国装备制造业市场竞争力的财政政策研究》《新中国成立70年辽宁的探索与实践》《辽宁比较优势研究》等。在《光明日报》、《财经问题研究》（CSSCI）、《经济纵横》（CSSCI）、《内蒙古社会科学》（CSSCI）等报纸和期刊发表学术论文80余篇。有10余项研究报告获得党和国家领导人及省领导肯定性批示。承担国家社科基金、省级社科基金及各类智库课题百余项。

王　磊 博士，中国社会科学院社会学研究所博士后，硕士生导师。现任辽宁社会科学院社会学研究所所长、研究员。辽宁省经济社会形势分析与预测中心主任。国家社会科学基金项目评审专家。国务院就业工作领导小组办公室就业专家库专家。辽宁省直"五一劳动奖章"获得者。辽宁省"四佳人物"，辽宁省宣传文化系统"四个一批人才"。社会兼职主要有中国社会学会常务理事，辽宁省社会学会会长，辽宁省科技伦理委员会委员等。主要研究领域为社会福利与社会救助。近年来主持国家社会科学基金项目4项，国家社会科学基金重大项目子项目2项。2013年和2014年分别获得国家博士后科学基金面上项目一等资助和特别资助。主持完成各级各类科研课题近百项。出版学术专著4部，合著7部。在《财经问题研究》《理论与改革》《统计与决策》等核心期刊发表学术论文20余篇。科研成果获得省部级及以上奖项近20项，其中获得民政部民政政策理论研究优秀成果一等奖1项，辽宁省政府奖一等奖2项。

王　丹　辽宁社会科学院农村发展研究所所长、研究员，研究方向为农村经济、区域经济。承担和参与国家级、省级社科基金项目及省政府、地方政府等委托课题30余项。撰写相关著作10余部，在国家级、省级期刊上发表论文20余篇。《通向复兴之路——振兴东北老工业基地政策研究》《取消农业税后农村新情况新问题及对策研究》等成果获得辽宁省哲学社会科学成果一等奖、二等奖等奖项。

姜瑞春　辽宁社会科学院产业经济研究所所长、研究员，美国 IVLP 项目高级访问学者，辽宁省中青年决策咨询专家库专家，辽宁省中小企业协会秘书长，中国统计学会第十届理事会理事，主要研究方向为产业经济、区域经济、技术经济等，出版《新兴产业与区域经济转型发展研究》《构建辽宁沿海经济带重点园区业绩考核体系的对策研究》《后金融时代产业发展与安全研究》《资源型地区产业升级的载体和模式研究》《产业转型升级与区域经济高质量发展研究》5部专著（含合著），从2011年开始，连续13年为"辽宁蓝皮书""东北蓝皮书"总报告的主要执笔人。

宋帅官　辽宁社会科学院经济研究所所长、研究员，辽宁省省级重点新型智库首席专家、辽宁省科技创新发展智库首席专家、辽宁省人大财经委智库专家、辽宁省税务学会理事、辽宁省"百千万人才工程"人才。近年来，主要从事区域经济发展战略、产业发展规划、产业政策制定、国企改革等相关领域研究，主持完成省社会科学基金课题、省财政科研基金及省政府有关部门委托课题 40 余项，出版学术专著 2 部，在《学术研究》《地方财政研究》《农业经济》《中国社会科学报》《辽宁日报》等报刊发表理论文章 30 余篇。有 20 余篇调研报告、咨询建议获得省部级领导肯定性批示。

摘　要

《辽宁经济社会发展报告（2023~2024）》是辽宁社会科学院连续推出的第 28 本有关辽宁省经济社会形势分析的年度性研究报告。全书分为总报告、经济运行篇、社会发展篇、乡村振兴篇、专题篇五部分，由辽宁社会科学院有关专家，以及省直有关部门、大专院校的学者历经 1 年有余研创而成。本书突出对辽宁经济社会发展中热点、难点和关键问题的分析和预测，并且重视研究数据的完整性、对策建议的前瞻性和应用性。

2023 年，辽宁经济保持了稳中向好、持续巩固的发展态势，出现了多年来少有的好形势。主要表现为内需拉动作用明显增强、供给端持续快速恢复、经济效益逐步提高、改革开放步伐加快、创新驱动发展战略持续推进、"一圈一带两区"建设加快推进、绿色发展深入实施。与此同时，辽宁社会发展形势稳定，民生福祉持续增强，社会发展质量不断提高。主要表现为就业总体形势持续向好，城乡居民收入水平明显提高，教育普惠程度与师资水平稳步提升，"健康辽宁"建设加速推进，养老服务水平稳步提升，社会治理水平与成效日益显著。

本书认为，辽宁经济社会发展中还面临经济持续回升基础不牢固、部分实体增长动能不足、外贸增长不确定性较大、部分重点领域风险有所集聚等问题。社会建设领域，就业结构性矛盾突出，收入分配格局有待进一步优化，人才集聚效应仍不明显，生源总量下降加剧师资竞争，医疗资源区域间分布仍有差距，养老服务体系服务质量仍需完善。

当前，辽宁经济运行的低速徘徊态势已发生明显转变，经济持续回升向

好的积极因素明显增多。2024 年，辽宁要持续全面贯彻习近平新时代中国特色社会主义思想，深入学习贯彻习近平总书记关于东北、辽宁振兴发展的重要讲话和指示批示精神，特别是"9·7"重要讲话精神，坚决贯彻省委六次全会精神，紧扣打造新时代"六地"目标定位，把实施扩大内需的国家战略同深化供给侧结构性改革有机结合起来，进一步巩固经济、恢复发展基础，推进城乡融合和区域协调发展，提高人民生活水平，坚持生态优先、绿色发展等。

关键词： 区域经济　经济预测　绿色发展　辽宁

Abstract

<Economy and Society Development Report of Liaoning 2023-2024> is the 28th annual research report on Liaoning economic and social situation analysis was continuously launched by the Liaoning Academy of Social Sciences. The book is divided into five parts: General Report, Economic Operation, Social Development, Rural Revitalization, and Special Topics. It was created by experts from Liaoning Academy of Social Sciences, as well as scholars from relevant provincial departments and colleges after more than a year of research and creation. This book highlights the analysis and prediction of hotspots, difficulties, and key issues in the economic and social development of Liaoning, and emphasizes the completeness of research data, foresight, and applicability of policy recommendations.

This book points out that in 2023, Liaoning economy has maintained a stable and positive development trend, with a sustained consolidation, and a rare good situation has emerged in many years. The main manifestations are a significant increase in domestic demand, sustained and rapid recovery of the supply side, gradual increase in economic benefits, accelerated pace of reform and opening up, continuous promotion of innovation driven development strategy, accelerated construction of the "One Belt, Two Zones", and in-depth implementation of green development. At the same time, the social development situation in Liaoning is stable, resident well-being continues to improve, and the quality of social development continues to improve. The main performance is that the overall employment situation continues to improve, the income level of urban and rural residents has significantly increased, the level of education and teaching staff has steadily improved, the construction of a healthy Liaoning has accelerated, the level of elderly care services has steadily improved, and the level and effectiveness of

social governance are becoming increasingly significant.

This book believes that Liaoning's economic and social development still faces some problems that cannot be ignored: the foundation for sustained economic recovery is not solid, some entities lack growth momentum, foreign trade growth is uncertain, and risks in some key areas are concentrated. In the field of social construction, there are prominent structural contradictions in employment, and the income distribution pattern needs to be further optimized. The talent agglomeration effect is still not obvious, the total number of students has decreased, intensifying competition for teaching staff. There is still a gap in the distribution of medical resources between regions, and the quality of elderly care service system services still needs to be improved.

This book proposes that the current low-speed hovering trend of Liaoning economy has undergone a significant transformation, and there are more positive factors for the sustained recovery and improvement of the economy. Integrate the implementation of the national strategy to expand domestic demand with the deepening of supply side structural reform, further consolidate the economy, restore the foundation of development, promote urban-rural integration and regional coordinated development, improve resident living standards, and adhere to ecological priority and green development.

Keywords: Regional Economy; Economic Projection; Green Development; Liaoning

目 录

Ⅰ 总报告

Ⅱ 经济运行篇

Ⅲ 社会发展篇

皮书数据库阅读**使用指南**

CONTENTS ⟫

I General Reports

II Economic Operation Articles

Ⅲ Social Development Articles

Ⅳ Rural Revitalization Articles

V　Special Articles

CONTENTS ↖↘

总 报 告

B.1
2023~2024年辽宁经济形势分析与展望

姜瑞春　姜岩*

摘　要：　2023年，辽宁经济保持了稳中向好、持续巩固的发展态势，出现了多年来少有的好形势。主要表现为经济稳中向好持续巩固、内需拉动作用明显增强、供给端持续快速恢复、经济增长质量与效益提高、改革开放步伐加快、创新驱动发展战略持续推进、"一圈一带两区"建设加快推进、绿色发展深入实施。但辽宁也存在经济持续回升基础不牢固、部分实体经济增长动能不足、外贸增长不确定性较大、部分重点领域风险有所集聚等问题。当前，辽宁经济运行的低速徘徊态势已发生明显转变，经济持续回升向好的积极因素明显增多，经济增速有望超过全国平均水平，预计2024年辽宁经济将继续保持向好的发展态势。

关键词：　经济形势　稳中向好　有效投资

---

* 姜瑞春，辽宁社会科学院产业经济研究所所长、研究员，主要研究方向为区域经济、产业经济；姜岩，辽宁社会科学院产业经济研究所研究员，主要研究方向为产业经济。

2023 年，面对严峻复杂的国内外环境，特别是"三重压力"冲击下，在以习近平同志为核心的党中央的领导下，辽宁省委、省政府坚持稳中求进总基调，聚力实施全面振兴新突破三年行动，经济稳步恢复，供需关系明显改善，质量效益提升，新动能发展壮大，经济发展主要目标任务完成情况好于预期。

一 经济运行基本情况

（一）经济稳中向好持续巩固

从纵向看，2023 年前三季度，辽宁延续 2022 年下半年以来的复苏势头，主要经济指标保持合理增长，经济增速连续三个季度高于全国，尤其是第一季度地区生产总值同比增速比全国高 0.2 个百分点，结束了 36 个季度持续低于全国的发展态势（见图 1）。

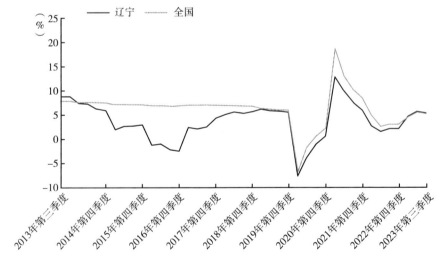

图 1 2013 年第三季度以来辽宁与全国 GDP 增速变化情况

资料来源：Wind 数据库，国家统计局网站，辽宁社科院产业经济研究所。

从横向看，辽宁经济前期降幅较大，后期恢复较快，显示出强大的弹性及韧性。地区生产总值增速2022年低于全国0.9个百分点，2023年第一季度、2023年上半年、2023年前三季度分别高于全国0.2个、0.1个、0.1个百分点，赶上全国平均增速；辽宁与云南、重庆、江西经济增速上的差距从2022年分别低2.2个、0.5个、2.6个百分点，到2023年上半年分别高0.5个、1.0个、3.2个百分点，结束了连续12年辽宁经济增速持续低于这三个地区的发展情况（见图2）。

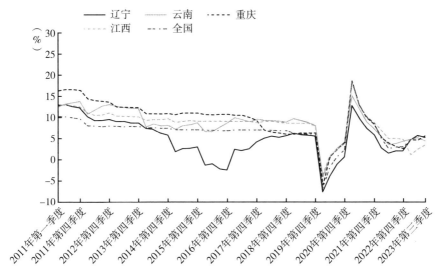

图2 2011年第一季度以来辽宁与全国及云南、重庆、江西GDP增速逐季变化情况

资料来源：Wind数据库。

从主要经济指标来看，2023年前三季度辽宁规模以上工业增加值增速高于全国和江西，低于云南和重庆，但与2022年相比，其与云南和重庆的差距分别缩小了8个和3.5个百分点；辽宁固定资产投资增速继续领先，分别比全国、云南、重庆、江西高0.8个、12.7个、0.3个、15.1个百分点；辽宁社会消费品零售总额增速提升较快，从2022年落后全国、云南、重庆、江西2.4个、3.6个、2.3个、7.9个百分点，提升到2023年前三季度分别高1.3个、1.1个、0.7个、2个百分点；2023年前三季度辽宁进出口总额

下降3.3%，但下降幅度远小于云南的-23.0%、重庆的-12.5%、江西的-9.8%；辽宁一般公共预算收入增速比全国、江西分别高0.8个、5.7个百分点，比云南、重庆分别低6.1个、4.2个百分点（见表1）。

表1　2022年以来辽宁与全国及云南、重庆、江西主要经济指标增速对比

单位：%

指标		全国	辽宁	云南	重庆	江西
地区生产总值	2023年前三季度	5.2	5.3	4.4	5.6	3.4
	2023年上半年	5.5	5.6	5.1	4.6	2.4
	2023年第一季度	4.5	4.7	4.8	4.7	1.2
	2022年	3.0	2.1	4.3	2.6	4.7
规模以上工业增加值	2023年前三季度	4.0	4.5	5.7	5.7	4.2
	2023年上半年	3.8	5.3	5.0	3.5	3.2
	2023年第一季度	3.0	7.5	4.7	6.0	-2.8
	2022年	3.6	-1.5	7.7	3.2	7.7
固定资产投资	2023年前三季度	3.1	3.9	-8.8	3.6	-11.2
	2023年上半年	3.8	5.0	-5.0	1.4	-19.2
	2023年第一季度	5.1	11.9	4.0	7.6	-19.7
	2022年	5.1	3.6	7.5	0.7	8.6
社会消费品零售总额	2023年前三季度	6.8	8.1	7.0	7.4	6.1
	2023年上半年	8.2	9.1	8.7	6.2	5.9
	2023年第一季度	5.8	6.5	7.5	4.7	3.4
	2022年	-0.2	-2.6	1.0	-0.3	5.3
进出口总额	2023年前三季度	-0.1	-3.3	-23.0	-12.5	-9.8
	2023年上半年	1.9	1.4	-12.0	-15.0	—
	2023年第一季度	3.5	3.7	5.8	-11.9	—
	2022年	6.7	2.4	6.3	-2.0	34.9
一般公共预算收入	2023年前三季度	8.9	9.7	15.8	13.9	4.0
	2023年上半年	13.3	14.2	29.3	14.4	4.5
	2023年第一季度	0.5	7.6	2.1	-2.6	8.5
	2022年	0.6	-8.7	-14.4	-2.5	4.8

资料来源：国家统计局网站。

（二）内需拉动作用明显增强

市场销售不断向好。2023年，辽宁始终把恢复和扩大消费摆在优先位置，持续开展促消费活动、发放消费补贴、打造新消费场景、优化消费设施环境等措施，促进消费市场加速恢复，进一步激发消费潜力、增强消费动力。2023年前三季度，全省实现社会消费品零售总额7632.3亿元，同比增长8.1%，高于全国平均水平1.3个百分点，实现增速连续7个月高于全国（见图3）。重点商品零售增势良好，石油及其制品类、汽车类分别增长17.2%和14.8%，其中新能源汽车增长1.5倍。

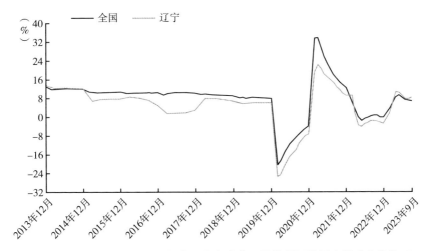

图3　2013年12月以来辽宁与全国社会消费品零售额累计同比增速变化情况

资料来源：Wind数据库。

投资保持增长。全省聚焦实施全面振兴新突破三年行动，发挥投资关键作用，积极扩大有效投资，2023年年初以来固定资产投资保持增长态势，投资增速持续高于全国及东北地区。2023年前三季度，全省固定资产投资同比增长3.9%，高于全国0.8个百分点，增速连续7个月高于全国（见图4）。基础设施、制造业投资分别增长15.1%、17.3%，其中水利管理、装备制造、高技术制造业等领域投资增长较快，前三季度全省高技术制造业投资

同比增长 46.2%。受市场预期减弱、需求结构转变等因素影响，房地产开发投资持续低迷，同比下降 28.2%。

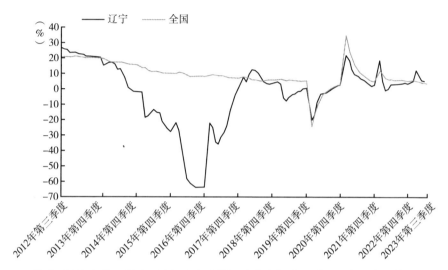

图 4　2012 年第三季度以来辽宁与全国固定资产投资累计同比增速变化情况

资料来源：Wind 数据库。

外贸规模总体稳定。2023 年，全省加大力度推进外贸促稳提质工作，持续实施多元化开拓国际市场、多领域培育外贸新增长点、多角度助外贸企业纾困、多举措提升通关便利度等措施，综合施策扩大进出口，激发外贸发展潜能。前三季度全省实现货物进出口总额 5785.3 亿元（见图 5），规模居全国第 11 位。从主要贸易伙伴看，前三季度，全省对第一大贸易主体欧盟进出口 986.6 亿元，占同期全省进出口总额的 17.1%；对东盟和美国分别进出口 456.2 亿元和 420.8 亿元，占比分别为 7.9% 和 7.3%。此外，全省对日本、韩国、沙特阿拉伯和俄罗斯进出口总额分别为 684.3 亿元、492 亿元、457.4 亿元和 426.3 亿元，分别增长 1.3%、11.9%、3.8% 和 82.3%，占比分别为 11.8%、7.9%、8.5% 和 7.4%。

从出口产品看，前三季度全省机电产品出口 1403.9 亿元，同比增长 3.3%，占同期全省出口总额的 52.5%，其中，集成电路出口 169.4 亿

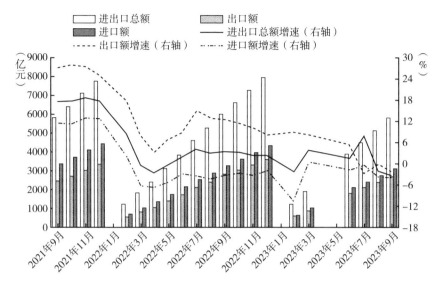

图5 2021年9月以来辽宁货物进出口额累计值及其增速变化情况

资料来源：Wind数据库。

元，占比为6.3%；电动载人汽车、太阳能电池和锂离子蓄电池"新三样"产品分别出口105亿元、7.8亿元和32.8亿元，分别同比增长88.1%、-1.0%和66.9%；农产品出口228.5亿元，增长11.8%，占比为8.5%。从进口看，前三季度全省进口原油、天然气和煤及褐煤等能源产品962.1亿元，占同期进口总额的30.9%。机电产品进口850.7亿元，占27.4%。其中，汽车零配件进口327亿元，占10.5%。此外，农产品进口352.1亿元，同比增长17.1%，占11.3%。其中，食用水产品进口93.5亿元，同比增长39.5%，占3%。粮食进口149.5亿元，同比增长16%，占4.8%。

（三）供给端持续快速恢复

农业生产形势良好。粮食生产能力稳步提升，2021年、2022年连续两年粮食总产量稳定在2400万吨以上，单位面积产量稳居全国前列，粮食安全基础进一步巩固。重要农产品供给保障有力，2023年前三季度，

全省水果产量、蔬菜及食用菌产量分别增长 5.6%、5.0%，猪牛羊禽肉产量增长 3.4%，其中禽肉产量增长 6.6%，禽蛋产量增长 0.7%，牛奶产量增长 1.1%。

工业生产持续恢复。面对需求收缩、供给冲击、预期转弱"三重压力"，全省工业经济承压运行，但总体保持稳定，呈现恢复向好态势。2023 年年初以来，全省规模以上工业增加值累计增速持续高于全国，前三季度规模以上工业增加值增长 4.5%，比全国高 0.5 个百分点（见图 6），其中食品制造业，计算机、通信和其他电子设备制造业，化学原料和化学制品制造业，汽车制造业增加值分别增长 36.1%、20.0%、18.2%、15.7%。

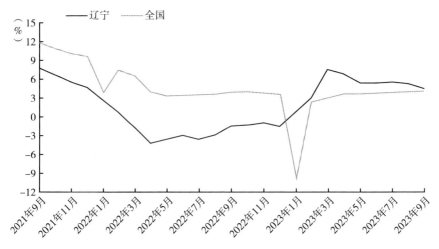

图 6 2021 年 9 月以来辽宁与全国规模以上工业增加值累计同比增速变化情况

资料来源：Wind 数据库，国家统计局网站，辽宁社科院产业经济研究所。

服务业加快恢复。2023 年前三季度，全省服务业增加值同比增长 5.8%，增速比上半年提高 0.2 个百分点（见图 7）。其中，批发和零售业、住宿和餐饮业分别增长 5.2%、19.1%。现代服务业较快增长，1~8 月，规上互联网和相关服务业，文化、体育和娱乐业，软件和信息技术服务业营业收入分别增长 33.0%、17.3%、13.0%。

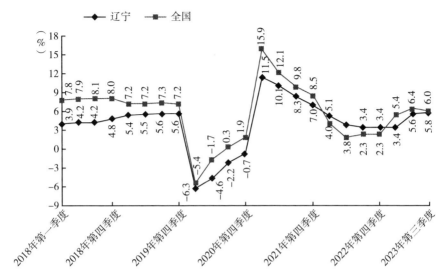

图7 2018年第一季度以来辽宁与全国服务业增加值累计同比增速变化情况

资料来源：Wind数据库。

（四）经济增长质量与效益提高

一是新产品产销两旺，规上工业中碳纤维及其复合材料、新能源汽车、工业机器人产量分别增长1.3倍、51.4%、6.2%，限上新能源汽车、可穿戴智能设备零售额分别增长1.5倍、85.2%。二是新业态加速形成，限上单位通过公共网络实现的商品零售额增长9.7%，增速比上半年提高4.5个百分点。三是企业盈利水平不断提高，1~9月，全省规上工业企业实现利润总额同比下降23.7%，比第二季度末收窄17.6个百分点。四是绿色转型稳步推进，一般公共预算支出中节能环保支出增长32.8%；规上工业太阳能、风能、核能发电量分别增长35.0%、22.3%、18.0%；清洁能源发电量占比为39.0%，较上年同期提高5.5个百分点。

（五）改革开放步伐加快

重点领域改革持续深化。近年来，全省进一步优化市场化、法治化、国际化营商环境，"一网通办""一网统管"能力显著提升。国有企业战略性

重组整合加速推进，混合所有制改革稳妥推进，央地融合步伐加快。民营经济市场主体数量快速增加，发展质量持续提升。要素市场化配置改革持续推进，加快建立健全城乡统一的建设用地市场，沈阳、大连区域性产权交易中心建设进展良好。制度创新成效明显。国家总体方案赋予辽宁自贸试验区123项试点任务全部落地，自主形成13项改革创新经验在全国复制推广，其中4项案例入选国家"最佳实践案例"，入选数在全国位居前列；省政府先后推出179项创新经验在全省复制推广。

开放水平不断提升。开放平台载体功能增强。2022年，全省99家省级以上经济开发区地区生产总值突破1万亿元大关，占全省的35.7%；实际利用外资和进出口总额等外向型指标占全省总量的90%和60%左右。2023年1~9月，实际利用外资和进出口总额分别占全省总量的85%和66.7%。招商引资快速增长。2022年全省实际利用外资61.6亿美元，增长90.5%，规模列全国第7位。2023年1~9月，全省招商引资实际到位资金6768.9亿元，同比增长12.5%。其中，实际到位内资6567.3亿元，同比增长15.5%，实际利用外资30.1亿美元。深度融入共建"一带一路"。持续加强与"一带一路"沿线国家务实合作，引导全省能源、原材料、装备制造等优势产业在"一带一路"沿线国家布局。加大对重点"一带一路"沿线国家重点能源资源性产品进口。2022年，全省与"一带一路"沿线国家进出口2951.6亿元，增长21.2%；2023年1~9月进出口2875.2亿元，占全省进出口总额的49.7%。

（六）创新驱动发展战略持续推进

创新能力增强，市场主体活力增加。截至2023年上半年，全省高新技术企业累计达到11133家，科技型中小企业累计达到29551家，累计构建典型实质性产学研联盟400家，组织实施省级"揭榜挂帅"项目273个。截至2023年9月底，全省新设户数、同比增速均创近5年新高，新登记经营主体61.5万户，同比增长23%，经营主体总量发展到501.5万户，为辽宁经济稳步向好提供有力支撑。

"数字辽宁、智造强省"加速推进。深入推进做好结构调整"三篇大文章"，聚力打造先进装备制造、石油化工、冶金新材料3个万亿级产业基地和22个重点产业集群。扎实推进工业数字化转型，工业互联网标识解析体系建设实现全省覆盖。大力发展精细化工产业，推进"减油增化、减油增特"项目建设，积极促进机器人、集成电路、生物医药等新兴产业集群化发展。2022年，全省规上工业企业关键工序数控化率达60.1%，数字化研发设计工具普及率达77.2%，均超过全国平均水平；化工精细化率达到44.1%；高技术制造业增加值增长16.6%，高于全国9.2个百分点。

（七）"一圈一带两区"建设加快推进

近年来，全省深入实施"一圈一带两区"区域协调发展战略，沈阳现代化都市圈获批国家级都市圈，沈阳"一枢纽四中心"加快推进，"一小时都市圈"交通网初步建成，重点产业链、供应链深度融合。2023年前三季度，沈阳现代化都市圈地区生产总值占全省的47.2%，同比增长5.3%（见表2）。《辽宁沿海经济带高质量发展规划》获国务院批复，大连"两先区""三个中心"加快推进，沿海六市在产业发展、体制创新、开放合作等方面取得明显进展。2023年前三季度，沿海经济带地区生产总值占全省的49.5%，同比增长5.3%。辽西先导区在风电、光伏等清洁能源方面率先融入京津冀协同发展战略。辽东绿色经济区重点生态功能区建设持续加强，绿色产业加速集聚。县域经济短板加快补齐，制定实施县域经济高质量发展意见。乡村振兴全面推进，农业综合生产能力不断增强，乡村产业提质增效，为维护国家粮食安全奠定坚实基础。

表2　2023年辽宁分区域主要经济指标增速

单位：%

指标	全省	沈阳都市圈	沿海经济带	辽西先导区
地区生产总值	5.3	5.3	5.3	5.2
固定资产投资	3.9	3.5	4.0	3.5
社会消费品零售总额	8.1	8.0	8.4	7.0
出口额	-2.4	-1.3	-3.0	3.7

指标	全省	沈阳都市圈	沿海经济带	辽西先导区
进口额	-4.1	-4.2	-4.2	58.5
一般公共预算收入	9.7	9.9	9.7	12.1
一般公共预算支出	2.6	5.8	-0.9	0.3

注：沈阳都市圈包括沈阳、鞍山、抚顺、本溪、阜新、辽阳、铁岭（包含沈抚改革创新示范区）；沿海经济带包括大连、丹东、锦州、营口、盘锦和葫芦岛；辽西先导区包括阜新、朝阳和葫芦岛。辽东绿色经济区九县市获取数据有难度，这里不对其进行统计分析。

资料来源：辽宁省统计局网站。

（八）绿色发展深入实施

近年来，全省坚持绿水青山就是金山银山理念，统筹推进山水林田湖草沙一体化保护和修复，持续推进重点领域节能降耗，深入落实重点生态工程项目，着力打好蓝天、碧水、净土保卫战，"美丽辽宁"建设取得新成效。2022年，全省单位地区生产总值能源消耗降低2.9%左右，两年累计降低7.9%左右；万元地区生产总值用水量累计下降9.5%；全省平均优良天数为329天，地级及以上城市空气质量优良天数比率达到90%；地表水达到或好于Ⅲ类水体比例达到88.7%，城市生活垃圾回收利用率达到30.4%。

二　辽宁经济运行中需关注的问题

随着创新驱动发展的不断深入、扩大内需战略同深化供给侧结构性改革的持续推进，辽宁经济运行的质量效益稳步提升，经济总体保持持续向好的发展态势。但由于受外部环境、经济结构等因素的影响，辽宁经济运行仍需密切关注以下几方面的趋势性问题。

（一）经济持续回升基础不牢固

2023年以来，全省经济运行平稳复苏，但也是承重承压的艰难复苏，经济增长的压力仍然较大。一是规模以上工业增加值5月、6月、7月、8月、9月当月增速分别为-0.3%、4.8%、9.9%、2.1%、-2.0%，增速波动明显；二是从固定资产投资增速与全国差额看，第一季度高出全国 6.8 个百分点，之后逐月收窄，7 月、8 月仅分别高于全国 0.2 个、0.3 个百分点；三是社会消费品零售总额增速与全国差额逐步收窄，1~4 月高于全国 2.2 个百分点，7 月、8 月仅分别高于全国 0.5 个、0.7 个百分点；四是货物出口额 7 月、8 月、9 月当月增速持续低于全国 4.2 个、1 个、3 个百分点。

（二）部分实体经济增长动能不足

部分行业生产不振，一些企业生产经营困难增多，发展信心有所减弱，工业下行压力依然较大。一是传统工业行业继续回落。装备制造业、冶金工业、石化工业三大支柱产业增加值占全省工业增加值的 75% 以上，2023 年以来全省工业品出厂价格持续下滑，石化、冶金行业产量增加，但现价产值大幅下降，上半年，化学原料和化学制品制造业增加值下降 15.1%，黑色金属冶炼和压延加工业增加值下降 18.3%，前三季度规模以上工业企业营业利润累计同比下降 24.3%，降速比全国高出 12.4 个百分点。二是新兴工业增长尚未形成有效支撑。上半年高技术制造业增加值增长 9.3%，占全省规模以上工业的比重仅为 5.8%，而全国该比重达到 15.5%，虽然增速较快，但占比低，支撑力不够。三是民间投资信心不足。民营经济恢复相对缓慢乏力，市场主体发展信心受挫，预期不振，2023 年上半年全省民间投资同比下降 14.9%，降速高出全国 14.7 个百分点。

（三）外贸增长不确定性较大

全省货物贸易进出口份额占全国比重不高，2022 年仅为 2.16%，2023 年上半年为 1.07%。传统市场份额占全国比重逐年下降，近 3 年全省对日本出口占全国的比重从 5.7% 下降至 5.2%，对韩国出口比重从最高 3.3% 下降至 3%。对俄罗斯贸易仍以传统商品交易为主，高度集中在油气、煤炭等资源类粗加工原料产品领域，贸易附加值和层次较低、结构单一。

（四）部分重点领域风险有所集聚

房地产、地方债务、金融领域之间风险关联性增加，基层"三保"压力

增大。一是房地产市场风险尚未有效缓解。部分房地产企业资金紧张、保交楼压力仍存，前三季度全省房地产投资额同比下降 28.2%，降速比全国高 19.1 个百分点，商品房新开工面积下降 39.2%。房地产库存压力仍然较大，前三季度商品房待售面积增长 12.2%，比 3 月末增加 2.4 个百分点。二是土地市场仍然低迷。1~9 月政府性基金预算收入下降 18.8%，已连续 24 个月同比下降（见图 8）。土地和房地产相关收入下滑对地方财力冲击影响持续显现。同时，工业生产者出厂价格指数（PPI）持续走低直接影响企业利润和地方财政税收，一些地方特别是基层政府面临的"三保"、偿债等刚性支出压力较大。

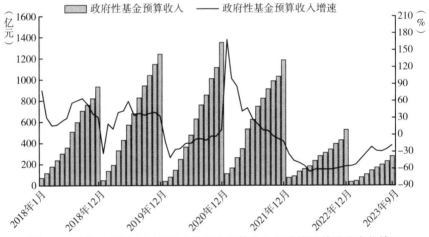

图 8　2018 年 1 月以来辽宁政府性基金预算收入累计值及其增速变化情况

资料来源：Wind 数据库。

三　辽宁经济发展面临的国内外形势及挑战

（一）国际形势及基本走势

2023 年在全球经济整体放缓的大背景下，不同国家或地区之间的分化明显扩大。主要国际组织都大幅下调了全球经济及主要经济体的增速预期。国际货币基金组织（IMF）在 10 月的《世界经济展望报告》中，将 2023

年、2024年全球经济增速分别下调至3.0%和2.9%，低于3.8%的历史（2000~2019年）平均水平。根据WTO 10月的预测，2023年全球货物贸易量的增速仅有0.8%，比4月的预测下调了0.9个百分点。

根据联合国产业发展组织的统计，2009年至2019年，产业政策的数量几乎增长了一倍；产业政策的回归主要发生在发达经济体，高收入国家执行的产业政策平均数量为95，中、低收入国家执行的产业政策平均数量只有18。在全球贸易预警数据库（GTA）的贸易政策数据中，被归为产业政策的占比从2009年的19%升至2019年的47%。在各国实施的贸易政策数量上升的同时，其中具有产业政策属性的政策措施上升更快。针对特定行业或企业实施复杂的非关税措施，是当前全球产业政策的重要特点。

（二）国内形势及基本走势

2023年以来，世界经济复苏乏力，全球通胀水平仍然较高，主要经济体货币政策紧缩外溢效应突出。在这样的背景下，我国前三季度GDP同比增长5.2%，第三季度增长4.9%，尤其在2022年第三季度基数较高的情况下，2023年第三季度和前三季度增速均取得了较好的成绩，在主要经济体中也是名列前茅。在这种经济发展持续恢复的情况下，全年完成增长5%左右的预期目标实现概率较大。因此，从经济数据看，2023年前三季度经济增长内生动力逐渐恢复并加强，经济发展的质量和效益不断提升，各项政策举措的效果不断显现，经济持续恢复向好，为完成全年经济预期发展目标奠定了基础。

1.政策刺激效果渐显，工业经济持续向好

从制造业采购经理指数（PMI）看，2023年9月，制造业采购经理指数为50.2，比上月上升0.5个百分点，重返扩张区间。从分类指数看，在构成制造业PMI的5个分类指数中，生产指数、新订单指数和供应商配送时间指数均高于临界点，原材料库存指数、从业人员指数均低于临界点。其中，9月生产指数和新订单指数比上月上升，说明产需两端继续改善，制造业生产活动持续加快。另外，近期部分大宗商品价格持续上涨，制造业市场

价格总体水平继续回升，装备制造业、高端制造业和消费品等重点行业 PMI 均回升，并位于扩张区。总体来看，截至 2023 年 9 月，制造业 PMI 连续 4 个月回升，4 月以来首次升至扩张区间，制造业景气水平有所回升。

表3　2022 年 9 月以来中国制造业 PMI 及构成指数（经季节调整）

时间	制造业 PMI	生产	新订单	原材料库存	从业人员	供应商配送时间
2023.9	50.2	52.7	50.5	48.5	48.1	50.8
2023.8	49.7	51.9	50.2	48.4	48.0	51.6
2023.7	49.3	50.2	49.5	48.2	48.1	50.5
2023.6	49.0	50.3	48.6	47.4	48.2	50.4
2023.5	48.8	49.6	48.3	47.6	48.4	50.5
2023.4	49.2	50.2	48.8	47.9	48.8	50.3
2023.3	51.9	54.6	53.6	48.3	49.7	50.8
2023.2	52.6	56.7	54.1	49.8	50.2	52.0
2023.1	50.1	49.8	50.9	49.6	47.7	47.6
2022.12	47.0	44.6	43.9	47.1	44.8	40.1
2022.11	48.0	47.8	46.4	46.7	47.4	46.7
2022.10	49.2	49.6	48.1	47.7	48.3	47.1
2022.9	50.1	51.5	49.8	47.6	49.0	48.7

资料来源：国家统计局网站。

从规模以上工业增加值看，全国工业生产稳中有升，多数行业和产品出现增长，尤其是装备制造业实现了稳定增长，新能源、新材料继续保持快速增长。从企业利润情况看，营收利润有所恢复，效益水平持续提高，产能利用率逐季回升，产销衔接水平明显提高。总体来看，前三季度工业企业呈现企稳向好的态势，下一阶段将加快推进新型工业化建设，增强工业发展内生动力，推动工业经济持续向好。

2.消费结构改变释放信号，低位徘徊仍需"稳收入"巩固

前三季度，随着一系列促消费政策发酵，市场活力不断增强，消费新业态、新热点持续涌现，消费市场保持着稳定恢复态势。8 月、9 月市场销售增速连续 2 个月加快，消费市场复苏态势明显。10 月中秋、国庆假期，居

民外出旅游量激增，带动了旅游相关消费加快恢复。同时城乡市场同步增长，乡村快于城镇。线上消费保持较快增长，线下客流量也逐步回升，实体店铺经营也持续改善。多数商品销售持续增长，居民升级类商品如金银珠宝等商品零售额稳步增长，新能源汽车销售保持快速增长势头。但后期消费全面平稳可持续地增长，关键是稳定就业、收入预期。前三季度，全国居民人均可支配收入为29398元，同比名义增长6.3%，低于上半年0.2个百分点。居民收入增速的下行是导致当前消费增速低位徘徊的根本因素，同时也将影响居民消费上涨的可持续性。总体来看，消费市场持续稳定恢复，但同时居民消费能力和消费信心也需要进一步提升，居住类商品销售持续低迷，实体经营主体的经营压力仍需缓解。

3. 政策效果逐渐显现，投资增速或将逐渐上涨

从全国固定资产投资看，各地区积极扩大有效投资，不断拓展投资政策空间，努力调动民间投资积极性，加快推进新型工业化，有效地促进固定资产投资平稳增长。具体来看，制造业投资增速连续两个月加快发展，尤其加快发展先进制造业，在协调推进数字产业化和产业数字化发展的基础上，高技术产业投资增速良好。另外，持续推进交通、水利、能源等重点领域补短板投资，前三季度在基础设施、电力、热力等方面的投资同比增长较快。大项目投资带动作用明显，前三季度同比增长10.2%。

4. 外部需求持续放缓，出口增速延续负增长

从货物贸易进出口总额看，第一、第二、第三季度进出口总额分别为9.72万亿元、10.29万亿元、10.79万亿元，进出口总额逐季提高，外贸规模稳中有增。但10月中国出口总额下降6.4%，较9月降幅扩张0.2个百分点，低于市场预期。海外需求弱于预期是10月出口降幅略有扩张的主要原因。10月全球地缘政治冲突多发、地区战争外溢，拉低全球经济增速。10月，全球制造业PMI为48.8，较9月下降0.4个百分点，全球制造业有所下行。全球及主要经济体10月综合PMI，除美国较9月略有上涨外，日本、欧盟均较9月显著下滑，反映出10月全球经济相对下行，外需相对收缩。10月，中国PMI新出口订单为46.8，较上月下降1.0个百分点，进一步佐

证制造业出口需求有所下降。

5.展望未来：稳增长政策持续发力，经济复苏继续

从全年展望看，第三季度经济加快恢复，经济下行压力最大的时刻已经过去。我国第三季度GDP同比增长4.9%，高于市场预期的4.5%；两年平均增速4.4%，比第二季度加快1.1个百分点；环比增长1.3%，比第二季度加快0.8个百分点。全年经济下行压力最大的时刻在7月前后，现已过去。第一季度经济在需求集中释放下实现"开门红"，房地产市场出现"小阳春"；但第二季度受房地产市场和出口走弱拖累，经济下行压力明显增大，工业和服务业生产、社会消费品零售总额、出口、居民消费价格指数（CPI）同比等均在7月处于低点；8月以来经济持续恢复，主要经济指标连续2个月超市场预期。

展望第四季度，经济持续恢复叠加去年同期的低基数，预计第四季度GDP当季同比或在5.5%左右，两年平均4.2%，则全年增速可达5.3%，能够顺利实现年初政府工作报告制定的5%左右的全年经济增长目标。因此，由于经济持续恢复，实现全年目标的可能性已从前三季度时的有一定困难转为大概率实现。低基数将使得第四季度的物价、出口等指标从数据上明显反弹。

（三）辽宁未来发展战略以及当下关注重点

当前，辽宁经济运行低速徘徊的态势发生重大转变、干部干事创业的精神状态发生重大转变、营商环境发生重大转变、外界对辽宁的预期发生重大转变，正处于千载难逢的战略机遇期、政策叠加的红利释放期、发展动能的加快集聚期、产业升级的转型关键期、跨越赶超的发展窗口期，特别是全面振兴新突破三年行动深入实施，取得显著成效，进一步凝聚了全省智慧力量。辽宁应认真抓好省委第十三届六次全会的各项战略部署。

一是全力以赴推动经济增长。坚持把扩大内需战略同深化供给侧结构性改革有机结合起来，着力扩大有收入支撑的消费需求和有合理回报的投资需求，实现经济质的有效提升和量的合理增长。

二是全面深化重点领域改革。加强改革系统集成、协同高效，破除体制机制障碍，推动营商环境根本好转，提升市场主体和群众的获得感与满意度。

三是深入实施创新驱动发展战略。牢牢牵住自主创新这个"牛鼻子"，在巩固存量、拓展增量、延伸产业链、提高附加值上下功夫，用足用好科教资源优势，主动服务国家科技自立自强。

四是加快构建具有辽宁特色优势的现代化产业体系。以科技创新推动产业创新，增强产业发展的接续性和竞争力，加快形成多点支撑、多业并举、多元发展的产业发展新格局。

五是加快推进农业农村现代化。以现代化大农业为主攻方向，加快建设农业强省，当好国家粮食稳产保供"压舱石"。

六是深入推进绿色低碳发展。把绿色发展理念贯穿到生态保护、环境建设、生产制造、城市发展、人民生活等各个方面，坚定不移走生态优先、绿色低碳的高质量发展之路。

四　2024年辽宁经济发展态势与预测

（一）2024年辽宁经济发展态势

2024年，辽宁将持续全面贯彻习近平新时代中国特色社会主义思想，深入学习贯彻习近平总书记关于东北、辽宁振兴发展的重要讲话和指示批示精神，特别是"9·7"重要讲话精神，坚决贯彻省委六次全会精神，紧扣打造新时代"六地"目标定位，把实施扩大内需国家战略同深化供给侧结构性改革有机结合起来，进一步巩固经济、恢复发展基础，推进城乡融合和区域协调发展，提高人民生活水平，坚持生态优先、绿色发展等。预计2024年，辽宁经济社会发展向好态势不变，经济稳步增长、社会安全稳定、人民安居乐业。

1. 经济延续恢复发展态势, 增速仍有较大不确定性

辽宁产业基础雄厚, 自然资源丰富, 工业经济占比较大, 有较完备的供应链和较强的产业配套能力, 先进制造业产业集群和战略性新兴产业发展迅猛, 自主可控的现代产业体系正在加快建设, 这决定了辽宁经济增长潜力大、发展后劲足, 具有较强的韧性。从 2023 年前三季度全省经济指标来看, 呈现多年少有的良好局面, 彰显了辽宁经济发展的强大韧性。未来辽宁制造业发展向数字化、绿色化转型是必然趋势, 高技术制造业增长将继续保持强势, 对经济支撑作用明显。预计 2024 年辽宁经济持续向好的态势进一步巩固, 稳增长政策发力效果逐步显现, 经济增速将超过全国平均水平。

2. 消费需求恢复虽有不确定性, 但总体向好

受当前经济形势不确定性影响, 居民消费意愿总体偏低。但随着国家层面以及辽宁层面促进消费相关政策措施的出台, 叠加居民收入平稳增长和就业形势稳定, 预计 2024 年消费复苏将加快。尤其随着就业形势持续向好, 消费需求将进一步得到释放。预计 2024 年全省社会消费品零售总额增长将持续向好。

3. 房地产投资低迷, 基建与制造业投资保持增长

从投资端来看, 一是以往对拉动经济起重要作用的房地产投资如今较为低迷。受需求不足、预期转弱等综合因素的影响, 预计未来房地产投资增速仍呈下降趋势, 但随着需求恢复、中长期贷款利率下降以及辽宁多地楼市利好政策频出, 2024 年辽宁房地产投资下降幅度可能收窄。二是全省基建投资明显提升。截至 2023 年 9 月, 全省共争取中央资金 487.5 亿元, 其中, 中央预算内投资 121.5 亿元已全部下达; 地方政府专项债券 366 亿元, 已发行 274.6 亿元, 推进建设项目超 500 个, 主要用于市政和产业园区基础设施、社会事业、交通基础设施、保障性安居工程、农林水利等重点领域项目建设。预计 2024 年基建投资将呈增长态势, 尤其是数字经济发展所依托的新型基础设施建设将会是辽宁未来稳经济增长的重要抓手之一。三是辽宁省制造业投资将保持稳定增长。2023 年, 辽宁着力推进产业基础再造和产业链提升，持续加大高技术产业投资力度，注重科学技术创新融合，促进产业结构转型升级。预计制造业数字化、绿色化转型将为2024年传统制造业带来新的增长点。

4. 政策红利不断释放，外贸进出口继续呈增长态势

出口仍存在压力，考虑到2023年年底基数效应，第四季度出口有望企稳回升。一方面，全球制造业处在弱势复苏压力阶段，长期来看海外需求前景仍不乐观，叠加贸易摩擦不断，对出口增速形成不利影响；另一方面，辽宁省外贸保稳提质政策不断出台，区域全面经济伙伴关系协定（RCEP）持续释放外贸红利，出口结构不断优化，新能源汽车行业成为外贸出口新引擎，未来或将对出口增速形成支撑。进口方面，预计未来进口增速或将延续复苏态势。一方面，随着稳经济政策持续发力，内需恢复逐步回暖，保障经济基本面企稳回升，进口增速有望逐渐得到改善；另一方面，出口需求不足将抑制国内生产需求上涨，在海外经济增长放缓的情况下，国内产业升级带来的进口替代效应也将削弱进口增速。

（二）2024年辽宁经济主要指标预测

2023~2024年辽宁经济社会主要指标预测如表4所示。根据以上综合分析，2023年第四季度，辽宁经济将延续前三季度主要经济指标回升向好的发展态势，全年地区生产总值大概率将赶上全国平均水平；展望2024年，尽管世界经济形势低迷态势不会发生大的改变，但我国经济韧性强、潜力大、活力足，回升向好、长期向好的基本趋势没有改变。党中央、国务院系列重大政策红利将加快释放，辽宁省委十三届六次全会提出了奋力谱写中国式现代化辽宁新篇章的战略任务，全省人民正以强烈的历史主动精神，加快推动全面振兴新突破。预期2024年，辽宁经济将继续保持稳中向好的发展态势，主要经济指标将持续向好，经济增速将赶上并超过全国平均水平。

表4 2023~2024年辽宁经济主要指标预测

单位：%

指标	2022年	2023年（预测区间）	2024年（预测区间）
地区生产总值实际增长	2.1	5.0~5.3	4.9~5.4
规模以上工业增加值增长	-1.5	5.5~6.0	4.7~5.2
固定资产投资增长	3.6	4.3~5.3	5.2~5.7
社会消费品零售总额增长	-2.6	9.4~10.0	5.8~6.3
出口总额增长	8.2	4.4~5.0	2.5~3.0
进口总额增长	-2.0	0.9~1.4	1.3~1.8

资料来源：辽宁省统计局网站、课题组预测。

五 促进辽宁经济高质量发展的对策建议

党的二十大报告指出，未来五年是全面建设社会主义现代化国家开局起步的关键时期。面对复杂的国内外经济环境，全省应深入贯彻落实习近平总书记关于东北、辽宁振兴的系列重要讲话精神，特别是习近平总书记在新时代推动东北全面振兴座谈会上的讲话精神，贯彻落实党的二十大关于推动东北全面振兴实施新突破的部署，结合全省"十四五"中期评估对主要指标、重点任务和重大工程的调整部署以及《辽宁全面振兴新突破三年行动方案（2023—2025年）》中确定的各项任务目标，抢抓"十四五"后半段重要窗口期，推动全省经济持续健康发展。

（一）强化消费、投资拉动作用，全力推动经济运行整体好转

一是优先恢复和扩大消费。用好促进消费政策，积极出台促进消费的系列措施，积极推动住房改善、新能源汽车、家电家居、养老服务、教育医疗、文体旅游等消费。在坚持"房住不炒"的原则上，落实国家出台的购房优惠政策，调整完善住房限购、限贷、限售等政策，鼓励合理住房消费，提振房地产市场信心。通过对城市步行街的改造提升工程，培育一批有文化

底蕴、独具城市特色的商业步行街，促进实体经济、夜经济快速发展。依托现有的直播基地，大力发展直播经济、流量经济，并通过线上线下相结合的方式，创新消费场景，实现线下体验线上购买的消费新模式。支持打造辽宁各类文体旅游消费品牌，支持各地推出冰雪游、工业游、历史游等多主体旅游精品路线，并推动会展赛事、娱乐休闲等活动有效衔接。

二是积极扩大有效投资。持续推动现代化基础设施建设，全面推进5G网络建设，适时布局第六代移动通信设施，加快"双千兆"城市工程和充电设施等新型信息基础设施建设；推动工业互联网建设，推动智慧城市建设，积极发展融合基础设施；谋划布局高水平实验室、创新研究院等超前部署创新基础设施。充分发挥投资对优化产业结构的关键作用，加大对产业的投资力度，以全面振兴新突破三年行动制定的重大工程为抓手，谋划一批高质量项目。

（二）深化重点领域改革，持续优化营商环境

要持续深入推进国有企业改革，实施国有企业振兴专项行动。以持续提升国有企业市场竞争力和综合实力为目标，带动和引导国有资本向重点行业和关键领域集中，突出国有企业发展的战略支撑作用。进一步深入实施央地企业融合发展战略，充分利用省内央企数量多、规模大、基础好、行业全等突出优势，创新省内央地融合发展模式，打造东北地区央地融合发展的"示范"和"标杆"项目，以推动实现央地深度融合发展进一步带动本省经济发展速度和质量的全面提升。

持续深入落实《辽宁省优化营商环境条例》《辽宁省人民政府办公厅关于印发辽宁省营商环境建设行动方案（2021—2025年）的通知》，巩固前期好经验、好做法，并加大力度解决"堵点""痛点"问题。将习近平新时代中国特色社会主义思想主题学习教育成果转化为优化营商环境的新动能。鼓励和引导广大党员干部振奋精神，持续激发干事创业热情，牢固树立正确的政绩观。教育引导各级领导干部转变思想，牢固树立规矩意识、纪律意识、服务意识、市场意识，在日常工作中坚决摒弃和杜绝各类

形式主义、官僚主义问题，深入推进政府职能转变，理顺政府和市场、政府和企业的关系，构建亲清统一的新型政商关系。持续深化"放管服"改革，打造高效便利的政务环境，加大力度推动简政放权，实现放管结合，构建市场准入服务体系，完善市场退出机制，支持民营企业发展，全面落实《中共中央 国务院关于促进民营经济发展壮大的意见》，主动为民营企业发展创造良好环境，帮助民营企业排忧解难，不断激发民营企业的市场主体作用。

（三）优化产业结构，构建现代产业体系

一是要重塑辽宁制造业辉煌，做好结构调整"三篇大文章"。立足现有产业基础，全力改造升级"老字号"，重点推进200个技术改造示范项目实施，实现产业基础再造；深度开发"原字号"，对重点行业进行节能升级改造，建设一批绿色低碳示范项目；培育壮大"新字号"，落实《关于加快发展先进制造业集群的实施意见》，深入推进沈阳机器人及智能智造、航空装备、数控机床、生物医药、新能源汽车产业等22个重点集群发展。推进60个延链补链强链重点项目，提升产业链供应链韧性和安全水平，推动产业向中高端迈进，实现制造业高端化、智能化、绿色化发展。

二是要抓住数字经济发展机遇期，加快培育经济发展新的增长点。加快部署5G、IPv6等新型网络基础设施，重点推动其在工业企业的广泛覆盖和深度应用。强化数字赋能，加快5G技术在工业、农业、服务业的广泛应用，培育省级工业互联网平台，构建标识解析体系，扩大标识解析二级节点和"星火·链网"应用规模，推动企业应用标识解析系统实现"上云"，利用数字化场景推动技术创新，实现"5G+工业互联网"融合应用，提升全要素生产率。支持数字产业全链条发展，依托沈阳大数据综合试验区和大连高新区新型工业化软件和信息服务产业示范基地，培育一批具有影响力的数字产业集群，重点做大做强工业互联网、大数据产业、人工智能产业、创新软件和信息技术服务产业、集成电路装备产业、新一代移动通信产业等数字产业。

（四）夯实科教人才支撑，强化科技创新引领

不断提升辽宁人口综合素质，为辽宁全面振兴提供坚实的人才基础和支撑。要抓紧时间制定完善相关政策措施，进一步减轻家庭生育养育的经济负担，建设更加完备的托育服务体系和普惠制度，适度提高和稳定人口出生率。进一步加强基础教育水平，逐步缩小城乡差距，持续提高义务教育阶段入学率。落实新时代支持职业教育发展的政策措施，根据产业发展需要培育高素质的职业教育人才，打通普职融会贯通的障碍，构建中职、高职紧密衔接的高质量职业教育体系，建设一批高质量的职业教育院校和特色专业。提升本科院校办学高层次人才培养水平和办学水平，着力提高青年群体的综合素质。不断优化创新产业环境，打造高水平的创新产业平台，帮助辽宁更好地留住人才、吸引人才。大力实施新时代乡村振兴战略，加快推进城镇化进程，重点加强城乡接合地区基础设施、生活配套设施和产业园区建设，努力防止人口流失。在城乡接合地区合理优化配置教育资源，打通优质教育普及过程中的"最后一公里"。在部分城乡接合地区建设一批设施完善、管理先进、师资力量雄厚的中小学，鼓励和支持省内职业院校在城乡接合地区建设分校，提升相关地区的总体发展速度和产业承载能力。

要充分发挥科技创新的示范引领和战略驱动作用，强化科技创新在推动辽宁实体经济发展中的支撑作用，支持省内重点行业企业发展，发展产业集群。加快建设具有全国影响力的区域科技创新中心，要将战略目标定位在服务国家重大战略、维护五大安全、推动新时代东北地区新一轮全面振兴全方位振兴上，要在破解我国现代化建设"卡脖子"的关键技术、核心技术方面，发挥出科技创新产业集群强大的科研攻关能力，集中力量攻克技术难题，为经济社会发展提供源源不断的科技创新驱动力。发挥好科技创新的驱动示范作用，产生良好的经济效益和社会效益。进一步做大做强实体经济，优化创业环境，提升创新型企业的新增注册率，实施科技企业梯度培育计划，重点扶持和引导科技型中小企业、高新技术企业及"雏鹰""瞪羚""独角兽"企业发展。

（五）以沈阳、大连"双核"引领，构建区域协调发展新格局

认真贯彻落实《辽宁省推进"一圈一带两区"区域协调发展三年行动方案》，突出沈阳、大连双核引领作用，推进沈阳现代化都市圈、辽宁沿海经济带、辽西融入京津冀协同发展战略先导区、辽东绿色经济区建设。支持沈阳、大连率先发展，当好新时代东北振兴"跳高队"，合力建设具有国际影响力的先进制造业中心，增强辐射带动作用，带动全省经济总体效率提升，成为东北重要增长极。突出沈阳国家现代综合枢纽，大连东北亚国际航运中心、国际物流中心带动作用，打造沈阳、大连东北亚陆海双向开放重要门户。

加快建设沈阳现代化都市圈，发挥沈阳中心城市的优势，增强中心城市的示范引领作用，围绕基础设施互联互通、公共服务共建共享、构建现代化产业体系等7个方面，重点推进沈抚同城化发展等17项重点任务。加快推进辽宁沿海经济带开发开放，认真贯彻落实《辽宁沿海经济带高质量发展规划》，打造引领东北开放合作新高地，围绕打造对外开放新前沿等5个方面，支持沿海各市协同改革创新，重点推进建设高质量对外开放平台、畅通海陆大通道等16项重点任务。建设辽西融入京津冀协同发展战略先导区，发挥辽西区域的区位优势，与京津冀在通道、产业等5个方面对接，推动文旅康养等11项重点工作，实现与京津冀资源要素双向流动。加快建设辽东绿色经济区，践行绿水青山就是金山银山发展理念，围绕建设重点生态功能区等4个方面，加大生态补偿力度，打造绿色发展示范区，构建绿色低碳产业体系。

（六）大力发展现代农业，稳步推进乡村振兴

大力发展现代农业，从维护国家战略安全的高度优化农业产业布局，发挥好粮食稳产保供的"压舱石"作用。要始终坚持粮食安全的首要基础性地位，引进现代农业技术，改变传统农业生产方式，全面提高粮食产量质量，打造特色农业产业基地和现代农业优质品牌。落实国家高标准农田建

设，加大对省内基本农田的改造力度。加大农业基础设施、水利设施建设改造力度，做好辽河流域生态综合治理，打造特色鲜明的经济带。全面实施种业振兴专项行动，建设一批产量稳定、管理先进、旱涝保收的现代化示范性高标准农田。贯彻践行大食物观，加强对省内农业资源的深度整合开发。充分利用省内地域资源和环境优势，大力发展现代农业、养殖业和农产品加工业。形成粮经饲统筹、农林牧渔多业并举的产业体系，将现代农业打造成为辽宁省优势产业，走现代化、规模化、集约化发展之路。不断延伸和拓展农产品生产加工产业链条，不断提高农产品附加值，更好地推动农业产业提质增效和农民增产增收目标的实现。

（七）推动高水平对外开放，实现合作共赢

发展更高水平的对外开放，重点加强与东北亚地区各国的国际交流，在双循环格局构建过程中更好地发挥出东北亚地区政治、经济、文化、金融中心的作用。加强对新时代辽宁基础设施体系的统筹规划和合理布局，进一步完善省内高铁、高速公路等设施建设，加快论证油气管道、油气储存基地、新型电网等设施的建设布局，发展新一代移动数据通信和数据网络。重点加强辽宁对外开放标准建设，促进辽宁更好地融入全国统一大市场。加强港口、机场、铁路等对外开放基础设施建设，打造更加便捷高效的海关通关管理机制，提高边境口岸的对外开放能力。

参考文献

《2022年辽宁省国民经济和社会发展统计公报》，辽宁省统计局网站，2023年3月16日。

《辽宁全面振兴新突破三年行动方案（2023—2025年）》，辽宁省人民政府网站，2023年2月23日。

夏杰长、袁航：《数字经济、要素市场化与中国产业结构转型升级》，《广东社会科学》2023年第4期。

习近平：《高举中国特色社会主义伟大旗帜为全面建设社会主义现代化国家而团结奋斗——在中国共产党第二十次全国代表大会上的报告》，《人民日报》2022年10月26日。

任保平：《以习近平经济思想指引中国经济高质量发展》，《中国社会科学报》2023年4月27日。

夏杰长、徐紫嫣、姚战琪：《数字经济对中国出口技术复杂度的影响研究》，《社会科学战线》2022年第2期。

B.2
2023~2024年辽宁省社会形势发展报告

王 磊　姚明明　程显扬*

摘　要: 2023年辽宁经济发展回稳向好，社会发展水平和人民生活品质持续提高。总体来看，就业形势持续向好，城乡居民收入水平明显提高，教育普惠程度与师资水平稳步提升，健康辽宁建设加速推进，养老服务水平稳步提升，社会治理水平与成效日益显著。但同时也要看到，就业、收入分配、人才集聚、教育师资、医疗资源、养老服务等民生领域仍然存在一些不容忽视的问题。展望未来，要重点做好推动高水平充分就业，提高城乡居民收入，完善引才育才政策，优化教育配置，实现医疗资源均衡，健全养老服务体系等。

关键词: 社会发展　民生福祉　社会治理

2023年是全面贯彻落实党的二十大精神的开局之年，是实施全面振兴新突破三年行动的首战之年。这一年来，在以习近平同志为核心的党中央的坚强领导下，辽宁省全力实施全面振兴新突破三年行动，经济增长提速起势，发展质效明显跃升，动力活力显著增强，统筹发展和安全有力有效，社会建设扎实推进。

---

* 王磊，辽宁社会科学院社会学研究所所长、研究员，主要研究方向为社会保障、社会政策；姚明明，辽宁社会科学院社会学研究所副研究员，主要研究方向为国民经济；程显扬，辽宁社会科学院社会学研究所助理研究员，主要研究方向为社会保障。

一　辽宁省社会发展总体形势

2023年辽宁社会发展形势稳定，民生福祉持续增强，社会治理效能显著增强，社会发展质量不断提高。总体来看，辽宁在以下社会发展领域取得了新成绩。

（一）充分更高质量就业取得新进展

1. 就业总体形势持续向好

就业是最大的民生。当前，辽宁处于重要战略机遇期，以国内大循环为主体、国内国际双循环相互促进的新发展格局加快构建，新产业、新技术蓬勃发展有助于拓展新职业、新岗位。新型城镇化、乡村振兴带来巨大发展机遇，新的就业增长点持续涌现。数字辽宁建设将带动就业公共服务精准化、便捷化水平全面提升。2022年，全省实现城镇新增就业46.2万人，完成年度任务的102.7%。截至2023年上半年，全省城镇新增就业25.4万人，同比增长3.6%；18岁至45岁群体新就业占比稳步上升，达到65.2%，较2022年年底提高3.2个百分点，全省就业形势整体稳定向好。

2. 深入实施积极的稳就业促就业行动

深入实施人力资源服务机构稳就业促就业行动。2022年全年举办各类招聘活动5777场，发布岗位178.8万个，达成就业意向18.2万人次；积极参与"国聘行动"，各级公共就业服务机构以及省内7个产业园、376家经营性人力资源服务机构参与其中，4746家单位提供岗位5.4万个，参加招聘会9.2万人次，达成就业意向1.2万人次。2023年3月，按照"梦筑辽宁·才助振兴"高校毕业生留辽来辽就业促进行动安排，辽宁在辽宁科技大学、沈阳化工大学、沈阳农业大学等院校举办10场招聘活动，累计组织1637家用人单位进校招聘，提供就业岗位6.24万个，线上线下超过10万名省内外高校毕业生参与。规范省级人力资源服务产业园建设管理，首批设立沈阳、大连、营口、沈抚示范区4家省级产业园，并拟按规定给予每家省级产业园20万元奖励。充分发挥产业园高端人才引进、直播带岗、引领辐射等特色特点，中国沈阳人力资源服务产业园同27所高校联合举办网络招聘，与温州商会、川渝商会等联动协作，建立战略合作模式，促进人力资源服务业规模化、集约化发展。①

3.就业结构与质量进一步优化

据统计，2022年全省就业人员2122万人，比上年末减少68万人。其中，城镇就业人员1425万人，比上年末减少58万人；乡村就业人员697万人，比上年末减少10万人。在全省就业人员中，第一产业就业人员占29.9%；第二产业就业人员占21.9%；第三产业就业人员占48.2%。全省城镇新增就业46.2万人，城镇累计新就业79.2万人，城镇失业人员再就业43.5万人，就业困难人员就业8.1万人，城镇登记失业人员48.5万人。全省零就业家庭保持动态为零，扶持创业带头人1.3万人，带动就业6.7万人。组织安排青年就业见习岗位2.8万个。实施高校毕业生"三支一扶"计划，全年新招募"三支一扶"人员335名，其中支农、帮扶乡村振兴岗位306名，占招募人员总数的91.3%；选派辽西北地区服务人员82名，占招募人员总数的24.5%。全省脱贫人口外出务工人数18.1万人，扶持发展就业帮扶载体193个，全年培训脱贫人口及脱贫家庭子女3704人次。全省拥有各类人力资源服务机构3166个，共为38.2万家次用人单位提供各类人力资源服务。②

（二）城乡居民收入水平明显提高

1.辽宁城镇居民收入稳步提高

根据辽宁省统计局公布的数据，2022年辽宁城镇居民人均可支配收入达到44003元（月人均为3667元），比2021年提高了2.21%。2023年1~6月，全省城镇居民人均可支配收入为22951元，同比增长4.8%。从14市城镇

---

① 资料来源：辽宁省人力资源和社会保障厅官方网站。
② 资料来源：《2022年度辽宁省人力资源和社会保障事业发展统计公报》。

居民人均可支配收入变化看，超过全省平均增长率的有鞍山、辽阳等10个市；营口、丹东、铁岭和葫芦岛4市的城镇居民人均可支配收入增长率较低（见表1）。2022年全省全口径平均工资为82116元（月平均工资6843元），全省城镇非私营单位就业人员年平均工资为92573元，与上年的86062元相比，增加6511元，同比名义增长7.6%。其中，在岗职工年平均工资94911元，同比名义增长7.3%。扣除价格因素，全省城镇非私营单位就业人员年平均工资实际增长5.6%。全省城镇私营单位就业人员年平均工资为52183元，与上年的50169元相比，增加2014元，同比名义增长4.0%。扣除价格因素，全省城镇私营单位就业人员年平均工资实际增长2.1%。

表1　2021年、2022年辽宁14市城镇居民人均可支配收入变化

单位：元，%

地区	2021年	2022年	增长率
全省	43051	44003	2.21
沈阳市	50566	51702	2.25
大连市	50531	51904	2.72
盘锦市	45398	46485	2.39
营口市	42300	42977	1.60
本溪市	39004	40107	2.83
鞍山市	37980	41767	9.97
抚顺市	37512	38489	2.60
锦州市	37329	38403	2.88
辽阳市	36485	37640	3.17
葫芦岛市	34852	35542	1.98
丹东市	34804	35402	1.72
阜新市	32842	33602	2.31
朝阳市	30041	30803	2.54
铁岭市	29955	30559	2.02

资料来源：辽宁省统计局及各市2022、2023年度政府工作报告。

2. 辽宁农村居民收入持续增长

根据辽宁省统计局公布的数据，2022年辽宁农村居民人均可支配收入

为 19908 元，比 2021 年增长 3.60%。2023 年 1~6 月，全省农村居民人均可支配收入为 11961 元，同比增长 7.8%。从 14 市农村居民人均可支配收入增长率来看，朝阳、大连、抚顺、阜新、鞍山和锦州 6 市均超过了全省平均水平，朝阳、大连农村居民人均可支配收入增长较快；沈阳、盘锦、营口、辽阳、丹东、铁岭和葫芦岛 7 市的农村居民人均可支配收入增长率均低于全省平均水平（见表 2）。

表 2 2021 年、2022 年辽宁 14 市农村居民人均可支配收入变化

单位：元，%

地区	2021 年	2022 年	增长率
全省	19217	19908	3.60
沈阳市	21662	22352	3.19
大连市	23763	24759	4.19
盘锦市	22583	23234	2.88
营口市	22128	22858	3.30
本溪市	20215	20942	3.60
鞍山市	21038	21834	3.78
抚顺市	18477	19214	3.99
锦州市	20010	20751	3.70
辽阳市	19404	19952	2.82
葫芦岛市	16365	16936	3.49
丹东市	20218	20902	3.38
阜新市	17933	18635	3.91
朝阳市	16813	17542	4.34
铁岭市	18812	19375	2.99

资料来源：辽宁省统计局及各市 2022、2023 年度政府工作报告。

而辽宁省统计局最新公布数据显示，2023 年上半年，全省居民人均可支配收入为 19371 元，同比增速（8.7%）位居全国前列。同时，城乡收入比由上年同期的 1.71 缩小至 1.66。

3. 全省最低工资标准持续提高

在实践中，最低工资标准调整有利于分配结构的调整，对劳动者的利益

有着实质性的影响。随着最低工资标准调整，与之挂钩的劳动者其他待遇水平也会产生相应变动。从全国 31 个省（区、市）的最低工资标准看，有 8 个省（区、市）月最低工资标准和小时最低工资标准分为四档，有 17 个省（区、市）最低工资标准分为三档，有 1 个省（区、市）最低工资标准分为两档，其余 5 个省（区、市）最低工资标准只有一档。辽宁把最低工资标准分为四个档。2020 年 12 月，辽宁省的月最低工资标准分别为第一档 1530 元，第二档 1320 元，第三档 1200 元，第四档 1020 元。到 2023 年 10 月辽宁省月最低工资标准提高为第一档 1910 元，第二档 1710 元，第三档 1580 元，第四档 1420 元；小时最低工资标准为第一档 19.2 元，第二档 17.2 元，第三档 15.9 元，第四档 14.3 元（见表 3）。最低工资标准的提高，意味着社会保障水平相应提升，有利于让劳动者普遍受益，有助于提高低收入群体的收入水平。

表 3　全国 31 个地区最低工资标准情况

单位：元

地区	月最低工资标准				小时最低工资标准			
	第一档	第二档	第三档	第四档	第一档	第二档	第三档	第四档
北京	2420	—	—	—	26.4	—	—	—
天津	2180	—	—	—	22.6	—	—	—
河北	2200	2000	1800	—	22	20	18	—
山西	1980	1880	1780	—	21.3	20.2	19.1	—
内蒙古	1980	1910	1850	—	20.8	20.1	19.5	—
辽宁	1910	1710	1580	1420	19.2	17.2	15.9	14.3
吉林	1880	1760	1640	1540	19	18	17	16
黑龙江	1860	1610	1450	—	18	14	13	—
上海	2690	—	—	—	24	—	—	—
江苏	2280	2070	1840	—	22	20	18	—
浙江	2280	2070	1840	—	22	20	18	—
安徽	2060	1930	1870	1780	21	20	19	18
福建	2030	1960	1810	1660	21	20.5	19	17.5
江西	1850	1730	1610	—	18.5	17.3	16.1	—
山东	2200	2010	1820	—	22	20	18	—
河南	2000	1800	1600	—	19.6	17.6	15.6	—

地区	月最低工资标准				小时最低工资标准			
	第一档	第二档	第三档	第四档	第一档	第二档	第三档	第四档
湖北	2010	1800	1650	1520	19.5	18	16.5	15
湖南	1930	1740	1550	—	19	17	15	—
广东	2300	1900	1720	1620	22.2	18.1	17	16.1
广西	1810	1580	1430	—	17.5	15.3	14	—
海南	1830	1730	1680	—	16.3	15.4	14.9	—
重庆	2100	2000	—	—	21	20	—	—
四川	2100	1970	1870	—	22	21	20	—
贵州	1890	1760	1660	—	19.6	18.3	17.2	—
云南	1990	1840	1690	—	19	18	17	—
西藏	2100	—	—	—	20	—	—	—
陕西	2160	2050	1950	—	21	20	19	—
甘肃	1820	1770	1720	1670	19	18.4	17.9	17.4
青海	1880	—	—	—	18	—	—	—
宁夏	1950	1840	1750	—	18	17	16	—
新疆	1900	1700	1620	1540	19	17	16.2	15.4

注：本表数据截至2023年10月1日；"—"表示没有对应工资分档。

（三）教育普惠程度与师资水平稳步提升①

1. 教育普惠程度持续提高

2022年，辽宁省共有各级各类学校（不含机构）13844所，各级各类学历教育在校生638万人，教职工60.3万人，专任教师45.4万人。在学前教育方面，"十四五"期间，辽宁省坚持学前教育公益普惠基本方向，积极扩大普惠性学前教育资源。2022年，学前教育毛入园率为93%，高出全国平均水平3.3个百分点；普惠性幼儿园覆盖率为88.8%，高出全国平均水平近4个百分点；公办幼儿园在园幼儿占在园幼儿总量的50.7%，比上一年提高2.4个百分点。在义务教育方面，义务教育普及率始终处于全国前列，全

① 本部分数据来源于《2022年辽宁省教育事业发展统计公报》。

省义务教育巩固率达到了98.8%。同时，义务教育集团化办学改革进程持续推进，有效实现优质教育资源的重构整合与高效利用。截至2022年，全省先后成立1097个教育集团，共涵盖3788所成员学校，集团化办学覆盖率达91.7%，已惠及百万名义务教育阶段学生。特殊教育稳步发展，残疾儿童少年义务教育安置率达100%。全省高中阶段教育毛入学率为94.9%，高出全国平均水平3.3个百分点，其中，全部高中近一半为省级示范和特色普通高中。高等教育发展水平不断提升，招生数量与毕业生数量逐年提升。截至2022年年底，全省高校国家级、省级一流专业建设点分别有500个、515个，国家级"双一流"建设高校4所、学科7个，省级示范性职业教育集团15个，区域性职业教育集团47个。科研成果转化水平相对稳定，高校科技成果省内转化率连续三年在70%以上。

2. 师资队伍整体素质水平稳步提升

2022年，辽宁省全省教职工人数为60.3万人，与上年基本持平，其中专任教师45.4万人，比上一年度增加2000余人。在各级各类学历教育在校生数量逐年下降的大背景下，辽宁省全省教职工数量并未同步下降，特别是专任教师的总数仍在逐年增加。从具体教育阶段上看，学前教育阶段的专任教师数量基本不变，高中和高等教育阶段的专任教师数量持续增加，义务教育阶段的专任教师数量则出现了较小幅度下降。与此同时，专任教师队伍的学历水平和综合素质也保持平稳的上升趋势。特别是，义务教育阶段专任教师学历达标率以及专任教师中专科及以上学历比例均高于全国平均水平。全省普通高中专任教师本科以上学历占比超过99%，中等职业教育专任教师本科以上学历占比为95%，高学历与高素质的专任教师队伍为实现普惠教育与提高人口素质奠定了坚实基础。

（四）健康辽宁建设加速推进

辽宁省聚焦人民群众在医疗卫生领域的急难愁盼问题，推进优质医疗资源扩容和区域均衡布局，提升公共卫生突发事件应急能力和基层卫生健康服务能力，努力为人民群众提供更加优质、高效、连续、便捷、满意的健康服务，医疗资源配置水平居全国前列。居民健康水平持续提升。全省城乡居民人均预期寿命接近80岁，孕产妇死亡率、婴儿死亡率分别降至11/10万和3.0‰以下，相关健康指标明显优于全国平均水平。居民健康素养水平从2012年的10.46%提高到2021年的26.48%，连续十年高于同期全国平均水平。医疗服务水平不断优化，构建紧密型医联体、医共体，加快优质医疗资源扩容下沉。全省当前共优化组建各类医联体317个，其中县域医共体50个。东北首家儿童区域医疗中心开工建设，4个省级区域医疗中心创建获得国家支持。全省累计获评国家临床重点专科66个，认定省级重点专科429个、市域重点专科633个、县域重点专科109个。持续加强急诊急救专业人才培养和队伍建设，截至2022年年底，全省在岗急诊医师近4000名，固定医师比例达75.9%；在岗急诊护士近6000名，固定护士比例达92.8%。中医药强省建设实现新突破。全省中医医院数量达到223个，基层中医馆建设覆盖率为95.2%，中医药服务能力和可及性显著提升。

（五）养老服务水平稳步提升

1. 持续推进基本养老服务体系建设

辽宁省不断完善居家社区机构相协调、医养康养相结合的养老服务体系和健康支撑体系。从2020年开始，辽宁省率先在全国开展县级居家和社区养老服务改革试点工作，积极争取居家和社区养老服务国家试点项目，全省先后有9个市被确定为国家试点地区。省政府连续3年累计投入专项补助资金1.12亿元，支持各地完成建设150个示范型居家和社区养老服务中心（综合体），全省有9个市建立了居家和社区智慧养老服务平台，各级各类医养结合机构、养老服务机构、物业企业、餐饮公司、爱心公益组织等为老年人开展助餐、助浴、助洁、助行、助医等定制服务，倾力打造15分钟便民服务圈。截至2022年年底，全省城乡社区养老服务设施发展到1.2万多个，城乡社区覆盖率分别达到100%和63.9%，社区老年床位达到4.91万张。全省养老机构发展到2165家，床位20.64万张，年增加养老床位数约为3000张。

2. 不断提升特殊困难老年群体保障水平

辽宁省针对低保、特困、失能、高龄等特殊困难老年群体，连续12年提高特困人员救助供养标准。截至2022年年底，全省13.7万名特困人员的基本生活和服务得到有力保障，县（市）失能、半失能照护型特困供养机构实现全覆盖，有集中供养意愿的特困老年人100%实现集中供养。分别为26.5万名高龄老年人、3.7万名困难高龄和失能老年人提供高龄津贴、养老服务补贴和护理补贴，为9.6万名分散供养特困人员办理了意外伤害险。高质量完成100所特困人员供养服务设施维修改造任务，推进1.5万户特困老年人家庭开展适老化改造。

3. 积极支持养老机构多业态发展

持续鼓励引导社会资本投入养老服务，积极支持各类养老投资主体发展医养结合型、护理型、嵌入式、旅居式、候鸟式等多业态服务。成功吸引中国康养产业集团、华润置地、泰康人寿等一批国内知名企业进驻辽宁养老板块，培育出沈阳养老产业集团、大连康养产业集团、万佳宜康、幸福爸妈、辽河养老集团等一批本土养老服务品牌。加快发展养老服务、社区服务和康复辅助器具产业，推广一批规模化、连锁化、品牌化养老机构，更好地发挥民政部门在促消费、扩内需中的积极作用。

（六）社会治理水平与成效日益显著

1. 平安辽宁建设进程稳步推进

2022年，针对人民群众深恶痛绝的各类违法犯罪，全省政法机关以常态化扫黑除恶为牵引，着力整治"黄赌毒""盗抢骗""食药环"等领域违法犯罪，深入开展打击整治枪爆违法犯罪、打击整治养老诈骗、夏季治安打击整治"百日行动"等专项行动，一系列严打整治措施密织"平安网"。以打击整治养老诈骗行动为例，全省公安机关立案侦查涉养老诈骗案件2683起，抓获犯罪嫌疑人2961人，打掉涉养老诈骗团伙137个，追缴赃款9.8亿元，切实守护群众养老钱。同时，全省政法机关立足全业务网上办理、全流程依法公开、全方位智能服务，工作质效得到极大提升。行政化解社会纠纷机制不断完善，打造坚持和发展新时代枫桥经验的"辽宁样本"，全省累计建立"村（居）民评理说事点"1.6万余个，实现了乡村（社区）全覆盖，共建立省、市、县三级人民调解专家库115个，共有调解专家1528人，最大限度地实现矛盾纠纷"一站式"化解。

2.社会治理创新水平不断完善

城乡社区治理体系建设规划有序实施。社会组织规范管理全面加强，社会组织积极作用持续凸显。截至2022年年底，全省累计培育社会组织1198家，新增社区社会组织2.2万家，新增慈善组织33家。287家社会组织投入资金18亿元，实施项目近3.7万个。6家社会组织获评全国先进社会组织。社会组织各类专项整治工作成效明显，全省清理整治"僵尸型"社会组织1145家，查处非法社会组织16家。持续加强社会工作机构服务能力。建立村、乡、县、市四级社会工作服务体系，统筹推进乡镇（街道）社会工作和社会救助服务站、未成年人保护工作站建设，覆盖率达到100%。扩大专业社会工作人才队伍，社会工作专业人才达到6.2万人。社会工作服务机构"牵手计划"有效实施，结对帮扶社工站承接机构55家。新建乡镇（街道）社工站982个，覆盖率达到86.6%。未成年人保护和儿童福利工作全面加强。省、市、县三级工作协调机制全面建立，5个县获评全国未成年人保护示范县。898名孤儿享受国家助学政策。在全国率先将事实无人抚养儿童和未满18周岁在中专以上全日制学校就读孤儿纳入助学保障范围，惠及1126人。"明天计划"项目手术治疗和康复救助孤残儿童1538人次。推进儿童福利机构优化提质和创新转型高质量发展。

二　2023年辽宁省社会发展面临的主要问题

（一）就业领域仍存在结构性矛盾

1.摩擦性失业加剧

受经济结构、产业结构、人口结构变化的影响，全省就业领域仍面临着

诸多矛盾、问题和挑战，新的就业增长点没有系统形成，结构性就业矛盾更加突出，促进重点群体就业任务艰巨，灵活就业人员和新就业形态劳动者权益保障亟待加强。特别是随着辽宁对新技术应用的大力支持和推广、新一批投资热的展开，诸多机器人、IC装备、生物医药、新能源汽车、5G设备装备等新技术项目落地辽宁，对就业的影响持续扩大，技术性失业增多，短期摩擦性失业风险加大。

2. 技能人才队伍建设有待加强

辽宁省技能人才总量虽高于全国平均数，但是与经济发展，特别是辽宁全面振兴发展对技能人才的需求不相适应，还存在着技能人才总量不足，增长速度较慢；技能人才结构不合理，分布不平衡；一些企业和个人对技能人才队伍建设的积极性不高；技能人才队伍建设投入不足等问题。以全省科技服务业人才为例，科技服务业人才行业结构不合理、学历结构不合理，科技服务业人才队伍的中等学历层次较为集中，高层次文化程度职工比例不高，接受新知识的能力有限，难以满足科技服务业发展和经济社会发展的需要。同时，与发达地区对比，辽宁的科技服务业人才素质水平还存在很大差距，这已经成为辽宁经济高质量发展的主要瓶颈。再以技能型人才缺口为例，2023年第一季度，辽宁省人力资源和社会保障厅、省财政厅共同编制了《辽宁省2023年第一季度急需紧缺技能人才职业（工种）参考目录》，其中缺口数排在前5位的分别为保洁员、营销员、保安员、餐厅服务员和商品营业员。保洁员的需求典型城市包括沈阳、大连、鞍山、锦州、盘锦、葫芦岛6个市，营销员的需求典型城市包括沈阳、大连、鞍山、抚顺、本溪、锦州、营口、阜新、辽阳、朝阳、盘锦11个市。缺口数排在第6位至第10位的为快递员、焊工、车工、客户服务管理员和电工。

3. 重点群体就业难度加大

由于高校毕业生就业推迟拉长，各类线下招聘活动全面恢复缓慢，2023年上半年初次就业率低于2022年同期水平，并且2023年高校毕业生总量很大，应届离校未就业高校毕业生达到6.94万人，是往年的3倍，待就业毕业生总量明显增加，就业压力较大。在新业态下，由于平台强大的聚合功能，活动主体多元化，主体间的关系更加复杂化，各活动主体间的权责关系尚无明确的界定。由于从业者与平台企业之间的劳动关系建立在平台经济的环境下，没有形成明晰的用工合同或具体的用工形式，消费者、劳动者的权益难以保障。

（二）收入分配格局有待进一步优化

1. 区域收入差距仍然较大

各市的人均收入存在较大差异，从 2022 年全省各市人均可支配收入看，大连、沈阳、盘锦人均可支配收入均超过了 40000 元，分别达到了 45790元、45500 元、40031 元，明显高于全省的 36089 元。但是朝阳、铁岭、葫芦岛和阜新 4 市的人均可支配收入均低于 30000 元，分别为 23754 元、25146 元、26579 元和 27372 元，可见，从人均可支配收入看，收入最高地区比收入最低地区高出 22036 元，相差接近一倍。

2. 农村居民收入结构有待优化

从 2015~2021 年辽宁省农村居民人均总收入构成看，农村居民的工资性收入和财产性收入变化不大，占比分别维持在 22%、1.2%上下，但是家庭经营收入呈现下滑趋势，已经从 2015 年的占比 67.5%下降到2021 年的 64.7%；与此同时，转移性收入的比例有所提高，从 2015 年的 9.6%提高到 2021 年的 12.3%（见表 4）。转移性收入的提高，反映出农村家庭收入在接受二次分配中的依赖程度提高，而家庭经营收入的下降，反映出以农业为主的经营活动积极性在下降，即农民增收的内在动力有所减弱。与浙江省相比，2022 年浙江省农村居民人均可支配收入中工资性收入占比为 60.4%，家庭经营收入占比为 24.4%，财产性收入占比为 3.1%，转移性收入占比为 12.1%。说明，辽宁省农村居民在收入结构上仍有较大的调整优化空间，特别是要提高工资性收入和财产性收入比重。

表4　2015~2021年辽宁省农村居民人均总收入构成

单位：%

年份	工资性收入	家庭经营收入	财产性收入	转移性收入
2015	21.7	67.5	1.2	9.6
2016	20.9	67.5	1.1	10.5
2017	22.3	65.2	1.3	11.3
2018	23.2	62.7	1.4	12.7
2019	22.2	64.6	1.1	12.0
2020	22.3	64.3	1.1	12.3
2021	21.7	64.7	1.3	12.3

资料来源：根据《辽宁省统计年鉴2022》计算所得。

（三）人才集聚效应仍不明显

1. 人才分布不均与结构性矛盾比较突出

从地域分布上看，辽宁全省人才主要集中在沈阳、大连2市。2市每年接收的大学毕业生人数占到毕业生总数的2/3，其余12市则接受剩余的不足1/3。辽西北5市（锦州、阜新、朝阳、铁岭、葫芦岛）的人才量（包括城市）不足全省人才总量的23%。同时，人才一般选择在市区工作而不是县域，严重制约了县域经济的发展。

从结构分布来看，专业技术人才绝大多数集中在国有企事业单位，教育、卫生两大国有事业单位往往就集中了高技能人才的半数以上。分布在民营等非公有制经济中的人才数量很少，而地区优势特色产业恰恰集中于民营经济中。这严重制约了地区特色优势产业的发展。人才分布的不合理，使得本来就稀缺的人才资源，不能发挥最大效能。

2. 人才配置与特色优势产业发展不相适应

一是人才专业结构与县域经济发展要求不相适应。区域人才的专业结构仍停留在满足传统的产业结构层次上，新技术专业人才和跨领域、跨行业、跨学科的复合型人才普遍短缺，农业、信息、金融、财会、外贸、法律人才及现代管理人才严重不足。特别是掌握农业先进适用新技术，直接服务"三农"的特色专业技术人才十分紧缺,严重制约了区域特色优势产业的升级。

二是人才供应结构不合理。辽宁省的高等职业教育还处于初级发展阶段,技能和技术人才的培养力度、方法都无法满足区域经济发展的需求,还不能成为推动区域经济发展的强劲动力。部分地区高层次人才比例偏低,能起骨干作用的人才和关键岗位的拔尖人才少。初级人才供过于求,甚至出现了严重的积压现象。人才供应不合理影响了区域特色优势产业的可持续发展。

三是人才体制机制改革进展缓慢。人才发展体制机制与人才"引、育、留、用"之间的矛盾仍较为凸显,选用人才体制机制改革推进缓慢,导致人才对全省优势特色产业的支撑作用不强,特别是关键技术领域、紧缺职业(工种)领域人才缺口较大,人才链与产业链融合度不高,人才引进与产业需求存在脱节现象。

(四)生源总量下降加剧师资竞争

1. 各级各类学校招生总量逐年下降

2022年,辽宁省各级各类学校(不含机构)较2021年减少585所;各级各类学历教育在校生较2021年减少0.3万人,下降0.1%;教职工总数与2021年基本持平;专任教师比2021年增加0.2万人,增长0.4%。通过与上一年比较,能够发现,学前教育和义务教育阶段的学生数量均呈现较为明显的下降趋势,而教职工和专任教师数量的下降则主要集中在义务教育阶段(见表5)。这说明,随着出生人口总量的下降,教育机构总量也必然下降,这也势必会影响教职工总量的分布结构。同时,教职工总量的变化也会受到政策导向与社会环境的影响。

表5 2022年辽宁省不同阶段教育生源数量与教职工数量较上一年变化状况

单位:%

	当年招生总数变化水平	当年在校生总数变化水平	教职工总数变化水平	专任教师总数变化水平
学前教育	-17.2	-6.1	0.4	—
小学教育	-8	-0.5	-1	-0.3

	当年招生总数 变化水平	当年在校生总数 变化水平	教职工总数 变化水平	专任教师总数 变化水平
初中教育	-3.2	-3.3	-0.2	-0.5
高中教育	3.3	2.2	—	1
高等教育	11.9	4.4	0.6	2.9

资料来源:《2022年辽宁省教育事业发展统计公报》。

2.教师综合能力竞争不断加剧

一方面,学前教育的教师数量不降反升,既体现了辽宁省对于学前教育发展的重视与投入,也意味着这一群体面临着更为激烈的竞争和更高的要求。2022年辽宁省幼儿园专科以上学历的专任教师比例为87.7%,低于全国平均水平近3个百分点。这表明,相对于其他教育阶段,辽宁省学前教育专任教师的学历素养距离全国平均水平还存在一定距离,需要进一步提升对于高素质人才的吸引力。另一方面,高中阶段的生源总量在逐年提升,而教职工与专任教师数量并未同步提升,这表明高中教育阶段的教师仍面临较高的工作压力,特别是辽宁省在刚刚进行高考改革的背景下,在保障教学质量、吸纳相关人才和提升待遇水平方面还存在着诸多挑战。

(五)医疗资源区域间分布仍有差距

1.医疗资源基层下沉仍然存在不足

尽管辽宁省对于基层地区的医疗资源投入在持续增加,但通过调研发现,在部分偏远地区,特别是脱贫地区,相关的医疗资源仍然有限。一方面,偏远地区或脱贫地区由于自身条件相对有限,加之外出务工人员较多并叠加人口老龄化导致的人口自然减员,使得部分乡村的人口明显下降,部分村卫生室(站)进行了撤销、合并与整合。这在有效盘活提升资源使用效率的同时,也使得部分年长、残疾或身患慢性疾病等行动不便居民在获得日常医疗服务上面临一定的困难。另一方面,由于相关地区的基层医疗资源和待遇水平相对有限,能够提供的医疗药品和健康服务的数量及种类还不够丰富，基层医务人员的工作较为繁杂且流动性相对较大，难以及时充分满足本地居民的医疗健康需求。

2."一老一小"等特殊人群健康保障依旧相对有限

辽宁省作为中国人口老龄化程度相对较高的区域，人口结构具有显著特点，人口更替变化使得"一老一小"等特殊人群的医疗健康需求呈现逐年上升的趋势。一方面，针对老年人群体的专业化医疗机构数量有限，老年病、康复理疗、照护护理以及安宁疗护等服务能力尚有待提升，相应医务人员的数量也存在不足。另一方面，基层的健康管理服务覆盖水平仍需逐步提升，医养康养相结合的具体形式还要继续探索与创新，老年健康服务能力与保障支撑网络还需持续完善。

（六）养老服务体系服务质量仍需完善

1.养老服务的城乡差距依然存在

尽管近年来辽宁省在持续增加养老资源投入，并且持续向农村和基层倾斜，但当前在社区养老服务设施方面，城乡之间仍然存在一定差距。由前文可知，辽宁省社区养老服务设施在城市已经实现了全覆盖，而农村的覆盖率仅为63.9%，两者间尚有近四成的差距。农村地区以及部分偏远地区居民居住相对分散，人口老龄化和人口流动叠加造成的常住人口快速下降，加之部分高龄老年人因病因残等行动不便，使得相当一部分居民不具备使用基层养老服务设施的能力。与此同时，由于条件有限，部分农村地区或脱贫地区在社区养老服务设施建设上仍存在短板，提供养老服务的能力相对有限，待遇水平上的差距也客观地限制了服务人员的专业性和稳定性。辽宁省在统筹城乡发展，构建城乡一体化综合养老服务体系方面仍需继续加大投入和探索创新力度。

2.基本养老服务还存在着一些短板

一方面，由于辽宁省尚未在省级层面公布基本养老服务清单，当前的基本养老服务基本上处于自行探索、各自为政的状态，缺乏统一的政策指导和实施方向。另一方面，在养老机构数量稳步上升的同时，存在部分新建养老

机构空置率较高，而老年人的照料需求未能获得充分满足的结构性失衡问题。

三　促进辽宁省社会发展的对策建议

（一）多措并举，推动实现更高水平更充分就业

1.深化人力资源市场化改革，促进劳动要素高效配置

坚持有效市场和有为政府相结合，深化人力资源服务供给侧结构性改革，切实发挥好人力资源服务产业推动经济发展、促进就业创业、优化人才配置的重要作用。一是加快推进《辽宁省人力资源市场条例》立法，从法律层面推动人力资源服务业规范发展，打破城乡、区域、行业分割，促进人才、劳动力顺畅有序流动。二是推动诚信体系建设，实行信用分类管理，打造一批省级诚信示范人力资源服务机构，从中选树和重点扶持一批龙头、骨干、专精特新人力资源服务机构。三是强化人力资源产业园建设，结合省区域发展战略和产业布局，打造一批有特色、有效益、有潜力的专业化人力资源产业园，及时兑现省级产业园奖励政策，着力推动大连建设国家级产业园，支持各地建设市、县级产业园和网上产业园。四是强化市场化就业服务供给，深入开展国聘行动、人力资源服务业促就业行动、人力资源服务机构高校毕业生就业服务周、招聘服务进企业进园区进校园进社区、百企招才引智等活动，建立人才需求调查、急需紧缺职业（工种）调查、人力资源服务一线观察常态机制，落实引才荐才奖励政策，促进供需高效对接、精准匹配。

2.优化就业环境，营造舒心、乐业的良好就业氛围

一是强化基层就业公共服务平台建设。深化基层网格建设，鼓励各市在人口较密集的片区打造社区就业服务站点，形成标准化、规范化的社区就业公共服务，并为每个服务站点配备专（兼）职工作人员，定期开展政策及业务能力培训。引导人力资源服务机构等社会力量入驻"15分钟就业服务

圈"，协助就业公共服务部门为劳动者和用人单位就近就地提供就业服务。二是推进零工市场建设。积极应对就业的新业态、新模式，加快推进零工市场建设，有效整合乡镇劳动力资源，强化就业供需匹配，吸引多家企业入驻，提供更多就业岗位。三是依法保障劳动者合法权益。要求企业严格遵守劳动法律法规，与劳动者签订正规的劳动合同，明确双方的权利和义务，防止出现劳务纠纷。企业应当按照国家规定的最低工资标准支付劳动者工资，确保劳动者的基本生活得到保障，并为劳动者缴纳社会保险费用，确保劳动者在出现意外或疾病时能够得到有效的保障。尊重劳动者的民主权利，允许劳动者参与企业的管理和决策，提高归属感和责任感，加快建立和谐稳定的劳动关系，促进企业的可持续发展。

3. 完善政策体系，着力提高就业者职业技能水平

一方面要开展职业技能竞赛，提高就业人员技能水平。完善职业技能竞赛体系，举办辽宁省职业技能大赛，建立政府、企业和社会多方投入保障机制，推行"政企校行"合作办赛和"赛会展演"综合办赛模式。同时，安排专项资金用于支持全省重点和优势项目竞赛选手的培养和集训，对世赛、国赛和省赛获奖优秀选手及教练团队，给予一定标准的物质奖励，完善并落实竞赛获奖选手表彰、升学、职业技能等级晋升等奖励政策，对世赛国家集训基地和国赛省级集训基地给予建设资金补助。鼓励企业针对竞赛获奖选手建立与岗位使用及薪酬待遇挂钩的长效激励机制。

另一方面要完善技能人才支持政策，打造高技能人才队伍。围绕辽宁经济社会高质量发展需求，在培养、使用、评价、激励技能人才工作主要环节精准发力，强化政策供给、优化保障机制，全面推进职业技能等级认定工作，从鼓励机构申报、严审参评条件、加强督导员管理、做好数据档案保管、加强违规违纪参评人员和评价机构处理等方面提出监管服务措施，着力构建党委领导、政府主导、企业主体、社会参与的高技能人才工作体系，打造爱党爱国、敬业奉献、技术精湛、素质优良、规模宏大、结构合理的高技能人才队伍。

（二）完善收入分配，促进城乡居民收入稳步增长

1. 拓宽工资性收入渠道，确保城乡居民收入增长

实施就业优先战略，更加重视就业在促进居民增收中的基础性作用，探索建立就业友好型现代化产业体系，稳存量、扩增量、提质量、兜底线，使人人都有通过辛勤劳动实现自我发展的机会。聚焦"推进创新链产业链资金链人才链深度融合"，探索建立跨系统人才特殊调配机制和跨区域人才共建共享机制，实施重点产业集群急需紧缺人才支持计划和制造业技能根基工程，充分发挥实体经济稳定就业"基本盘"作用；聚焦"大力发展战略性新兴产业，加快发展数字经济"，实施数字经济人才攻坚行动和数字技能提升行动，推动建立完善适应新就业形态的劳动权益保障制度和社会保障制度，鼓励劳动者多渠道灵活就业；聚焦"不断拓宽农民增收致富渠道"，积极推进以人为核心的新型城镇化建设，畅通城乡之间人才和劳动力有序流动渠道，支持培育发展农村新产业、新业态，实现农村产业发展和农民就业创业良性互动。

2. 鼓励创业富民，着力增加城乡居民经营性收入

经营性收入是城乡居民收入的重要构成，创业是增加经营性收入的重要途径。要坚持把创业作为群众致富的最大潜力所在，持续优化营商环境，鼓励和支持创新创业。坚持紧贴现代产业体系深入挖掘创业项目，加强创业指导、培训和服务，提高创业初始成功率、创业稳定率、创业带动就业率。坚持鼓励草根创业与高端创业并举，推动创业政策向平台企业、个体工商户、农村新型经营主体等新兴经营主体覆盖，大力支持大学生在校创业、留学回国人员科技创业、科研人员离岗创业、成功创业者二次创业，以更加开放包容的态度激发全社会创业活力，为有创业意愿的人提供创业机会，鼓励支持新兴经营主体在实现个人价值的同时带动更多人就业增收。

3. 发挥再次分配调节作用，保障低收入群体基本生活支出

聚焦"收入分配调节"，用好最低工资标准、人力资源市场工资指导价

位和工资增长指导线等政策工具，加强重点行业、重点职业工资收入分配指引，努力提高劳动报酬在初次分配中的比重，推动更多低收入群体跨入中等收入行列。加快健全覆盖全民、统筹城乡、公平统一、安全规范、可持续的多层次社会保障体系，织密扎牢社会保障安全网，更好发挥社会保障调节收入分配、增加民生福祉的功能。锚定小微企业、灵活就业人员、新业态从业人员等，建立跨部门数据共享机制，推进参保精准扩面。落实企业职工基本养老保险全国统筹，加快推进失业保险、工伤保险基金省级统收统支，确保各项社保待遇按时足额发放，为老有所养、失有所助、伤有所靠提供更可靠的保障。完善和落实社会保险待遇正常增长机制，统筹好城乡社会保险待遇标准的调整，推进多层次、多支柱社会保障体系建设，实现基本保障、补充保障与兜底保障协调发展，更好满足人民群众多样化的需求。加快建立健全扩大就业与完善社保联动机制，完善新业态从业人员社会保障政策，鼓励引导灵活就业人员参加企业职工基本养老保险，通过多缴费、长缴费获得更高水平的保障，确保在共同富裕进程中一个不掉队。

（三）完善人才政策，为全面振兴新突破提供人才支撑

1.完善人才引育政策，用好增量人才

一方面，强化要素保障。要加强组织领导，落实资金保障，强化对人才工作的资金支持，确保人才经费根据财政收入情况逐年递增，拓宽人才资金筹集渠道，引导社会组织特别是大企业建立人才发展资金，多渠道、多形式投资人才资源开发，逐步建立起政府引导、企业主体、社会参与的人才投入体系。要营造良好氛围，充分利用传统媒体和新兴媒体，大力宣传"兴辽英才"行动计划等，切实讲好辽宁人才故事。要深入挖掘、选树各行各业优秀人才典型，加大人才奖励表彰力度，在全社会营造尊重劳动、尊重知识、尊重人才、尊重创造的浓厚氛围。另一方面，制定方便快捷的企业高层次人才退出机制。人才退出机制是企业在实际操作中最容易忽略的一项，出台人才诚信机制以及退出机制等政策，对申请人过往学术、业绩上弄虚作假，存在道德瑕疵和过失未申报说明的，被列为失信被执行人的，被依法追

究刑事责任的，由于情节严重、影响恶劣受到行政处罚尚未满一定时限的，以及其他不符合海外高层次人才评审要求的行为，实行一票否决，并实行包括但不限于追回奖励、称号等惩罚措施。

2.健全创新创业激励政策，用好存量人才

用好用足省级配套就业补助资金。一方面，支持经济发展环境较好，非公有制经济发展较快，面向高校毕业生、农民工、就业困难人员等重点群体开展创业培训工作扎实有效，创业政策及创业服务成效发挥较充分的地区建设省级创业型城市；支持公共就业服务体系比较健全，就业服务基础能力比较扎实，就业服务制度完善、手段多样、成效显著，面向高校毕业生、农民工、就业困难人员等重点群体具有本地特色公共就业服务品牌或做法，重点就业指标任务完成较好，公共就业服务质量满意度较高的地区，建设省级公共就业创业服务示范城市。另一方面，对于辽宁省内孵化培育和带动就业效果明显、发展运营和信誉情况良好、具有典型示范和辐射带动作用、经国家人社部新认定和复评通过的国家级创业孵化示范基地，增加补助额度，加快完善创业孵化示范基地的基本运营和公共服务水平，提高创业孵化示范基地带动就业创业的能力。

3.完善城乡劳动者职业技能培训政策，优化人才供给结构

统筹使用就业补助资金和职业技能提升专账结余资金，面向城乡劳动者开展各类补贴性培训、专业转换和技能提升培训。一方面，根据全省用工的实际需求，针对各类就业重点群体和企业职工大规模、高质量开展就业创业培训和岗位技能提升培训，并按规定给予培训补贴，提升各类城乡劳动者尤其是农村外出务工人员的技能水平和就业创业能力，助力实现更高质量、更加充分的就业。另一方面，重点提升高校毕业生的就业能力，面向离校三年内未就业高校毕业生及毕业年度在校生，以符合条件的院校和培训机构为主阵地，围绕全省重点产业用工需求，如数据安全、数字分析、5G、人工智能、云计算等，开展专业转换及技能提升培训，并按照一定标准给予培训补贴，提高高校毕业生与产业发展、岗位需求和基层就业的适配度。同时，深化技能人才评价制度改革，完善全省企业、技工院校自主评价，推进职业技能等级社会评价。对做出突出贡献，具有绝招、绝技、绝活，并长期坚守在生产服务一线岗位的高技能人才，建立职称评审绿色通道。

（四）优化教育资源配置，分阶段促进教育发展

1. 坚持学前教育公益普惠方向，发展普及普惠安全优质的学前教育

通过直接增加投入、盘活闲置资源等多元化方式，加大公办幼儿园建设力度，特别是向非城镇区域进行资源倾斜，推动城乡普惠性学前教育均衡发展，不断提升公办幼儿园数量与普惠性幼儿园覆盖率。结合地区实际情况，促进资源整合利用，鼓励幼儿园向低龄幼儿托管等方向拓展服务。积极引导鼓励民营资本与社会力量参与到普惠性幼儿园的建设发展进程中，支持民营幼儿园的普惠化转型。同时，强化师资力量特别是教师队伍建设，深化教育教学改革与创新，稳步提升学前教育发展质量。不断完善学前教育专任教师待遇保障机制与培养培训体系，加强对相关专业的支持，通过政策扶持优化人才资源配置，特别是应通过专项激励政策引导优质资源向基础薄弱地区流动。

2. 巩固"双减"政策实施成果，切实降低义务教育阶段家庭成本

既要加强政策与理念宣传，转变不合理的教育观念，也要通过完善制度建设、加强日常监管、跨部门相互配合与社会多方力量共同参与等方式，形成常态化监管合力。切实减轻义务教育阶段学生课业负担、家庭负担和校外培训负担，保障每个家庭接受义务教育的权利，降低义务教育阶段的家庭成本。

3. 深化高中教育创新改革，推动高等教育高质量发展

围绕高考改革，深化高中教育在教研教学方面的改革创新，支持鼓励学校围绕学生能力提升的高质量、多元化与个性化进行实践。重视发挥辽宁省高等教育优势资源，围绕新工科、新医科、新农科、新文科等建设方向加大资源投入与政策激励力度，深入推进高校开放办学和深化国际交流合作，持续提升高校科技成果省内转化率，推动高等教育实现高质量发展。深入推进一流大学和优势学科建设，支持高校对接新一代信息技术、智能制造、生物医药、现代农业、文化旅游等重点产业集群建设一批现代产业学院。

4.促进职业教育快速发展，打造教育培养新模式

优化职业教育规划布局和专业设置，围绕工业母机、机器人、石油化工、汽车、集成电路等产业建设产教融合共同体，培养高素质专业化产业工人队伍，提升"辽宁工匠"品牌价值。发挥国家政策支持、辽宁省装备制造业与教育资源上的传统优势，围绕职业教育重视实践与技术的特点，通过政策、平台与制度等方式充分调动政府、企业、学校、科研机构等各相关方的参与积极性，结合具体区域内的优势产业和具体企业，将技术创新、产品研发、生产实践、成果转化等与职业教育相结合，创新培养模式，发挥比较优势，实现职业教育实用高效的高质量发展。

（五）实现医疗资源均衡扩容，提升特殊人群保障水平

1.实现优质资源扩容增效与整体资源均衡布局相协调发展

全面提高人口健康素质，高水平创建国家医学中心，提升全省卫生健康服务水平。借助国家政策方针引领，结合自身优势资源，集中打造国家级与省级区域医疗中心，发挥品牌示范效应，提升优势专科医疗领域的科研能力、专业能力与服务能力。同时，持续向基层投入更多医疗资源，通过加大医疗器械、药品种类和基础设施等方面的投入来提升基层医疗服务水平，结合补贴和加强宣传来不断推广家庭医生签约服务。促进城市医联体和县域医共体协同发展，基于互联网、5G、大数据等技术实现优质资源与信息的互联互通和优化共享。持续推动卫生健康领域数字化改革，打造全民健康信息平台以实现省、市、县、乡、村居民全生命周期医疗健康数据管理。同时，通过定向培养、多点执业、派驻机制和专项政策等方式保障基层医疗人员队伍的稳定性。构建"大病不出省、一般病在市县、日常疾病在基层"的居民健康保障格局。

2.完善特殊人群健康服务体系

一方面，持续完善妇幼保健与儿童健康服务体系。完善生育支持政策，深入实施母婴安全行动提升计划。增加对妇幼保健的资源投入，构建受孕生育全周期医疗健康保障服务体系，完善省、市、县级产前筛查与诊断服务网

络，提升危重孕产妇紧急救治服务水平，加强基层妇幼健康服务能力。统筹配置育幼服务资源，增强普惠托育服务的专业性、多样性、普惠性与可及性，采用多元化形式开展婴幼儿照护技术指导，增强家庭、机构科学育儿能力。同时，持续完善儿童保健服务体系。加强儿科建设与人员培养，强化基层儿童健康服务能力，特别是保障基层地区儿科门诊的人员与设施配备，通过与学校、社区、托育机构等开展合作，宣传推广儿童健康知识，加强青少年体育和心理健康工作。另一方面，积极应对人口老龄化，优化完善老年人健康服务保障体系。既要加强老年医院、康复医院、护理院、安宁疗护等专业机构建设，也要持续培养相应的专业化人才队伍。既要围绕老年医学形成专业化科研实践优势力量，也要支持基层医疗卫生机构在医疗照护、家庭病床、居家护理等服务上的发展，促进医养康养相结合。

3. 持续优化公共卫生与健康服务水平

强化全民健康保障，完善慢性病综合干预与防治体系。优化重点慢性病防治工作，围绕癌症、心脑血管疾病、糖尿病等重大慢性疾病构建包含早期筛查、健康管理与生活方式干预等措施的综合干预与防治体系。稳步提升中医药服务能力，形成中医优势专科与示范医疗机构，推广传播中医药文化，推动中医药健康产业发展。推动基本医疗保险省级统筹进程，推动城乡、区域医保均衡发展，持续优化异地就医政策措施，结合具体流程场景制定多元化服务形式，提升居民异地就医便利性。促进优质医疗资源扩容和区域均衡布局，提升全民健康保障能力。

（六）创新优化资源配置，持续完善养老服务体系构建

1. 持续增加农村地区资源投入，创新养老设施配置与服务提供方式

结合农村地区地理位置和常住人口等综合因素，因地制宜探索服务供给新机制，深化农村居家养老服务设施布局改造和功能拓展。增强农村敬老院综合服务能力与照护服务能力，支持具备条件的敬老院向区域性养老服务中心进行转型升级。发挥各级党委和村党组织领导及统筹作用，加强互助服务的组织引领，创新农村互助养老模式，构建党建引领、镇街主导、村委监

督、村民参与、机构支撑的农村邻里互助支持网络。发动党员、退休干部等组建志愿者队伍并与有意愿的老年人结对成立互助小组，培训亲友邻居、初老健老等使其成为具备照顾能力的互助养老员。鼓励村两委积极组建农村养老服务组织，加快培育专业化养老服务社会组织，通过政府养老服务项目购买、慈善募捐及消费服务等解决资金筹措和运营问题。支持成立农村养老志愿服务队伍，培养农村养老服务志愿者。

2. 制定出台基本养老服务清单，持续提升养老服务水平

加强养老服务网络建设，逐步丰富发展服务项目，将基本养老服务清单内容纳入市级基本公共服务和基本社会服务范畴。政府向社会力量购买基本养老服务项目，健全经济困难的高龄、失能老年人补贴制度，优化补助方式，根据需求评估确定差异化的服务内容和梯度化的服务时间，制定精准化、个性化的服务方案。

3. 增强家庭自主照料能力，完善居家养老服务质量

在家庭适老化改造的基础上，进一步完善家庭养老支持措施，加强社区公益性养老服务设施建设，老旧小区改造要与养老设施建设同步实施，改善老年人居住环境，增加社区中老年人的活动场所和设施，加强老年人宜居环境建设，营造有利于老年人幸福安康的宜居生活环境与良好社会氛围。积极开发老年人力资源，特别是70岁以下且能够完全自理的"活力老人"，充分发挥老年人参与经济社会活动的主观能动性和积极作用。鼓励老年人积极参与家庭发展、互助养老、社区治理、社会公益等活动，探索实行养老"时间银行"制度。

4. 健全养老服务评估制度，保障老年人基本权益

以老年人能力评估为基础，由民政、卫健、医保和残联等部门共同研究制定全市统一、结果互认的老年人照护需求评估制度。通过对老年人的生理、精神、经济条件、生活状况等方面进行综合评估，科学确定服务需求，将评估结果作为领取老年人补贴、接受基本养老服务的参考依据。优化统一的评估标准，强化需求评估的多专业协同团队建设。建设统一的需求管理和服务平台，组织委托第三方专业机构开展评估，精准保障各类老年群体的养老服务需求。通过试点机构责任险等方式，降低养老机构的消防风险。

参考文献

《2022年度辽宁省人力资源和社会保障事业发展统计公报》，辽宁省人力资源和社会保障厅网站，2023年6月30日。

《2022年辽宁省国民经济和社会发展统计公报》，辽宁省统计局网站，2023年3月16日。

《2021年辽宁省国民经济和社会发展统计公报》，辽宁省统计局网站，2022年3月19日。

《辽宁省统计年鉴2022》，辽宁省统计局网站，2023年1月31日。

《2022年辽宁省教育事业发展统计公报》，辽宁省教育厅网站，2023年7月5日。

经济运行篇 ⟩⟩

B.3
辽宁工业高质量发展研究

田 晔 宋帅官*

摘 要： 2023年以来，面对需求收缩、供给冲击、预期转弱三重压力对工业经济的影响，辽宁省科学统筹、认真落实稳工业经济大盘各项政策措施，积极保障生产要素供需平衡，不断优化营商环境，最大限度释放企业活力，工业经济呈现量质提升、效速双增的良好发展态势。但是受内外部环境和不确定因素影响，辽宁重点工业企业经营压力依然较大，工业经济企稳回升的基础仍不牢固。需切实采取有效措施，加大工业投资力度，加快提升产业基础能力，稳步推进产业数字化转型，补齐县域工业发展短板，持续筑牢工业经济"底盘"，进一步推动辽宁工业高质量发展，为实现全面振兴新突破三年行动首战告捷创造有利条件和良好开端。

关键词： 工业转型 工业投资 制造业新高地

---

* 田晔，辽宁社会科学院经济研究所助理研究员，主要研究方向为国民经济；宋帅官，辽宁社会科学院经济研究所研究员，主要研究方向为区域经济。

一 辽宁工业经济总体运行和发展情况

2023 年 12 月 19 日，辽宁省统计局发布经济运行情况，数据显示，1~11 月，全省规模以上工业保持增势，固定资产投资增长较快，市场销售持续回升，财政收入增势良好，全省经济运行稳定，保持恢复向好态势。前 11 个月，全省规模以上工业增加值同比增长 4.5%，高于全国 0.7 个百分点，2023 年年初以来一直高于全国平均水平。

从经济类型看，国有控股企业增加值同比增长 2.4%；外商及港澳台商投资企业增加值增长 7.6%，股份制企业增加值增长 3.7%；私营企业增加值增长 5.8%。

从主要行业看，食品制造业增加值同比增长 36.6%，计算机、通信和其他电子设备制造业增加值增长 20.9%，化学原料和化学制品制造业增加值增长 18.6%，汽车制造业增加值增长 17.4%，仪器仪表制造业增加值增长 10.5%，烟草制品业增加值增长 5.5%，有色金属冶炼和压延加工业增加值增长 5.3%，电气机械和器材制造业增加值增长 4.0%，橡胶和塑料制品业增加值增长 4.0%，黑色金属冶炼和压延加工业增加值增长 3.1%，石油和天然气开采业增加值增长 1.7%，电力、热力生产和供应业增加值下降 2.9%。

从主要产品看，化学纤维产量同比增长 47.1%，泵产量增长 35.2%，汽车产量增长 26.8%，农用氮磷钾化学肥料（折纯）产量增长 24.3%，机制纸及纸板产量增长 13.6%，变压器产量增长 8.3%，平板玻璃产量增长 7.0%，橡胶轮胎外胎产量增长 5.6%，金属冶炼设备产量增长 4.6%，十种有色金属产量增长 4.2%，初级形态塑料产量增长 4.4%，天然气产量增长 2.3%，原油产量增长 2.1%，钢材产量增长 0.9%。从主要新产品看，碳纤维及其复合材料产量增长 1.6 倍，新能源汽车产量增长 37.0%，工业机器人产量增长 4.4%。

从地区看，辽宁省 14 个市中有 13 个市实现正增长，7 个市增速跑赢全

国，沈阳、大连充分发挥了"跳高队"的作用，实现两位数增长，两大"龙头"拉动作用明显。2023年前三季度，沈阳、大连两市规模以上工业增加值同比分别增长8.6%和11.1%，锦州市同比增长8.5%，丹东市同比增长5.5%，营口市同比增长4.4%，鞍山市同比增长3.2%。

（一）全力推动稳工业经济大盘各项政策措施落地落实

辽宁省针对工业经济发展过程中遇到的瓶颈和困难，出台了一系列稳工业经济大盘的政策措施。辽宁省印发《辽宁省促进工业经济平稳增长若干措施》，出台财政税费、金融信贷、助企纾困、保供稳价等方面27条具体支持措施，力促全省工业经济保持平稳增长，努力推动实现全年经济社会发展目标任务。2023年6月19日，《关于进一步深化东北三省一区交流合作的工作方案》（以下简称"《工作方案》"）经省委常委会会议审议通过，辽宁省将与吉林省、黑龙江省、内蒙古自治区继续深化交流合作，加快推进区域经济一体化发展，携手推动新时代东北振兴取得新突破，更好服务和融入新发展格局。《工作方案》包括三部分内容。第一部分为总体思路，主要是坚持以习近平新时代中国特色社会主义思想为指导，全面贯彻党的二十大精神，深入贯彻落实习近平总书记关于东北振兴发展的重要讲话和指示批示精神，坚持优势互补、互利共赢，同担重任、同向发力、同频共振，持续深化三省一区交流合作。第二部分围绕维护国家"五大安全"、产业协调发展、对内对外开放、科技创新、文旅产业发展、生态环保、基础设施建设7个方面，提出了进一步加强合作的重点任务。第三部分为建立健全交流合作机制，主要是建立三省一区党委、政府主要领导会商机制，建立三省一区协商机制，建立三省一区常态化工作推进机制。这些政策措施的出台对于传统产业改造升级、新兴产业培育壮大、企业高质量发展、技术创新能力的提升等都起到了重要的推动作用，是新时代新征程深入学习贯彻习近平总书记重要指示精神，推动东北振兴取得新突破，推进中国式现代化的具体实践；凝聚了持续深化三省一区交流合作，打造合作模式升级版的共识；形成了推动东北全面振兴、加快区域经济一体化发展，把习近平总书记为东北擘画的全面振兴蓝图变为现实的合力；有助于推动东北三省一区共同扛起维护国家"五大安全"的重大政治责任，更好服务和融入新发展格局，奋力实现全面振兴新突破，以新气象、新担当、新作为，为构建营商环境好、创新能力强、区域格局优、开放活力足、幸福指数高的振兴发展新局面提供有力支撑。

（二）技术创新实现新突破，产业基础能力显著提升

2023 年前三季度，辽宁省技术合同成交额达 717.02 亿元，同比增长 59.8%。出台《辽宁省科技体制改革三年攻坚实施方案（2023—2025 年）》，组织开展高校院所职务科技成果单列管理和"先使用后付费"改革试点。完善科技成果转化权益分配机制，根据相关规定全面推动高校院所赋予科研人员职务科技成果所有权或长期使用权。建立驻辽中直高校院所与省科技厅联动工作机制，先后两次召开驻辽中直高校院所科技成果转化工作推进会，加强联合联建联动，推动驻辽中直高校院所科技成果在辽转化。搜集、梳理全省高校院所可转化科技成果 3763 项，其中驻辽中直高校院所可转化科技成果超 1000 项、企业技术需求 1122 项，通过撮合对接活动、科技服务机构推广发布等，为省内企业提供高成熟度、高价值的可转化科技成果。

实施"揭榜挂帅"科技计划，发布榜单 151 项，落实"兴辽英才计划"、"带土移植"计划，2023 年上半年，辽宁省引进高水平人才团队 151 个。辽宁材料实验室、辽宁辽河实验室、辽宁滨海实验室、辽宁黄海实验室 4 家辽宁实验室与鞍钢、中触媒、瓦轴等一批龙头企业签署战略合作协议，聚焦产业需求联合开展关键核心技术攻关，共建产业技术创新中心、联合实验室、联合研发中心等创新平台 6 个。聚焦精细化工、新材料等领域，新建省级中试基地 14 家，全省省级中试基地达到 36 家，梳理中试基地公共服务事项 73 项，面向省内有中试服务需求的企业和高校院所进行发布，为驻辽中直高校院所科技成果提供中试验证熟化服务，促进科技成果向生产转化。

组织双碳、装备制造、精细化工、新材料、生物医药、农业、石油化工

等领域专场对接会及院所企业行活动，承办国家科技计划成果路演行动大连高新区专场，搭建企业与高校院所合作交流渠道，引导推动科技服务机构载体开展常态化、专业化、精准化科技成果对接路演活动200余场。发布科技成果"揭榜挂帅"榜单30项，其中驻辽中直高校院所20项，占比达66.7%。实施科技成果转化和技术转移奖励性后补助科技计划，引导省内企业与高校院所开展产学研合作，2023年共支持科技成果转化项目52项，支持金额3173万元。

（三）一批重大工业项目建设稳步推进

2023年前10个月，辽宁省建设项目数量达到13149个，同比增长10.6%，完成投资额同比增长18.7%；新开工建设项目达到5013个，完成投资额同比增长11.1%。新项目、大项目实施进度明显加快，重大项目投资带动作用明显，其中，亿元以上建设项目4000个，数量增长13.5%，完成投资同比增长28.7%，占全省总投资的59.2%，拉动投资增长13.7个百分点。

在不断推进项目增数量、壮体量的同时，辽宁省尤为注重高质量项目的打造，发挥重大工程建设的关键性、引领性作用，重大工程建设已成为全省投资和项目工作的总抓手。2023年前三季度，辽宁省重大工程建设扎实推进，全省15项重大工程300个重点项目开工率超过89%，完成投资占全省投资总量的23.6%，重大项目的牵引拉动作用明显。2023年第三季度，阜新市新增风电、铁岭市新增风电、营口市多金属综合利用技术升级、辽宁材料实验室（二期）、上汽通用北盛GL8商务车升级等一批新项目开工建设。

继2022年出台《辽宁省统筹发展和安全推进实施若干重大工程行动方案》后，2023年辽宁省按照发展质量高、产业结构优、投资规模大、示范作用强的标准，优中选优建立若干重大工程，300个重点项目清单总投资1.38万亿元，年度投资2000亿元。2023年前三季度，辽宁省工业领域2440个续建项目复工，1567个新建项目开工，823个项目建成投产，预计新增销售收入263亿元。2023年以来，沈阳市与中央企业聚焦新能源、集成电路、汽车、航空、高端装备等战略性新兴产业和城市更新、基础设施等重点领域，1~12月，沈阳市新签约亿元以上项目2114个，落地1129个，创历史最高，项目转化率达到53.4%，较年初提高了17个百分点，为沈阳做好结构调整"三篇大文章"、补齐建强重点产业链条、提升城市功能品质形成有力支撑。在国务院国资委、东北三省一区召开深化东北地区国资国企改革现场推进会和国资央企助力东北全面振兴座谈会期间，沈阳市围绕重大工程、重大项目和重点产业集群，与14家中央企业签约合作项目15个，项目总投资额达341亿元，项目涉及能源、服务业、国企混改、工业、医疗健康、基础设施、农业等领域，包括总投资100亿元的沈阳新型建筑材料产业联合重组项目，总投资50亿元的沈北新区分布式光伏发电项目，总投资30亿元的沈阳现代农业及文商旅融合发展项目，总投资25亿元的中城集团、沈北水务2家沈阳国企与央企混改项目等。

（四）推进"三篇大文章"取得积极成效

一是"老字号"改造升级焕发新活力。辽宁省加强对"老字号"产业数字赋能增效。辽宁省2022年数字经济规模超过1.1万亿元，同比增长10.4%，数字经济在工业领域的渗透力达到24%，高于全国平均水平。全省工业企业关键工序数控化率达59.7%，数字化研发设计工具普及率达77.2%，超过全国平均水平。培育制造业数字化转型标杆企业30家，建设152家省级数字化车间、智能工厂。省级工业互联网平台达到65个。辽宁省上云企业超过10万家，这些都有力地推动了工业经济高质量发展。发挥头部企业优势，打造配套企业集聚的产业集群生态。沈鼓集团、特变电工沈变公司等16家企业开展"整零共同体"建设示范项目，有效提升头部企业的本地配套率。2023年2月，由沈鼓集团研制的我国首台套9兆瓦级大型海上平台压缩机一次投运成功，填补了海上油气平台用压缩机的国产化空白。

二是"原字号"深度开发实现新跨越。辽宁持续推进石化、冶金等原材料及深加工行业补链、延链、强链，加快推进"减油增化"，发展环氧乙烷深加工、催化剂等11大类45小类精细化工及化工新材料产品。目前，辽

宁省化工精细化率达到 44.1%。2023 年 3 月 29 日，由中沙两国携手共建的总投资额 837 亿元的精细化工及原料工程项目在盘锦辽滨沿海经济技术开发区全面开工，该项目利用当前国际领先工艺，主要建设 1500 万吨/年炼油和乙烯、PX 等共 32 套工艺装置，以及配套公用工程及辅助设施，是辽宁全面振兴新突破三年行动、深化央地合作的示范性项目。该项目将有效推进辽宁石化产业结构优化，加快"减油增化、减油增特"步伐，以国家支持的化工新材料和高端精细化工产品为主导，进一步增加辽宁省烯烃、芳烃及其下游化工产品等的供给能力，为延伸产业链条、大力发展下游精细化工和化工新材料产业提供丰富的原料支撑，带动一批上下游产业链配套项目建设，形成以高端聚烯烃为特色、新材料新能源等产业集聚发展的态势，为辽宁省石化行业转型升级发展增添动力。

三是"新字号"培育壮大释放新动能。辽宁省聚焦生物医药、新能源汽车、轨道交通、集成电路、机器人等新兴产业，推动关键技术产品攻关突破、新产品研发和产业化项目建设，"新字号"对工业经济支撑能力显著增强。2023 年 1~11 月，辽宁省高技术制造业规上工业增加值同比增长 8.3%，其中，碳纤维及其复合材料产量增长 1.6 倍，新能源汽车产量增长 37.0%，工业机器人产量增长 4.4%。富创精密设备、芯源微电子等 IC 装备企业产值增幅均在 20% 以上。培育壮大"新字号"，离不开积极培育科技型中小企业。近年来，辽宁出台《辽宁省高新技术企业"三年倍增计划"实施方案》《辽宁省民营科技企业梯度培育工程实施方案》等，加大科技企业培育力度。2023 年 5 月 31 日，辽宁省工业和信息化厅发布了辽宁省专精特新中小企业名单，2023 年度第一批企业 546 家，通过复核的 2019 年度辽宁省专精特新中小企业、"小巨人"企业等 14 家，共计有 560 家企业获得辽宁省专精特新中小企业称号。在这 560 家企业中，主营业务收入占营业收入比重超过 80% 的达 555 家；主导产品为国内外大型企业直接配套的达 529 家，占比 94.5%；研发投入占营业收入比重的认定标准为 3%，超过 5% 的达 408 家，超过 4% 的达 488 家；58% 的企业拥有发明专利等 I 类知识产权；112 家企业建立省级以上研发机构；481 家企业符合结构调整"三篇大文章"发展领域和方向。截至目前，辽宁累计认定"专精特新"中小企业 1131 家、省级专精特新"小巨人"企业 524 家、"专精特新"产品（技术）5248 项、创新型中小企业 1898 家。辽宁累计认定国家级专精特新"小巨人"企业 287 家，整体数量居全国前列。

（五）绿色化改造升级步伐加快

辽宁实现"绿色制造"，开发"绿色产品"，建设绿色工厂和绿色供应链，打造绿色工业园区，对推动全省绿色发展至关重要。工信部发布的"2022 年度绿色制造名单"中，辽宁有 37 家企业入围，全省累计 129 家。还有阜新伊利乳品等 11 家企业入选 2022 年节水型企业公示名单。2023 年第一季度，辽宁省建立了绿色低碳项目库，并积极推动 83 个节能降耗项目建设。着力推进煤炭消费替代和转型升级，加快淘汰煤电落后产能。着力发展新能源，重点支持辽西北等地区建设国家级风电光伏基地项目。着力推动清洁电力资源优化配置，加快推进巴林—奈曼—阜新线路、营口虎官、盘锦辽滨和徐大堡核电送出等 500 千伏电网工程，以及 725 万千瓦新增风电项目配套 220 千伏送出工程前期工作。着力推动绿色电力交易，出台并组织实施年度绿电交易工作方案。着力推行绿色制造，创建绿色工厂、供应链和工业园区。着力推广绿色低碳建筑，提高建筑能效水平。着力推动交通领域绿色低碳转型，加强区域间、企业间合作，大力发展多式联运，引导推进铁路运输"散改集"，大宗货物长距离运输"公转铁""公转水"。着力推进大宗固废综合利用，推进尾矿、冶炼渣、煤矸石、粉煤灰、废石等大宗固废在建材生产、筑路回填和采空区充填等方面的大掺量、规模化、高值化利用。本钢集团从 2022 年起围绕环境治理加大投资力度，"十三五"期间在环保设备方面投入了 75 亿元，"十四五"期间，在超低排放改造方面投资了 131 亿元、投资项目 137 个，启动了 3A 级花园式工厂的建设，厂区景观得到大幅改善，预计到 2024 年年底，超低排项目基本完成，大气污染排放总量预计从每年的 6.2 万吨降到 2.2 万吨。

二 制约东北地区工业高质量发展的主要瓶颈

（一）短期来看，工业稳增长压力加大

工业是辽宁振兴发展的"命脉"，2023年辽宁工业增加值占GDP的比重均在30%以上，2023年辽宁全省规模以上工业增加值比上年增长5.0%（见图1），比全国高0.4个百分点。其中，装备制造业增加值增长9.1%。采矿业增加值增长1.0%，制造业增长6.3%，电力、热力、燃气及水生产和供应业下降2.4%。工业是稳住经济大盘的关键变量。从2023年工业经济运行来看，辽宁省稳增长压力依然较大。工业回升的基础仍不牢固，后期仍存在较大下行压力。

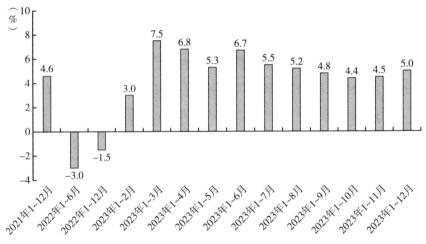

图1 辽宁省工业增加值增幅变化趋势

资料来源：辽宁省统计局网站。

工业投资低迷是工业稳增长压力加大的主要因素，不足以支撑制造业高质量发展。工业投资是稳经济大盘的重要抓手，也是最有效的手段之一。辽宁省存在工业投资规模偏小、投资结构不优等突出问题，2022年辽宁工业投资增速排在全国中下游（见表1）。

表1　2022年全国31省（区、市）工业投资增速

单位：%

序号	省（区、市）	工业投资增速	序号	省（区、市）	工业投资增速
1	海南	33.0	17	福建	16.9
2	内蒙古	44.6	18	山东	11.2（制造业）
3	新疆	37.8	19	湖南	14.5
4	宁夏	23.2	20	湖北	19.5
5	西藏	28.0	21	浙江	28.6（制造业）
6	甘肃	57.0	22	江西	7.0
7	云南	48.8	23	江苏	9.0
8	广西	30.0	24	河北	12.9
9	贵州	50.0	25	重庆	10.4
10	北京	18.4（制造业）	26	天津	1.4
11	黑龙江	9.7	27	四川	10.7
12	青海	21.6	28	辽宁	6.1（第28位）
13	山西	11.7	29	陕西	8.7
14	河南	25.4	30	上海	0.6（制造业）
15	广东	10.3	31	吉林	5.2
16	安徽	21.5（制造业）			

资料来源：国家统计局网站。

（二）县域经济短板依然突出

辽宁县域经济是制约工业振兴的重要短板，其主要表现就是县域经济综合竞争力不强。根据赛迪顾问县域经济研究中心发布的《2022中国县域经济百强研究》，辽宁三席分别是瓦房店市第61名、海城市第90名、庄河市第99名。江苏、浙江、山东三省百强县数量保持在前3位，百强县数量均大于10个，远多于其他省（区）；湖北、福建、河南、湖南、四川紧随其后，百强县数量在4~8个；其他省（区）百强县数量均不超过3个。从2020年至2022年不同省（区）百强县数量来看，东部地区的优势依然显著，中西部地区潜力较大。总体来看，辽宁省处于劣势地位，县域经济发展整体水平较低，与同属于东部地区的其他省份相比，在县域经济发展成效方面存在较大差距。

（三）工业结构矛盾依然比较突出

辽宁省的工业结构亟须优化，工业发展仍靠传统产业支撑，传统制造业仍占主导地位。辽宁省装备制造、石化、冶金三大支柱产业规模以上营业收入总量占全省的70%以上。与此同时，新兴产业发展步伐缓慢，支撑能力不够，辽宁省高技术制造业增加值仅占规上工业增加值的6.2%。高端装备制造业营业收入仅占装备制造业的20%。电子信息制造业营业收入仅占全国的0.6%，排在第20位。软件与信息技术服务业排在全国第13位。数字经济规模排在全国第15位。新材料营业收入仅占全省原材料工业的10%左右，新材料等高端产品发展相对不足，难以起到替代和带动原材料工业结构调整的作用。

（四）数字化转型进程缓慢

制造业是中国经济数字化转型的重中之重，辽宁传统工业占比较高，数字化转型形势更为紧迫，面临诸多挑战，如辽宁信息化总体水平较低，工业互联网发展滞后等。一是工业互联网头部企业偏少，全国工业互联网企业500强中，辽宁只有9家企业榜上有名。工业互联网创新企业的竞争力落后于全国。二是数字经济发展较为落后。根据国家工业信息安全发展研究中心编制的《全国数字经济发展指数（2022）》报告，截至2022年12月，东部、中部、西部、东北地区数字经济发展指数分别为167.8、115.3、102.5、103.0，东北地区与其他地区差距较大。辽宁省数字经济发展指数排在全国第22位，处于全国中下游水平。三是企业两化融合发展指数低于全国平均水平。辽宁省关键工序数控化率、智能制造就绪率等多个指标低于全国平均水平（见图2）。

三　推动辽宁工业高质量发展的对策建议

（一）多措并举稳工业投资

一是紧紧围绕服务大局，狠抓有效投资。聚焦履行"五大安全"政治

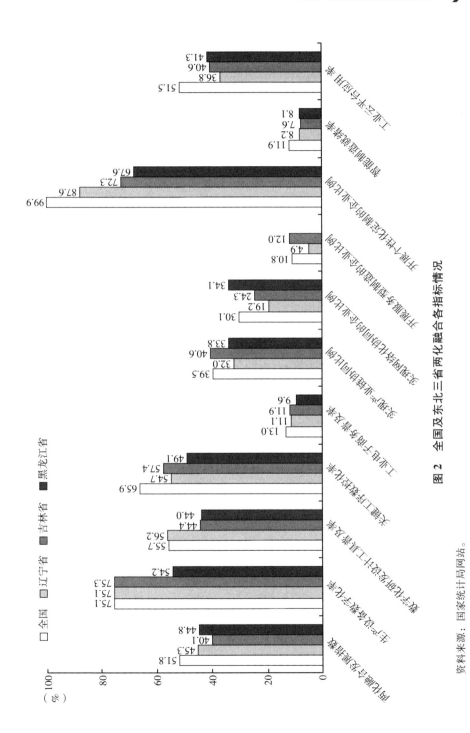

图 2　全国及东北三省两化融合各指标情况

资料来源：国家统计局网站。

使命，做好结构调整"三篇大文章"，加快高技术项目投资、技改投资及智能制造投资，大力推进产业数字化、数字产业化重点项目。激发民间资本投资热情，引导企业家高质量投资，保持投资节奏，注重提升投资效率，引导企业家向"三篇大文章"领域投资，避免低水平、粗放型的重复投资、跟风投资。抓住存量投资这一关键变量，引导省内传统工业企业加大技改投资力度，推动企业数字化改造升级，提升产业和产品竞争力。聚焦"双碳""双控"任务和目标，坚决遏制"两高"项目盲目发展，以石化、化工、煤化工、钢铁、焦化、建材、有色等行业为重点，建立"两高"项目清单管理制度，淘汰退出一批低效落后产能，积极引导企业推进绿色低碳生产，有效促进产业转型升级。

二是紧紧围绕工业高质量发展，狠抓招商引资。按照"寻找战略产业链里的薄弱环节，寻找有技术潜力的企业苗子，寻找引领转型升级的重大产业项目"的招商思路，实施精准招商，切实提高招商引资竞争力。第一，支持各地组建专业化招商团队，采取信息化、专业化、全球化招商管理模式，对项目实行从接触、洽谈、签约到落地、投产、壮大的全流程、信息化、"漏斗状"跟踪服务。第二，创新招商模式，搭建更多创业孵化平台和企业资本服务平台，注重加强对项目全生命周期服务，为企业提供全链条、多层次的产业投资服务。第三，充分利用"一带一路"国际合作高峰论坛、进博会、辽宁国际投资贸易洽谈会、全球工业互联网大会、中日韩投资博览会等开放平台，精准对接重点企业和重点项目，以项目建设的大突破带动振兴发展的大提速。

（二）聚焦"三篇大文章"，着力优化工业结构

对"老字号"行业开展评估诊断、组织对接交流、制定行业智能化指南等，打造典型应用场景，建设一批智能工厂和数字化车间，以信息链畅通产业链，实现人机物、产供销全流程、全要素连接与高效配置，用人工智能、工业互联网等新一代信息技术为装备制造等产业赋能增效。

加大力度对冶金、石化等"原字号"产业补链、延链、强链，实现

"原字号"产业的精细化、规模化、高级化、绿色化、数字化，推进产业链价值链向中高端发展。加快推进"减油增化"，大力发展化工新材料和精细化工，围绕"核心企业—产业链—产业集群—产业基地"发展模式，加速石化中下游企业集聚，形成乙烯、丙烯、芳烃等石化产业链条。加快产业结构和能源结构调整，实施能源消耗总量和强度"双控"行动，探索实施超低能耗、近零能耗示范工程。

以产业数字化、数字产业化为重点，培育壮大"新字号"，孵化、布局一批未来产业，推进战略性新兴产业、高技术制造业和高技术服务业发展，为辽宁振兴提供产业新支撑。实施先进制造业集群发展专项行动，支持沈阳机器人及智能制造集群加快发展，做强做大航空装备、数控机床、新能源汽车等22个优势产业集群和战略性新兴产业集群。积极培育科技型中小企业，加大科技企业培育力度。

（三）促进科技创新以提高辽宁经济核心竞争力

围绕辽宁省重点产业链，按照"老""原""新"方向，梳理重点创新链，明确重点企业清单、技术攻关清单、产品研发清单。坚持以契约为纽带、以市场为导向，引导联盟围绕产业链、创新链开展集成创新。实施"揭榜挂帅"，攻克关键技术。围绕辽宁重点产业链、创新链上的"断点""堵点"问题，由"盟主"企业提出技术创新需求，在政府引导下形成目标明确、任务清晰的项目"榜单"。面向国内外高水平科研单位"张榜"，通过"赛马"方式由企业自主择优确定"揭榜"单位、"挂帅"人才和技术路线。聚焦提高科研人员成果转化收益，开展政策激励试点，在实行股权激励、产权激励、收益分配激励等方面形成改革新突破。

（四）积极推进辽宁工业数字化转型

一是加强新型基础设施建设，推动数字化转型。新型基础设施建设是以数字化为核心技术的新经济、新动能的重要支撑。辽宁应加快新型基础设施建设，包括加强5G基站、城际高速铁路和城市轨道交通、大数据中心、人

工智能领域的建设，构建完整的新型基础设施建设体系，为辽宁数字化转型和高质量发展奠定基础。

二是推动"工业互联网""两业融合"建设，孕育经济发展新的增长点。辽宁作为我国重要的工业基地，近年来传统工业增长乏力，外需疲软，对"工业互联网"建设有着更加迫切的需要，应持续推动"工业互联网"建设，促进传统制造业转型升级，提升制造业生产效率，以进一步发挥辽宁传统工业优势，协同推进全国工业数字化转型进程。同时，应加速推动辽宁"两业融合"建设，先进制造业和现代服务业深度融合将创造出许多新需求、形成许多新产品、衍生许多新服务，从而拓宽服务业增长空间，孕育形成辽宁发展新的增长点。

三是充分发挥数据生产要素的作用，提升企业运营效率和政府的治理能力。数据已成为数字化转型背景下的重要生产要素。辽宁应在加强"新基建"、"工业互联网"建设的基础上，重视数据资产开发，引进数据开发应用人才，充分发挥数据在企业生产、运营和管理中的作用，不断提升企业的竞争力和运营效率。要发挥数据在政府管理方面的作用，提高政府治理能力和水平，提升政府服务经济社会发展的能力，推动辽宁经济高质量发展。打破企业之间、政府部门之间、政府与企业之间信息封闭的状态，让数据在保守国家秘密、商业秘密和个人信息安全的条件下，得到充分的开发利用，推动数字经济的发展，提高数字经济对经济发展的带动作用。

（五）大力发展县域工业经济

一是全力稳定县域工业经济运行。充分发挥县域作为政策落实"最后一公里"的重要作用，延续、优化、完善并落实各项工业稳增长政策，充分发挥经济内循环中的县域力量，并加强利用数字化手段对工业经济的运行进行监测，及时发现并解决工业经济运行的痛点、堵点、卡点，推动县域工业经济不断发展壮大。

二是加速推进产业结构优化升级。要加快推进县域传统产业转型升级，促进重点产业向高端化、智能化、绿色化迈进，并从产业实际出发，瞄准成长潜力大、科技含量高、支撑带动力强的产业，优化产业结构，加快探索和形成符合县域特点的现代产业链条。

三是深入推进数实融合，"以数强实"。汇聚各方资源，积极推动制造业和数字经济深度融合场景在县域的落地推广，充分释放数据要素价值，支撑县域产业转型升级，助推县域构建形成更先进的生产能力和更高效的组织体系。

四是充分发挥民营经济对新型工业化的支撑作用。县域为民营企业提供能直接感受到的更优的发展环境，要充分发挥这方面优势，构建亲清政商关系，优化政务服务，落实各项助企惠企政策，出台更有效的措施，培育支持中小企业发展，提升民营经济活力，充分激发民营经济在推进新型工业化方面的重要作用。

参考文献

许宪春：《积极推动数字化转型 努力促进东北振兴》，中国发展网，2020 年 11 月 9 日。

梁毕明、汤淮龄：《东北地区经济发展的制约瓶颈与战略思考》，《东北亚经济研究》2022 年第 2 期。

朱宇：《对新一轮东北振兴发展的政策建议》，《黑龙江日报》2018 年 8 月 21 日。

刘国斌：《新发展理念引领下东北经济如何高质量发展的思路及对策建议》，《东北亚经济研究》2021 年第 5 期。

韩冬：《关于实现东北地区振兴与发展的对策研究》，《时代金融》2020 年第 24 期。

B.4
辽宁省工业领域低碳发展路径研究

郑古蕊*

摘　要： 工业领域低碳发展是中国式现代化辽宁绿色低碳转型的重要内容。在辽宁省委、省政府的强力推动下，辽宁工业领域低碳发展取得了一定成效，但仍面临着低碳发展与降本增效并重、以化石能源为主的能源结构短期内难以改变、高耗能行业能源消费占比较大、工业绿色转型动力不足、绿色制造水平不高等挑战。针对辽宁省工业低碳发展的重点问题，本文从加强制度建设、发挥产业优势、开发利用新能源、推行绿色制造、深化合作几方面提出了转型路径。

关键词： 工业　低碳转型　绿色制造

　　工业革命在有效推动科技进步和生产力水平提高的同时，也使得经济发展与环境保护之间的矛盾愈演愈烈。自工业革命以来，人类活动在工业化进程中消耗了大量化石能源，是温室气体排放快速增加的重要原因之一。绿色低碳发展是实现人类可持续发展的唯一出路，也是新一轮科技革命和产业变革下实体经济转型升级的必然趋势。辽宁是我国最早建立的工业基地之一，工业生产带来经济总量增长的同时，也造成了温室气体的大量排放，如何在能耗"双控"向碳排放"双控"转变的过程中谋求高质量发展，是当前辽宁工业发展面临的巨大挑战，是实现"双碳"目标的关键所在。

---

　　* 郑古蕊，辽宁社会科学院产业经济研究所研究员，主要研究方向为环境经济。

一　辽宁省工业领域低碳发展的现状

（一）政策环境不断向好

近年来，辽宁省高度重视工业领域的低碳发展，一系列政策措施的密集出台，使得辽宁省在工业进程中向绿而行的步伐愈加稳健。2021年，辽宁省人民政府印发《辽宁省加快建立健全绿色低碳循环发展经济体系任务措施》，促进全省经济社会发展全面绿色转型。2022年，《辽宁省促进工业经济平稳增长若干措施》中提出了落实煤电等行业绿色低碳转型金融政策、落实国家绿色电价政策等措施促进全省工业经济保持平稳增长。《辽宁省深入推进结构调整"三篇大文章"三年行动方案（2022—2024年）》中的一项重点工作便是推动工业绿色低碳发展。2022年年底，辽宁省工信厅发布《辽宁省推动工业资源综合利用实施方案》，加快推动工业绿色低碳循环发展。根据国家部署和辽宁实际，目前辽宁已经研究制定了《辽宁省碳达峰实施方案》，以此作为全省碳达峰碳中和政策体系的重要引领性文件，明确了"十四五"和"十五五"两个规划期内实施工业碳达峰的重点任务和具体目标，同时辽宁省工业领域碳达峰行动也正在编制中，碳达峰碳中和工作稳步推进。

（二）工业能源消费强度有所下降

能源消费与经济增长密切相关。"十三五"以来，辽宁省工业增加值呈现稳步上升态势，工业终端消费量也随之增加（见图1）。单位工业增加值能耗是反映能源消费水平和节能降耗状况的主要指标，该指标说明经济活动中对能源的利用程度，反映了经济结构和能源利用效率的变化。从能源消费强度来看，整体呈波动下降的趋势，特别是"十四五"以来，该指标明显下降，是2016年以来的最低值，说明能源利用效率得到了极大提高（见图2）。辽宁省围绕碳达峰碳中和目标，以降碳、减污、扩绿、增长为总抓手，推进生产方式向"绿"转型，绿色发展按下"快进键"，跑出"加速

度"。2022年，全省规上工业综合能源消费量为11583.2万吨标准煤，同比下降4.1%，比全国低5.8个百分点。

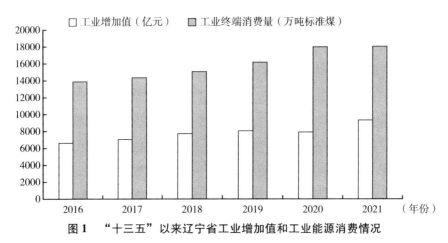

图1 "十三五"以来辽宁省工业增加值和工业能源消费情况

资料来源：辽宁统计年鉴。

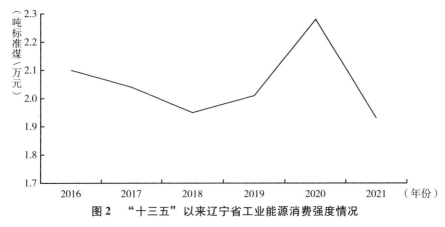

图2 "十三五"以来辽宁省工业能源消费强度情况

资料来源：辽宁统计年鉴。

（三）高耗能行业加快转型

聚焦碳达峰碳中和目标，辽宁深入实施重点行业领域减污降碳行动，梳理钢铁、电解铝、炼油等行业能效情况，建立全部规上企业能效清单目录，对标国家能效水平标准找差距、补短板，提升企业能效水平。瞄准绿色发展的"风向标"，辽宁各地坚持把降碳进行到底。在沈阳，煤炭消耗指标被作为新建项目审批条件；在大连，工业领域节能减排力度持续加大；在抚顺，燃煤锅炉得到综合整治；在朝阳，一批落后和过剩产能淘汰、末端污染控制等重点工程正稳步推进。一系列有力举措，带来了明显变化。2022年，规模以上工业综合能源消费量1.6亿吨标准煤，比上年下降2.1%。

（四）绿色制造能力稳步提高

"十四五"以来，辽宁省不断完善绿色制造体系，全面推行绿色制造，助力工业领域实现碳达峰、碳中和目标。建立绿色低碳项目库，推动83个节能降耗项目建设。推进钢铁冶炼装备大型化，抚顺新钢铁1号转炉建成投产。推动阜新伊利乳品等11家企业入选2022年节水型企业公示名单。完成绿电交易电量5.49亿千瓦时。新增固废消纳能力1165万吨。2022年，工信部公布2022年度绿色制造名单，辽宁省有包括华晨宝马汽车有限公司在内的37家企业入围，累计入围129家，继续领跑东三省。2017年，辽宁省率先组织开展省级绿色制造体系建设示范单位遴选工作，到2022年已完成第七批省级绿色制造体系示范单位遴选工作，培育了省级绿色制造企业102家，包括绿色工厂93家、绿色设计产品3种、绿色工业园区1家、绿色供应链管理企业5家。

（五）绿色骨干企业相继涌现

随着绿色制造能力的稳步提高，辽宁省形成了一批具有核心竞争力的骨干企业，起到了极大的引领示范作用。工信部公示的2022年度绿色制造名单中，华晨宝马大东工厂生产的宝马X5 xDrive 40Li获评国家级绿色设计产品。至此，华晨宝马汽车有限公司进入绿色供应链管理企业，成为辽宁首家国家级绿色制造三个单项全部获得企业，斩获绿色制造"大满贯"。辽阳千山水泥有限责任公司持续改进工艺流程，大型设备均采用节能型，引进太阳能光热驱动技术替代窑炉燃煤，减少化石燃料燃烧，降低碳排放量，推动公

司从高耗能企业向清洁低碳方向转变。大连长兴岛恒力石化产业园通过技术创新实现了装置间充分的热联合和废热的再利用，园区内炼油、芳烃、乙烯等主要装置能效水平在行业内连续领跑。沈鼓集团梳理能耗情况，通过加装控制柜，将负责8个车间的供风设备改成按需供应，每年可少支出电费30多万元。辽宁佳合鹏程粉体科技有限公司投资建设的尾矿类大宗固废综合利用项目，通过新技术对菱镁矿伴生尾矿、选铁尾矿等固体废物进行综合利用，既解决了鞍钢露天矿山剥岩尾矿处理的难题，同时也优化了生态环境，2021年固废综合利用总产值达到1.5亿元。

二 辽宁省工业领域低碳发展面临的挑战

（一）低碳发展与降本增效并重

工业是辽宁经济的命脉。辽宁全面振兴的根基在工业、优势在工业、出路在工业，辽宁振兴首先要振兴工业。为推动碳达峰碳中和目标如期实现，构建低碳和零碳工业体系是大势所趋。辽宁传统产业既是优势产业也是高耗能产业，节能减排压力较大，必须加快转型升级步伐，推动构建绿色低碳循环发展的现代经济体系，通过技术创新，研发与推广低碳、零碳和负碳技术。从短期来看，这些举措必然会加重工业企业成本，尤其是各行业经济复苏的愿望极其迫切，成本的增加必然会带来一些企业的抵触。但发展是硬道理，从长期来看，绿色低碳转型有利于提高企业市场竞争力，减轻企业生产负外部性成本。

（二）以化石能源为主的能源结构短期内难以改变

辽宁省能源结构偏重，经济发展对能源的依赖性较强。尤其辽宁省的产业结构仍以传统重工业为主，而工业能源消费将导致大量的温室气体排放。辽宁省的工业能源消费主要来自采矿业、制造业、电力燃气及水生产和供应业。从工业能源消费构成来看，化石能源消费一直处于较高占比（见图3）。

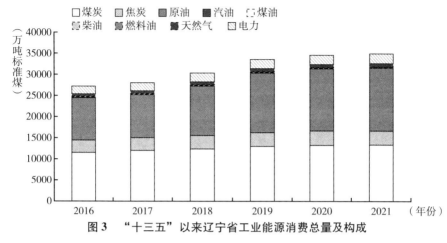

图3 "十三五"以来辽宁省工业能源消费总量及构成

资料来源：辽宁统计年鉴。

煤炭消费比例虽然从 2016 年的 42.3% 下降到 2021 年的 38.2%，但从 2019 年以来这个比例始终维持在 38% 左右，降幅并不明显。而从原油消费情况来看，除个别年份外，消费态势逐年上升，消费比例从 2016 年的 37% 上升到了 2021 年的 42.6%。天然气虽然属于化石能源也排放温室气体，但同时作为一种清洁能源，可以减少煤炭和原油的用量，2021 年辽宁省工业天然气消费比例为 2.5%，仅比 2016 年提高了 0.7 个百分点（见图 4）。因此可

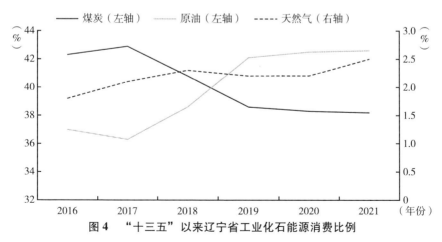

图4 "十三五"以来辽宁省工业化石能源消费比例

资料来源：辽宁统计年鉴。

以得出，"十三五"以来甚至未来更长一段时期内，辽宁省工业能源消费以化石能源为主的结构特点难以改变，这种能源消费特点将是其实现碳达峰碳中和目标的最大阻碍。

（三）高耗能行业能源消费占比较大

2021年，辽宁省规模以上工业企业单位数量为8499个，其中六大高耗能行业包括石油、煤炭及其他燃料加工业，化学原料和化学制品制造业，非金属矿物制品业，黑色金属冶炼和压延加工业，有色金属冶炼和压延加工业，电力、热力、燃气及水生产和供应业的企业单位数量为2731个，占全部规模以上工业企业单位数量的32.1%，同时这六大高耗能行业的能源消费总量占工业能源消费总量的94.3%。由此可见，辽宁省高耗能行业占比较大，而新能源、生物医药、新一代信息技术等低碳型新兴产业发展较为缓慢，辽宁省工业领域绿色低碳发展任重而道远。

（四）工业绿色转型动力不足

在工业大省辽宁，制造业是"当家优势"。当前，辽宁省正不断增强制造业核心竞争力，加快发展先进制造业集群，正由"制造"向"智造"逐步转变。但同时，辽宁工业发展仍存在大而不优、多而不精的短板，总体上传统产业多、新兴产业少；低端产业多、高端产业少；劳动密集型产业多、资本科技密集型产业少。制造业的新增长点还未形成，内生动力不强，科技创新成果转化不强。例如新能源产业规模小，没有形成行业龙头企业对配套企业的带动效应，尚未形成大中小企业协同发展的格局，风电、核电和光伏发电等新能源产业受国家宏观调控政策影响较大，市场竞争力不足；新能源汽车零部件配套能力不足，动力电池关键材料、电机及控制器、电子电控系统、燃料电池及关键零部件等产品领域技术力量薄弱；钢铁行业存在集中度偏低、依存度过高以及产能过剩问题，"双碳"压力巨大。

（五）绿色制造水平不高

辽宁省绿色低碳技术创新能力不强，自主研发不足，高端技术人才较为匮乏。如前所述，在工信部公布的2022年度绿色制造名单中辽宁省有37家企业上榜，比2021年增加了5家，但从全国角度考量，尤其与对口省份江苏的绿色制造数量相比，仍存在较大差距。2022年度全国各省（区、市）国家级绿色工厂名单中，辽宁省上榜企业有24家，占总数的3%，数量排名第17，而排名第1的江苏省有50家企业上榜，两省相比，差距明显（见图5）。

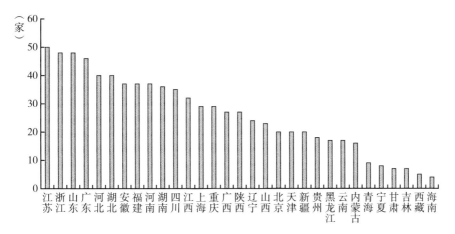

图5　2022年度各省（区、市）国家级绿色工厂数量

资料来源：工信部网站。

三　辽宁省工业领域低碳发展的趋势

2024年，是辽宁省部署实施全面振兴新突破三年行动的第二年，是承上启下的关键之年。《辽宁全面振兴新突破三年行动方案（2023—2025年）》中谋划了在十个方面实现新突破，其中之一就是在绿色低碳发展上实现新突破。在辽宁的传统工业产值中，有75%来自石油化工、装备制造、

冶金新材料三个门类，因此传统工业的绿色低碳转型将成为辽宁产业转变的重要抓手。《辽宁省碳达峰实施方案》明确了辽宁省将在2030年前实现碳达峰，工业领域碳达峰的主要任务是提升绿色低碳产业装备供给能力、加快原材料产业绿色低碳转型，要求有色金属产业严控低效产能盲目扩张，引导产业链向航空航天、海洋工程等领域先进材料延伸，加快营口、锦州、辽阳、朝阳等地建立铝、钛等特色材料产业集聚区，开展原铝低碳冶炼、海绵钛冶炼等共性关键技术攻关和示范应用，促进有色金属行业向规模化、高端化发展。

2024年辽宁省工业发展面临大有可为、大有作为的战略机遇。随着市场和技术的变化，工业需求趋势也将发生一定变化，智能化、高效化将成为工业发展的关键词。未来，工业领域的需求将倾向于高质量、高效率、智能化、绿色化的产品和解决方案。全面振兴新突破三年行动中，辽宁省2024年的目标是经济实力超过全国平均水平。因此，在2030年实现碳达峰愿景下可以预见，辽宁省工业能源消费量和碳排放量仍将持续增长，工业绿色低碳转型的步伐不断加快，企业数字化、绿色化协同发展要求迫切，同时结合工业企业绿色化产业转型需要，还要在积极推动企业在短期经济投入和长期绿色收益的思维转变上下功夫。

四 辽宁省工业领域低碳发展的对策建议

（一）加强制度建设，完善政策体系

推动出台并完善促进工业绿色发展的相关政策法规。完善各级节能监察等制度体系建设，2021年中央第二生态环境保护督察组督察发现，辽宁省一些地方高耗能、高排放（以下简称"两高"）项目管控不到位，有的地方政府甚至违规推动"两高"项目建设，因此针对有关部门对"两高"项目把关不严、能耗"双控"工作抓得不紧、节能审查监管责任落实不到位等严峻问题，要严格事前审查，加强事中、事后监管，严厉惩处各类违法违

规违建问题，依法在重点行业实施强制性清洁生产审核。加大财政支持力度，采用补贴、税费减免等手段降低工业企业低碳转型成本，加大绿色制造相关专项支持力度。大力发展绿色金融，引导财政和金融政策配合，在贴息、税收、担保、上市等方面建立金融进入绿色低碳工业的激励机制，动员和激励更多的社会资本和金融资本投入到产业生态化，扩大直接融资比例，促进环保、节能、清洁能源等领域的技术进步和成果转化。鼓励银行和金融机构不断创新开发绿色金融产品，如绿色信贷、绿色保险、绿色债券等，推动全省经济结构调整和"双碳"目标实现。

（二）发挥产业优势，引领工业低碳转型

装备制造业是辽宁省的"当家优势"，是实现辽宁新一轮全面振兴、全方位振兴的重要发力点。以环保装备制造业为例，环保装备制造业是节能环保产业的重要组成部分，是保护环境的重要技术基础，是实现绿色发展的重要保障。环保装备制造业作为"老字号"和"新字号"的交点领域，具有坚实的产业基础和发展潜能。因此，充分发挥辽宁省装备制造业产业优势，加快推动环保相关产业发展，对全省工业低碳转型以及推进结构调整"三篇大文章"具有重要意义。建议各地采取差异化低碳发展政策，厘清各地工业发展的重点领域和特色产品，合理布局产业发展空间，结合本地产业优势，选取产业基础较好的部分地区尽快形成面向市场需求的绿色制造产业集聚区，并完善相关配套服务。同时，加强行业规范引导，科学编制产业发展规划以及专项扶持政策，将相关的扶持政策与各地确定的重点产业领域相结合，实施有针对性的集中支持，从顶层设计进行政策引导。

（三）开发利用新能源，推动能源结构持续优化

如前文所述，近年来辽宁省工业煤炭、原油等化石能源消费比例虽然稍有下降，但清洁能源总体消费比例仍处于一个较低水平。从供给端，深化供给侧改革，持续推动煤炭消费总量的下降，全面推广"煤改气"和"煤改电"等措施，多渠道推进传统能源清洁化利用，从供给端全面优化

能源结构。从消费端，加大风电、太阳能以及水能等清洁能源的开发应用力度。辽宁省位于我国的"三北"风带，风能资源丰富，在全国位居前列。辽宁省属于我国太阳能资源丰富区域，光照资源较好，也是国内重要的光伏电站基地，具有大规模开发利用的巨大潜力。作为东北电网负荷中心，辽宁省是全国清洁电力消纳条件最好的省份之一，具备加速布局风力发电和光伏发电项目的良好基础，可以充分地利用风光资源优势，进行大规模的发电或热利用。

（四）推行绿色制造，加快工业领域绿色技术变革

创新是工业绿色发展的第一驱动力，"双碳"目标下，辽宁省开展一场深刻的绿色科技低碳革命势在必行。在现行国家标准和激励政策体系下，企业采用绿色设计、研发绿色工艺技术、开发绿色产品、推广再制造面临较大的成本压力，在很大程度上影响了企业绿色创新投入的意愿。因此，要协同推进制度创新和科技创新，通过税收、补贴和绿色基金的方式引导企业应用低碳技术，在前沿技术研究、低碳人才培养等方面加大投入力度。倡导大众创业、万众创新，进一步激发科研院所和工业企业广大员工的创造激情和创新潜能，将绿色低碳技术优势转化为经济优势。作为新一代通信网络技术与工业经济深度融合的关键基础设施，工业互联网在绿色发展过程中扮演着"金钥匙"的重要角色，未来要推进智能制造、工业互联网、工业大数据等先进技术在辽宁省装备制造业产业发展中重点应用，以绿色发展、数字经济为主线发展服务型先进装备制造业。

（五）深化合作，积极参与全球绿色治理

充分利用辽宁与江苏、沈阳与北京、大连与上海的对口合作关系，积极融入京津冀地区、长三角地区、粤港澳大湾区的协同发展，深化工业企业的项目对接、技术合作和人才交流。加强与相关国家及国际组织交流合作。辽宁是"一带一路"倡议的重要节点，要增强企业"走出去"的意识，产业

链上下游协同"走出去",提高产品"绿色含量",大力培育一批能独立参与国际市场竞争的龙头领军企业。

参考文献

陈素梅:《中国工业低碳发展的现状与展望》,《城市》2022 年第 1 期。

马健等:《"双碳"目标下辽宁省工业转型升级的对策研究》,《中小企业管理与科技》2023 年第 1 期。

杨丹辉:《为工业绿色低碳发展持续注入新动能》,《经济参考报》2021 年 12 月17 日。

B.5
辽宁农产品加工业发展问题研究[*]

于 彬[**]

摘 要： 农产品加工业是连接食品工业头和尾的核心产业，是提升农产品附加值和构建农业产业链的关键。当前辽宁农产品加工业保持稳定发展、集聚程度不断提高、科技创新能力不断增强、品牌建设工作成效显著，但在发展中也存在着产业链上游技术和研发能力不足、产业链中游的加工能力和企业实力亟待加强、产业链下游的流通环节信息技术应用还不够广泛、产业链贯通不畅等现实问题。未来辽宁要在上游保障原料设备供给、中游提升加工能力、下游打通流通销售上狠下功夫，连接上中下游，实现全产业链贯通。

关键词： 农产品加工 特色农产品 产业链

为深入贯彻习近平总书记关于"新时代东北全面振兴'十四五'时期要有突破"的重要指示，认真落实党的二十大做出的"推动东北全面振兴取得新突破"的决策部署，锚定省第十三次党代会和省"十四五"规划确定的目标任务，2023年2月，辽宁出台了《辽宁全面振兴新突破三年行动方案（2023—2025年）》，提出了10个方面新突破，其中之一就是"加快产业结构调整，在建设现代化产业体系上实现新突破"，建设食品工业大省作为产业体系建设的抓手之一被放在了重要位置。食品工业是一个"农头工尾""粮头食尾"的产业。农产品加工业作为直接以农、林、牧、渔产品

---

* 本报告是2023年度辽宁省社会科学规划基金一般项目"辽宁预制菜产业发展现状及对策研究"的阶段性成果。

** 于彬，辽宁社会科学院农村发展研究所副研究员，主要研究方向为农村经济、产业经济。

为原料进行谷物磨制，饲料加工，植物油和制糖加工，屠宰及肉类加工，水产品加工，蔬菜、水果和坚果等食品加工的活动，是连接食品工业头和尾的核心产业，也是提升农产品附加值和构建农业产业链的关键。

一 辽宁发展农产品加工业具有坚实基础

近年来，辽宁重要农产品供给能力不断增强，特色农产品优势更加突出，对农产品加工业的支持力度不断加大，这些都为辽宁农产品加工业进一步提档升级奠定了坚实基础。

（一）重要农产品供给能力不断增强

2022年，全年粮食作物播种面积3561.5千公顷，比上年增加18.0千公顷。其中，水稻播种面积516.4千公顷，减少4.2千公顷；玉米播种面积2758.0千公顷，增加33.8千公顷；其他谷物播种面积106.5千公顷，减少15.0千公顷。全年经济作物播种面积765.3千公顷，比上年减少20.0千公顷。其中，油料作物播种面积311.4千公顷，减少23.4千公顷；蔬菜及食用菌播种面积336.0千公顷，增加7.2千公顷。全年粮食产量2484.5万吨，为历史第二高产年。其中，水稻产量425.6万吨，增长0.2%；玉米产量1959.2万吨，下降2.5%；其他谷物产量46.4万吨，下降9.3%。全年油料产量113.4万吨，比上年下降2.4%。全年蔬菜及食用菌产量2055.4万吨，比上年增长3.3%。全年水果产量879.7万吨，比上年增长2.7%。2022年，新增设施农业10万亩，新建畜牧标准化规模养殖场50个、国家级海洋牧场示范区3个，蔬菜（含食用菌）产量2050万吨，肉产量444.4万吨，水产品产量497万吨。农产品质量安全监测总体合格率保持在98%以上。[①]

（二）特色农产品优势更加突出

立足省内各市资源禀赋，培育了新民西瓜、大连樱桃、庄河蓝莓、东港

---

① 资料来源：辽宁省人民政府网站。

草莓、北镇葡萄、凌源花卉、北票番茄、凌源黄瓜、盘锦碱地柿子等一批优质特色果蔬产品，凌源百合、鞍山君子兰、丹东杜鹃、辽中玫瑰等花卉产品，辽细辛、辽五味、龙胆草、石柱参等道地药材产品，辽宁绒山羊、辽育白牛、黑山褐壳鸡蛋等畜牧产品，刺参、海蜇、蛤、扇贝、河蟹等水产品。其中，凌源百合占全国百合市场1/4的份额，辽细辛、辽五味、龙胆草、石柱参等道地药材产量稳居全国首位，刺参在全国三大主产区中位居第2，河蟹在全国五大主产区中位居第4，海蜇在全国三大主产区中位居第1，占全国总养殖量的84%，蛤仔类养殖规模和产量均位居全国第1，占全国总产量的35%。

（三）对农产品加工业的支持力度不断加大

《辽宁省进一步稳经济若干政策举措》中提到，对农产品加工企业新上先进加工设备项目给予30%资金补助，最高不超过500万元；对新认定的省级和国家级重点龙头企业分别给予50万元和100万元资金奖励。对农产品加工集聚区基础设施建设项目择优给予一次性2000万元补助。对符合条件的新型农业经营主体建设农产品产地冷藏保鲜设施投资补助30%，单体补助不超过100万元。[①]

二 辽宁农产品加工业发展现状

辽宁农产品加工业发展较为迅速，集聚程度不断提高，科技创新能力不断增强，区域品牌建设工作成效显著，已经成为辽宁四大支柱产业之一。

（一）农产品加工业保持稳定发展

近年来，辽宁农产品加工业发展迅速，已逐步成为与装备制造、冶金、石化并列的四大支柱产业，全省形成了稻米、生猪、牛羊、肉禽、饲料、水

---

① 资料来源：辽宁省人民政府网站。

产、果蔬、乳品、食用油、酒类、调味品、林木、造纸、纺织、特产15大农产品加工产业链。2022年，规模以上农产品加工业营业收入达到3690亿元，同比增长5.6%。

（二）农产品加工业集聚程度不断提高

2022年新增农产品加工集聚区12个，现有省级农产品加工集聚区39个，省级及以上农业产业化重点龙头企业753家，其中国家级76家，禾丰牧业、韩伟集团、华美畜禽、辽渔集团、千喜鹤、双汇、中粮、益海嘉里、正业花生等重点龙头企业正在快速发展。"禾丰牧业""西丰鹿茸""大连棒棰岛海参""五女山酒业""真心罐头"等一批知名品牌在全国的影响力也越来越大，市场竞争力持续增强。

（三）农产品加工业科技创新能力不断增强

在科研机构方面，辽宁省沈阳农业大学、大连工业大学、大连海洋大学等重点高校开设了许多农产品加工及食品相关学科及课程，科研能力强，师资优良，教学经验丰富。其中，沈阳农业大学"食品科学与工程专业"已被列为辽宁省一流本科专业。辽宁省农业科学院等科研院所也都加强了农产品加工科技和加工装备领域的研发。辽宁省科技厅和农业厅高度重视农产品加工技术重要领域和装备改造领域，实施了农业科技攻关和产业化专项计划，创新应用并推广了一批农产品加工技术成果。

（四）区域性农产品品牌建设工作成效显著

近年来，辽宁多次提出明确要求并采取相关举措，培育壮大"辽字号"农业品牌。2023年4月，辽宁召开农业品牌创新发展大会，旨在全面开创辽宁特色农产品品牌发展新格局、新思路。截至2023年4月，辽宁共培育辽宁农产品区域公用品牌64个、农产品知名品牌323个。15个品牌入选中国农业品牌目录农产品区域公用品牌。农产品品牌建设对于提升农业产业融合度、核心竞争力，促进延伸拓展农业产业链，助力农民增收起到了重要作用。

三 辽宁农产品加工业发展存在的问题

尽管辽宁农产品加工业在短时间内取得了长足发展，带动经济发展的能力也逐年增强，但存在的短板仍不容忽视，特别是产业链上中下游都存在部分堵点，产业链的贯通也应该进一步加强，存在的问题主要表现在以下几方面。

（一）产业链上游技术和研发能力不足

1.农产品品种改良和保鲜技术比较落后

辽宁有大连樱桃、东港草莓等一批优质特色果蔬产品，有刺参、河蟹等优质特色水产品，但这些优质农产品大多属于季节性产品，产量在全年分布不均，大面积上市时产品供大于求，而过了上市季市场又出现供不应求的情况。辽宁大多数种养殖经营主体缺乏对优质农产品品种耐储性、早熟、后熟的研究，贮藏保鲜技术水平还比较低。这都对优质农产品的持续供给产生了影响，使得部分农产品产量不能支撑农产品加工量增长的需求。

2.农产品精深加工技术装备研发能力不足

辽宁农产品加工装备水平十分落后，存在生产效率较低、耗能高、污染处理落后等问题。在农产品加工机械装备信息化、自动化和专业化方面的研究与应用与其他国内先进省市还存在明显差距。能够适应辽宁特色农产品加工的专用机械种类还比较少。目前，辽宁农产品加工企业的生产设备基本来自外省，科技含量高的生产设备多依赖进口，这与辽宁工业强省的地位十分不匹配。许多农产品加工企业科技研发基础薄弱，基本没有对农产品加工装备的研发。虽然许多高校及科研院所的人力、仪器设备、基础研究等都好于企业，但还很少有针对企业具体需求的装备联合攻关行动，导致高校和科研院所研究资源的浪费。

（二）产业链中游的加工能力和企业实力亟待加强

1.农业精深加工能力不足

辽宁农产品品类多、产量大、质量好，但大部分农产品依旧以"原字号"生产为主，产业链条短，附加值提升慢。2022 年辽宁全年粮食产量 2484.5 万吨，排全国第 12 名，农产品加工总量在全国排第 17 位。辽宁农产品加工业营业收入仅为 0.4 万亿元，而粮食产量排全国第 10、第 11 名的湖南、湖北的农产品加工业营业收入分别为 2.1 万亿元、1.2 万亿元，差距非常明显。在农产品精深加工业方面，辽宁占比则相对较低。

2. 精深加工经营主体整体实力不强

近些年，虽然全省加工业在不断的提档升级、转型发展，但以初加工和粗加工为主的总体形势未有根本转变，科技含量高、附加值大的精深加工产品还比较稀缺。从数量上看，辽宁国家级龙头企业数量位列全国第 7，省级龙头企业数量处于全国中游水平。省级龙头企业数量增长缓慢，部分企业由于经营不善、指标下滑、积极性不高等原因，退出省级龙头企业监测。从质量上看，还存在规模不大、加工能力不强、创新能力不足、产品附加值不高等问题。超百亿元的龙头企业仅有禾丰牧业一家，缺少超千亿元的独角兽企业，也缺少 30 亿元以上的中坚力量，大多数规模化的农产品加工企业还没有发展起来，很多中小企业在技术、资金、信息掌握、专业人才上都存在不足，规模空间扩大有限，农产品加工水平无法与国际市场水平相提并论。大多数农产品加工企业装备制造技术和设备跟不上，自我研发力量较弱，无力从事新产品开发。尽管农产品加工企业研发投入逐年增加，全省省级以上龙头企业研发投入达到了 22 亿元，但与辽宁省毗邻的吉林省则达到了 38.6 亿元。全省 142 个省级及以上龙头企业科技研发人员仅为 7642 人，而河南省仅牧原股份一家企业的研发团队，在 2021 年就已扩充至 4632 人。农产品加工业往往对从业人员没有学历、专业技能等要求，严重缺乏熟悉现代化营销和标准化管理、了解核心技术的专业人才，导致生产标准化程度低，产品质量与许多发达省份仍有很大差距，产品更新无法跟上国际发展步伐。

（三）产业链下游的流通环节信息技术应用还不够广泛

在物流信息的收集和传递环节，农村地区由于信息资源分散、不连续，信息收集成本较高，传统的信息采集主要依靠人工的方式，效率低下且容易

出现失误。由于缺乏有效的信息平台和渠道，农产品的流通信息也很难及时传递给消费者，导致信息不对称，不仅影响了农产品的销售，也使消费者无法获得及时、准确的农产品信息。在物流管理上，由于信息缺乏，物流管理者难以获得农产品的实时运输状态，无法进行有效的调度和安排，给农产品的保鲜和安全带来了隐患。此外，农产品的追溯体系在农村地区仍然较为薄弱，缺乏有效的信息化手段进行产品质量的追溯，一旦出现质量问题，无法及时排查和解决，给消费者带去风险。农村地区的网络环境相对较差，通信设施建设相对滞后，影响了信息的顺畅传输和处理。信息化技能和意识缺乏，导致信息化成果无法有效利用。

（四）农产品加工业产业链贯通不畅

农产品加工企业在产前、产中和产后各环节时常出现连接不足的问题，没能形成生产销售无缝对接、一二三产业融合发展的产业化体系。农产品的原料需求与供应之间的衔接性不够，农业的产业化发展没有得到有效的发挥。产前缺乏对适宜加工的专用品种和高品质加工原料的规划，产中以分级处理、包装、腌制等初级加工为主，缺少高水平的第二、三次精深加工，农产品增值幅度不大。在加工原料基地建设、食品加工机械、包装材料、包装设计、物流、贸易等农产品加工配套环节缺乏统一规划和经营管理，农产品加工业对农业生产的带动力比较差，农产品与加工企业之间很难对接。

四 提升农产品加工能力的对策建议

做大做强农产品加工业，应本着"粮头食尾""农头工尾"的要求，向产地下沉、向园区集中，延长产业链，提升价值链，打造供应链，实现产业链各个环节的提档升级。

（一）上游保障原料设备供给

1.持续增强原料保障能力

一是联合省内外高校院所、农产品研发相关协会，加大育种技术、抗灾害技术研发力度，通过联合和合作，培育更多加工专用型农产品品种。例如，利用基因检测、基因编辑及合成生物等先进生物制造技术提升产量，大幅降低成本，提升生产效率。二是控制好原料来源，保证农产品加工企业拥有大量优质的农产品原料供应。推进规模化专用原料基地建设，提高硬件水平和基础设施，加快推进标准化种植、养殖和生态畜牧小区建设，以"两品一标"为抓手，鼓励农产品加工企业建立"企业+合作社+农户"的发展模式，带动农户和农民合作社发展。支持绿色食品、有机食品、地理标志农产品和森林生态标志产品等申请认证和扩展，提升对优质原料的把控能力，增加绿色优质农产品供给。提升农业原材料企业自主创新能力，打造具有企业自身优势与特色的产品，为创建具有地域特色的优质品牌奠定技术基础。

2. 提升农产品精深加工技术装备研发能力

加快农产品加工装备科技创新，建设一批农产品精深加工装备研发机构，促进新一代信息通信技术与食品工业深度融合，提高行业信息化、智能化水平。引进一批适合农业发展的机械化产品，并加大对使用机械化产品人员的培训力度，提高农产品的科技化水平，为农产品带来更大的效益。通过引进、培育等方式建立起包含院士等高层次人才、学科领军人才、企业技术骨干等的多层次、多维度创新人才体系。

（二）中游提升加工能力

1. 加强对农产品加工业的组织领导和政策扶持

一是加强组织领导。政府及职能部门成立农产品精深加工业发展领导小组及分类别工作专班，由政府主要领导牵头，选配一批懂市场、懂金融、懂经营的干部队伍作为领导小组成员，负责对辽宁农产品精深加工业行业政策、产业需求、产品市场等进行深度调研、规划布局以及决策。省、市、县要根据产业布局和发展需求组建专班，绘制产业链全景图谱，巡诊产业链上下游，精准摸排梳理产业"卡脖子"技术难题，准确理清产业"短点""断点""弱点"，为加速产业"延链、强链、补链"精准导航。健全创新驱动

机制，推动农产品加工技术研发体系、农产品加工科技创新联盟和农产品加工科技成果转化服务平台建设，支持企业牵头成立科技创新联盟，推动"产学研推用"一体化发展。二是完善政策扶持体系。整合农业、科技、开发等部门项目资金，集中用于农产品加工，充分发挥财政资金使用效益，帮助企业克服困难。支持符合条件的农产品加工企业申请相关支农资金，把农产品加工纳入农业资金重点支持领域。加快制定相关减税降费政策，鼓励农产品初加工以及新产品、新技术、新工艺研发，解决生产、加工、流通方面存在的主要问题。创新金融服务，为农业生产、收购、农产品加工、仓储流通等各环节提供多元化的金融服务，加大对符合条件的农产品加工项目的融资担保力度，加大"辽科贷""辽知贷""辽贸贷""辽绿贷"等信贷新产品对农产品加工企业的支持力度。三是加强要素保障。解决好用地、用电、用水等瓶颈问题，尤其要加强用地保障，确保农产品加工业发展的用地需求。加强农产品加工人才的培育和引进，在薪酬待遇、安家补贴、子女教育等方面加大扶持力度，培养一批农产品加工业的创新创业导师和领军人物。

2.优化精深加工结构

一是大力发展粮油精深加工产业。加大粮油制品开发力度，推进产学研结合，重点打造蛋白饲料、淀粉糖、氨基酸等玉米全产业链综合利用发展模式，提升玉米、水稻、大豆精深加工产业的科技水平。二是大力发展肉品精深加工产业。围绕肉牛、生猪、肉禽等产业，提升畜禽屠宰加工的自动化水平，开发预制菜肴、酱卤肉、熏腊肉、烤肠、休闲肉制品等多品类的肉制食品。三是大力发展果蔬加工食品产业。采用现代食品加工技术和装备，生产东北酸菜、咸菜、糖渍食品、果汁、果酱、水果酵素等果蔬加工产品，提升果蔬产业链附加值和综合利用水平。四是围绕梅花鹿、中草药等产业，重点发展有助于补充营养、提高免疫力、抗疲劳、降血糖、降血压、降血脂、减肥、改善睡眠、提高记忆力的功能性保健食品，形成功能性保健食品产业集聚区。五是拓展预制菜全新业态。瞄准方便食品、休闲食品等发展方向，开发中央厨房、净菜加工、现场制作、观光工厂、网络直播等新业态。围绕东北地区饮食习惯深挖饮食文化特点，开发玉米杂粮包、酸菜粉条、东北大馅饺子等方便食品，薯片、虾条、果脯、花生、肉干、五香炸肉等休闲食品，逐步形成极具东北饮食文化特色的统一品质、统一品牌、统一文化的方便食品、休闲食品产业集群，全力打造北方预制菜生产基地。

3. 重点扶持本地农产品精深加工企业

一是根据各县市区域特点在精深加工环节筛选一批符合国家产业政策、基础好、潜力高的企业，从资金、人才、土地、政策等方面给予重点扶持，培育一批有实力、有技术、有品牌、有市场、有效益的辽宁本地标杆企业和龙头企业，使其成为带动农产品加工产业发展的排头兵。二是不断强化政府服务意识，通过研究、制定、调整内联外引的招商政策，以及在土地、资金、税收、用电等方面予以支持，集聚壮大企业规模，推动形成规模效应，不断增强产业发展韧性，促进龙头企业做大做强。三是制定金融促进、税收优惠、要素支持等相关扶持措施，引导精深加工企业加快技术改造、装备升级，建立标准化、现代化的生产管理制度和先进的营销制度，采用先进的技术手段拓展农产品深加工新路径。按照《辽宁省"十四五"农业农村现代化规划》和《辽宁省农产品深加工项目和资金管理暂行办法》，在利用市场作用的同时加快设立农产品深加工发展的专项资金，由各县市财政采取贷款贴息、无偿资助、资本金投入等方式，对符合规定的粮油、畜禽、水产、饲料、果蔬五大产业以及食用菌、中药材等特色产业的农产品深加工项目给予政策及财政资金支持，并督导资金及时拨付到位。

4. 鼓励精深加工环节集聚发展

一是联合家庭式、作坊式农产品加工生产业主，根据自身特点，相互联合形成农业合作社，将生产资源集中化，更新落后陈旧的生产设备，降低生产成本，提升生产效率。二是以特色主导产业为依托，立足县域，支持农产品加工业向主产区布局，建设各具特色的集聚区，实现农产品加工集聚发展，建设现代化农产品加工产业园，以园区为纽带，构建起上联农户、下联市场的产地、加工转化、仓储物流与营销一体化发展格局。三是加大农产品集聚区路网、电网、水网、通信网、物流网等基础设施建设力度，构建起畅通的农产品流通渠道，推进政策集聚、要素集聚、功能集聚，促进加工企业向园区集中，

把农产品加工集聚区打造成为承载农业农村项目、资金、科技、人才的重要平台。四是进一步推进农业产业强镇建设，通过"一村一品、一乡一业"建设，实现产城融合发展，创建农村产业融合发展先导区，促进农产品加工业集聚发展。

（三）下游打通流通销售

1. 加快信息技术在农产品流通领域的应用

以现代经济信息技术为支撑，建立不断优化和覆盖面广的网络平台，形成"互联网+农业"模式。依托互联网平台建设，建立协议，实现生产、加工和销售的紧密结合，使原本分散的、小型的加工企业联合起来，化零为整，提高商品流通率。依托互联网平台建设，将县域内的优势农产品销售出去，并吸引一些外地投资商前来投资，提高农产品的竞争力和知名度。

2. 扩大特色农产品品牌影响力

一是在农产品选品时，围绕辽宁区位优势、产业特色，选择本地特有的优势农产品，以本地特有工艺为加工手段生产出具有竞争优势的特色农产品。二是坚持政府主导，在政策支持、资金投入、资源整合等方面发挥引导作用，以区域公用品牌发展带动企业品牌和产品品牌发展。三是深度挖掘辽宁大地农耕文化和新时代辽宁精神内涵，打造辽宁农业品牌形象，讲好辽宁农业品牌故事，全力打造有市场价值和成长空间的"辽字号"农产品品牌。四是鼓励区域公用品牌通过成立行业协会、企业联盟等方式，推行标准化管理，加强品牌管理，健全和完善区域公用品牌管理体系，不断提高品牌质量标准。五是强化对农业品牌创建的激励与保护，提高农产品品牌建设的积极性。制定出台促进农业品牌发展的奖励和保护政策，充分调动农业生产者在"品牌农业"创建中的积极性。引导有条件的企业、农民专业合作社开展"三品一标"认证，提供认证指导，简化认证程序，对认证成功的企业给予宣传、奖补、减免税收等方面的支持，并进行定期抽查监管。鼓励企业创建品牌，对首次获得中国驰名商标、国家地理标志保护产品、省著名商标以及省名牌产品的农产品的经营者，按照标准给予相应奖励。将品牌的培育和保护纳入法制化轨道，严厉打击假冒伪劣产品，保护品牌形象和利益，为品牌农产品的生存和发展创造良好的秩序和环境。

（四）连接上中下游，实现全产业链贯通

一是注重整合延伸产业链。聚力补齐产业链短板，从抓生产到抓链条，从抓产品到抓产业，从种养殖业开始逐渐拓展，一产往后延、二产两头连，努力贯通产业链条。积极推进农村一二三产业融合发展示范园建设，积极引导农产品加工业与休闲农业、乡村旅游、养生养老等产业深度融合。实现上游农业生产保障原料供给、中游龙头企业加工能力强、下游销售拓展市场占有率的良性发展，实现农产品加工业提质增效。二是努力拓展产业增值增效空间，促进全环节提升、全链条增值、全产业融合。充分发挥龙头企业在农产品加工业发展中的引领示范作用，支持龙头企业建立大型企业集团或利益联结机制，着力扶持农村一二三产业融合发展利益共同体。三是实现全产业链"循环"发展。加强深加工副产物的综合利用，鼓励企业建立副产物收集、处理和运输的绿色通道，充分回收并合理利用加工过程中产生的各种其他副产品，如对粮油加工副产物料渣、油脚、豆皮、花生秧等进行生物质转化。围绕玉米芯、稻壳、秸秆等通过生物发酵手段开发有机肥料，促进农产品精深加工向多领域、多梯次、深层次、全利用、高效益、绿色健康可持续方向发展。

B.6
辽宁战略性新兴产业发展研究

曹颖杰*

摘　要： 2023年辽宁战略性新兴产业发展态势持续向好、科技型企业培育力度加大、创新平台建设上新台阶、产业项目建设有序推进，但仍存在产业科技创新能力不强、产业集群集聚度不高、产业高端人才供给不足、产业创新生态环境不优等问题。辽宁战略性新兴产业需加快产业融合集群发展、加大产业科技创新力度、加强高端人才队伍建设、优化产业生态环境，以提升产业核心竞争力和内生动力，增强产业发展后劲和支撑力。

关键词： 科技创新　产业集群　产业融合　创新平台

2023年是全面贯彻落实党的二十大精神的开局之年，辽宁围绕做好结构调整"三篇大文章"，奋力实施全面振兴新突破三年行动，推进数字辽宁、制造强省建设，加强培育壮大战略性新兴产业。辽宁战略性新兴产业发展态势持续向好，实现稳步发展。

一　辽宁战略性新兴产业发展现状

（一）发展态势持续向好

辽宁深入实施创新驱动发展战略，统筹推进转型升级和培育新动能，战

---

* 曹颖杰，辽宁社会科学院产业经济研究所副研究员，主要研究方向为产业经济。

略性新兴产业呈现持续向好的发展态势。战略性新兴产业整体发展快速，产业规模不断壮大，2023 年上半年，辽宁高技术制造业增加值增长 9.3%，高于全省规模以上工业增加值增速 4 个百分点，高于全国 7.6 个百分点，其中计算机、通信和其他电子设备制造业增加值增长 18.6%，汽车制造业增加值增长 21.4%；高技术制造业投资增长 37.0%，其中航空、航天器及设备制造业投资增长 40.6%，计算机及办公设备制造业投资增长 1.9 倍。新产品产量增长快速，其中智能手机产量增长 14.2%，碳纤维及复合材料产量增长 75.3%，光缆产量增长 8.3%，新能源汽车产量增长 56.8%。重点产业不断集聚壮大，产业集聚发展成效显著，在生物医药、新一代信息技术、新能源汽车等重点领域培育出一批战略性新兴产业集群，数控机床、航空装备、船舶海工装备等有影响力的优势产业集群逐步发展壮大。

（二）科技型企业培育力度加大

辽宁坚持把科技型企业作为科技创新的主体，作为经济高质量发展的主力军，积极培育壮大科技型企业，增强以科技创新为核心的企业竞争力，科技型企业创新主体地位不断提升。强化政策引导支持，鼓励科技型企业做大做强，实施科技型企业梯度培育体系，从政策引导、机制创新、项目实施、科技金融等多方面增强科技型企业的科技创新能力，构建科技型企业发展的创新生态和创新体系。科技型企业数量和质量稳步提升，2023 年上半年，辽宁新入库科技型中小企业 5900 家，同比增长 39.7%；新增注册科技型中小企业 6509 家，总数达到 29551 家，同比增长 62.7%；培育创新型中小企业 2432 家，"专精特新"中小企业 560 家，国家专精特新"小巨人"企业 41 家；累计培育"雏鹰""瞪羚""独角兽"等新经济企业 4498 家。在集成电路、工业机器人和高端数控机床等产业领域，由头部企业牵头组建的创新联合体承担 6 项重大专项。东和新材、汇隆活塞 2 家国家专精特新"小巨人"企业成功上市，拓荆科技、新松机器人等一批创新型企业不断发展壮大。辽宁以高新区为主阵地，为科技型企业提供金融、技术和政策服务，不断提升企业服务质效，加快推动科技型企业的

快速成长，8家高新区新获批国家科技企业创新积分制试点，至此全省共有10家高新区成为企业创新积分制单位，数量居全国第3位。

（三）创新平台建设上新台阶

辽宁聚焦国家战略目标，发挥辽宁自身优势，以产业发展和创新链布局需求为牵引，完善科技创新平台体系建设，加快布局创新平台，创新平台建设取得新进展。2023年上半年，辽宁获批建设全国重点实验室11个，国家级科技创新平台达到40个，省级制造业创新中心9家，新增省级中小企业公共服务示范平台20家，中小微企业创业创新示范基地14家。沈阳仪表科学研究院有限公司等6家入选国家企业技术中心，辽宁国家级企业技术中心达到47家。大连市人工智能计算机中心和沈阳市人工智能计算机中心获第一批国家新一代人工智能公共算力开放创新平台。大连理工大学的"工业装备结构分析优化与CAE软件"、辽宁东亚种业公司的"玉米生物育种"、沈阳铸造研究所的"高端装备铸造技术"和东北大学的"流程工业综合自动化"4家实验室重组为国家重点实验室。辽宁辽河实验室、辽宁材料实验室、辽宁黄海实验室和辽宁滨海实验室4家辽宁实验室聚焦产业需求联合开展关键核心技术攻关，与黎明、中触媒、鞍钢等一批龙头企业共建联合研发中心、联合实验室、产业技术创新中心等6个创新平台。

（四）产业项目建设有序推进

产业项目是支撑产业发展的载体，辽宁以大项目引领产业结构调整，加强重大项目省级统筹，在重大项目上加力提效，加大项目要素保障力度，全力推进战略性新兴产业项目建设。2023年上半年，辽宁装备制造、精细化工、高新技术等产业项目稳步推进，大连数谷、盘锦北方华锦精细化工、大连恒力重工、沈阳亿维锂能等一批投资超百亿元的新项目开工建设。辽宁加快推动高端装备、新材料、生物医疗等领域与央地合作，重点推动兵器工业集团精细化工及原料工程等项目开展，目前兵器工业集团精细化工及原料工程项目全面开工，将推动以高端聚烯烃为特色的新材料、新能源等产业快速发展。辽宁围绕三个万亿级产业基地、22 个产业集群，加大新项目落地和招商引资力度，华晨宝马全新动力电池、SK 海力士、新松智能无人系统产业园、徐大堡核电 1、2 号机组、东北大学创新中心项目、辽宁集成电路装备产业园等项目建设有序推进。

二 辽宁战略性新兴产业发展存在的问题

（一）产业科技创新能力不强

辽宁战略性新兴产业整体创新能力不强，一些重点领域和关键环节产业创新能力不足，部分核心关键环节如关键部件、关键材料、关键控制系统等还存在基础工艺薄弱、工程化水平不足的问题，大批核心关键材料还需依赖进口，产品附加值不高，总体竞争优势不够明显。产业创新投入不足，研发投入总量与强度不足，与发达省份相比还存在一定的差距。产学研结合不紧密，企业产学研主导作用不强，企业、高校和科研院所产学研结合开展产业链协同创新不够，难以形成产学研深度融合。

（二）产业集群集聚度不高

辽宁深入实施战略性新兴产业集群发展工程，打造一批新一代信息技术、高端装备制造、生物医药、新材料等特色产业集群，战略性新兴产业集群逐步发展壮大。但是，辽宁战略性新兴产业集群整体规模偏小，龙头企业牵引作用不强，尚未形成产业集聚优势。产业集群的产业关联度不紧密，产业链层级不高，上下游产业链条延伸、配套和衔接不够，技术和信息等资源无法共享，存在"集而不群"现象，产业融合集群效应不明显，对整个战略性新兴产业的带动作用不够。

（三）产业高端人才供给不足

辽宁深入实施人才强省战略，加快推进人才制度和政策创新，强化人才

支撑，为产业发展提供了有力支撑。但是，随着辽宁战略性新兴产业持续发展，人才队伍整体供需矛盾明显，高端人才数量和质量与战略性新兴产业发展需求还存在很大差距，难以支撑产业高质量发展。战略性新兴产业发展需要的创新人才缺乏，特别是科技创新人才、产业技术创新人才、工程师、高技能人才、创新型团队等供给不足，成为制约辽宁战略性新兴产业发展的因素之一。

（四）产业创新生态环境不优

为推动战略性新兴产业高质量发展，辽宁强化政策集成，出台了《辽宁省进一步稳经济若干政策举措》《辽宁全面振兴新突破三年行动方案（2023—2025 年）》《辽宁省科技体制改革三年攻坚实施方案（2023—2025年）》等一系列政策措施，为产业发展营造良好的生态环境，产业政策环境逐步健全。但是辽宁战略性新兴产业制度建设相对滞后，体制机制逐步完善但一些关键环节有待健全，财税、金融、投资等政策与战略性新兴产业发展协同配合尚不完善，市场环境不佳，在一定程度上限制了产业主体的积极性，亟待深化改革，强化要素保障，营造良好发展环境，为产业发展提供有力支持。

三 辽宁战略性新兴产业发展面临的形势

（一）国际形势

从国际上看，随着新一轮科技革命和产业变革的深入推进，全球产业呈现多元化布局和区域化合作趋势，产业高端化、绿色化、智能化、数字化加快发展，新科技发展和创新为战略性新兴产业提供新的发展机遇，以此为契机要持续推进科技创新，加强国际合作，提升产业链、供应链的竞争力和稳定性，加快大数据、人工智能、物联网、云计算等新一代信息技术与实体经济深度融合，推动战略性新兴产业不断释放新的强劲动能。同时，受地缘政治局势紧张、通胀压力、金融风险、逆全球化思潮抬头、保护主义明显上升等因素影响，世界经济趋于不稳定、不确定，为战略性新兴产业发展带来诸多挑战。此外，世界经济正处于转型关键时期，全球产业链供应链重构，对增强产业链供应链韧性和竞争力提出更高的要求，半导体、绿色能源、生物制药等战略性新兴产业发展将面临更为严峻的形势。

（二）国内形势

2023 年，在复杂严峻的外部环境下，我国坚持驱动创新发展战略，加快推进高水平科技自立自强，加快构建现代化产业体系，推动经济高质量发展。我国经济整体呈现回升向好的发展态势，2023 年上半年，产业升级发展、新动能不断壮大，高技术制造业投资同比增长 15.2%，中央企业战略性新兴产业投资同比增长超过 40%，主要集中在人工智能、新材料、新一代移动通信等战略性新兴产业重点领域。这能更好地加快资源要素集聚，为科技创新、产业转型升级提供更多的机遇和空间，形成参与经济合作和竞争新优势，为战略性新兴产业发展增添新动能。同时，我国还处于经济恢复和产业升级的关键期，受国内市场需求不足、大宗商品价格下行、内生动力不强、企业利润下降等因素影响，战略性新兴产业发展仍面临不少困难。

（三）省内形势

辽宁加大力度培育壮大实体经济，实施数字辽宁、制造强省战略，促进数字经济与实体经济深度融合，整合财政政策、产业政策、货币政策、科技政策等，各项政策积极生效，市场主体信心提升，战略性新兴产业发展环境将逐步优化，这为战略性新兴产业转型升级、培育新的增长点提供了较大的发展空间，航空装备、数控机床、集成电路、新能源汽车等产业集群持续发展壮大，集成电路、高端医疗设备、先进基础材料等产业将加快发展。同时，辽宁战略性新兴产业还面临着一系列问题，如原创性技术成果偏少、部分关键核心技术和零部件受制于人、产业链配套水平有待增强、产业高技术人才缺乏等，这对辽宁战略性新兴产业发展提出了新要求，需进一步加强科

技创新、夯实产业发展基础，以加快提升产业核心竞争力和自主创新能力，增强产业支撑力。

四　辽宁战略性新兴产业发展的对策建议

（一）加快产业融合集群发展

提升产业集群综合能级。加强政策支持，持续优化产业集聚布局，在高端装备制造、新材料等战略性新兴产业领域培育壮大一批创新型产业集群，打造百亿级、千亿级、万亿级产业基地，引导优质资源向产业集群集聚，推动区域级、国家级、世界级产业集群梯度发展。

培育壮大龙头企业。优化企业创新创业生态，整合资源，发挥龙头企业链主优势，鼓励和引导产业集群内大中小企业开展多种形式的协同合作，形成龙头牵引、梯队协同、链群互动的发展格局，带动产业链内的中小企业发展，提升专业化协作和配套能力，增强产业链韧性，扩大集群规模。

完善产业链条。坚持"集群+链式"，加强产业集群产业链创新链的布局和优化，以高新区和特色产业基地为依托，加快产业链各环节集聚，推动产业链上中下游纵向一体化、产业链配套横向一体化不断完善，精准延链、补链、强链，实现产业链企业之间各环节优势互补，推进产业集群链式化发展，打造集群内全产业链优势。

（二）加大产业科技创新力度

强化关键核心技术攻关。着眼于辽宁战略性新兴产业发展战略需求，发挥辽宁创新资源优势，加强基础零部件、基础材料、基础工艺、产业技术基础能力建设，建立联合技术研发中心、工程研究中心、重点实验室等高能级创新平台，加强关键核心和基础前沿技术研发，提升产业技术创新能力。

加大创新投入。整合创新资源，在高端装备制造业、新一代信息技术产业等领域加大引领性、原创性技术研发投入，加强基础研究和原始创新，增强关键技术的创新能力；建立研发投入强度与财政支持力度、资源配置挂钩机制，加大政府科技投入、企业研发投入、高新区研发投入、科技金融和社会资本投入。

加大产学研协同创新力度。建立健全产学研协同创新政策措施，推动以政府为主导、以企业为主体的产学研协同创新和科技成果转化机制，加大对产学研协同创新的支持力度，推进科技成果产业化。围绕战略性新兴产业重点领域科创需求，推动构建以企业为"盟主"的实质性产学研联盟，共建创新基地，实施重大科技项目，加快共性技术研发、推动成果转移转化、提升技术集成服务，促进技术研发和协同创新。

（三）加强高端人才队伍建设

加快集聚高端人才。推进"带土移植"，统筹实施人才引进重点工程，围绕重点产业、基础学科、基础研究，以产业链布局人才链，通过政策引才、平台引才、活动引才、服务引才等环节，引进和集聚一批海内外高端人才和创业创新团队。

强化高技能人才培养。建立产教融合、校企合作的高技能人才培养模式，推动辽宁高校优化学科和专业设置，加强人才自主培养。围绕战略性新兴产业重点领域人才需求，依托重大项目、重大工程等培养一批创新型人才和技能型人才。支持建设一批战略性新兴产业、支柱产业和未来产业高技能人才培训基地，加强技能型人才和高技能领军人才培养。

优化人才服务和保障。细化人才补贴、人才住房、创业扶持、人才培训和培养、人才服务等政策。建立和完善人才评价评估制度，优化人才激励政策，构建体现技术、知识等创新要素价值的收益分配机制，以强化对创新人才、创新团队的激励，激发科技人才内在创新潜能。创新人才服务办法，提升人才服务水平，营造人才优良环境，充分激发人才活力。

提升高端人才使用效能。在基金项目、各类创新平台、科技人才项目、重大研发计划等方面加大对创新团队、重大项目团队的支持力度。推动高端

人才开展项目对接、成果转化和技术服务，促进一批科技成果在辽宁落地转化。

（四）优化产业生态环境

深化改革。推动制度创新，围绕补齐产业结构短板等深层次问题推进改革创新，优化"放管服"改革，坚持放管结合、并重，简化和优化各项审批流程，加强审管衔接，提升监管效能，强化战略性新兴产业重点领域监管，健全适应新产业、新技术、新模式、新业态的审慎监管方式。优化政务服务，打造数字政府，健全一体化政务服务平台，创新服务模式、提升服务水平。推进重点产业领域体制机制改革，破除战略性新兴产业科技创新能力提升的体制障碍，推动各类应用市场开放，加快新产品、新技术的应用推广，在人工智能、5G、精准医学等领域打造创新应用示范区和典型应用场景，推动前沿技术创新发展和应用。

加大财税、金融、投资等政策支持力度。充分发挥财政资金的引导作用，积极落实产业发展专项资金扶持政策，发挥产业（创业）投资引导基金作用，加大战略性新兴产业重点产业、重大项目、龙头企业、基础研究等方面的投入。推动金融服务提质增效，构建全方位、广覆盖的金融服务体系，推进政府融资担保体系建设，为战略性新兴产业中小企业融资提供增信服务。拓宽融资渠道，支持金融机构合理运用股权质押贷款、科技创新再贷款等方式，引导金融机构向战略性新兴产业重点领域倾斜，满足产业和企业的资金需求。

优化市场环境。加快要素市场优化配置，破除企业参与市场竞争的隐形壁垒和各类障碍，推动资本、技术、人才、服务等各种资源要素有序流动和高效集聚，充分调动企业的积极性，激发创新创业动力。落实和完善统一的市场准入制度，严格执行和完善责任清单机制和负面清单制度动态调整机制，健全和完善市场准入评估制度，营造公平畅通的市场准入环境。

参考文献

《辽宁省国民经济和社会发展第十四个五年规划和二〇三五年远景目标纲要》，辽宁省人民政府网站，2021 年 3 月 30 日。

《辽宁全面振兴新突破三年行动方案（2023—2025 年）》，辽宁省人民政府网站，2023 年 2 月 23 日。

温兴琦：《构建开放创新生态势在必行》，《中国社会科学报》2023 年 5 月 23 日。

金正波：《培育战略性新兴产业 赋能高质量发展》，《人民日报》2023 年 5 月 5 日。

王燕、高静、刘邦凡：《高新技术产业集聚、科技创新与经济增长》，《华东经济管理》2023 年第 4 期。

B.7
辽宁民营经济发展现状及对策分析

刘佳杰*

摘　要：　民营经济是推动辽宁振兴的重要力量。2023 年以来，辽宁民营经济持续恢复性增长，市场主体总量稳步提升，产业结构持续优化，主动融入新发展格局，民营经济发展实现新突破。当前，全省民营企业以《辽宁全面振兴新突破三年行动方案（2023—2025 年）》为行动指南，积极应对各种风险和挑战。针对当前辽宁民营经济发展的主要问题，本文提出了完善政策环境等促进辽宁民营经济发展壮大的一系列对策建议。

关键词：　民营经济　市场主体　产业结构优化

民营经济是推动区域经济高质量发展的重要力量，是宏观经济的"晴雨表""稳定器"。2023 年，辽宁各级党委政府不断深入学习贯彻习近平总书记关于民营经济发展的重要讲话精神，以《辽宁全面振兴新突破三年行动方案（2023—2025 年）》为行动指南，摆脱民营企业发展困境、缓解民营企业经营压力，持续发展壮大民营经济。广大民营企业也积极抢抓"十四五"后三年重要窗口期，直面各种困难及挑战，加大科技创新及数字化转型力度，苦练内功，向更有利于持续发展的方向转型升级。

一　辽宁民营经济发展现状

2023 年，辽宁民营经济向好态势鲜明，稳增长、稳企业政策效应继

---

* 刘佳杰，辽宁社会科学院经济研究所研究员，主要研究方向为公共经济。

续显现，生产需求稳步恢复；民营企业市场活力逐渐增强，实现量质齐升。

（一）市场主体持续增长

2023年第三季度，辽宁省实有民营经济市场主体451.6万户，其中私营企业128.5万户，同比增长6.5%，新设1.79万户；个体工商户366.4万户，同比增长8.6%，新设9.8万户。规模以上工业中小企业8446户，同比增长9.1%，占全部规上工业企业的97.7%。市场主体总量的持续增长为辽宁实现全面振兴新突破注入了源源不断的新动能。

从产业结构上看，辽宁民营企业总量呈现向第三产业集聚的结构特征，产业结构相对稳定（见表1）。2022年，辽宁实有企业第一、第二、第三产业分别为4.20万户、24.89万户、93.98万户，同比增速分别为9.87%、5.38%、6.34%；三产结构由2021年同期的3.30∶20.39∶76.31调整至3.42∶20.22∶76.36。2022年，全省实有工商户第一、第二、第三产业分别为17.39万户、22.57万户、301.78万户，同比增速分别为25.23%、12.90%、4.96%，三产结构由2021年同期的4.32∶6.22∶89.46变化到2022年的5.09∶6.60∶88.31，新登记个体工商户三产结构由2022年同期的2.93∶15.59∶81.48变化到2023年的3.13∶14.49∶82.38。

表1 2022年辽宁企业、个体工商户产业发展一览

单位：户，%

三次产业	实有企业			实有个体工商户		
	户数	同比增速	占比	户数	同比增速	占比
第一产业	42042	9.87	3.42	173902	25.23	5.09
第二产业	248875	5.38	20.22	225725	12.90	6.60
第三产业	939806	6.34	76.36	3017838	4.96	88.31

资料来源：根据辽宁省市场监管局相关资料整理。

服务业的企稳回升成为辽宁经济整体回升向好的势头与后劲。2023年，辽宁实有个体工商户数量位居前3的行业是批发和零售业（168.20万户），

住宿和餐饮业（41.39 万户），居民服务、修理和其他服务业（40.27 万户），合计 249.86 万户，占全部个体工商户的 73.11%。新动能、新企业加速孕育。新登记个体工商户中增速较高的行业是电力、热力、燃气及水生产和供应业（同比增长 18.45%），科学研究和技术服务业（同比增长 21.32%）（见表 2）。

在全省实有市场主体增速放缓的大背景下，仍有部分行业市场主体保持较快增长。相较于 2019 年，2022 年开采专用机辅助性活动增长了488.02%，金属制品、机械和设备修理业增长了 111.79%，科学研究和技术服务业增长了 86.52%，文化、体育和娱乐业增长了 81.44%，为 2023 年辽宁市场主体持续增长做了数量储备。

表 2 2022 年辽宁个体工商户行业发展一览

单位：户，%

行业	实有个体工商户		新登记个体工商户	
	户数	同比增速	户数	同比增速
总计	3417465	6.33	480079	-12.49
农、林、牧、渔业	184208	26.08	42740	0.05
采矿业	1575	24.02	387	2.93
制造业	196790	13.00	33622	1.90
电力、热力、燃气及水生产和供应业	579	13.53	122	18.45
建筑业	32103	15.23	6446	-13.42
批发和零售业	1682001	5.31	197577	-3.79
交通运输、仓储和邮政业	291936	10.05	39178	14.42
住宿和餐饮业	413898	-4.05	68626	-46.08
信息传输、软件和信息技术服务业	23673	15.32	5837	-16.53
金融业	1460	30.47	532	-11.48
房地产业	7908	-0.98	663	-34.68
租赁和商务服务业	97341	13.62	21152	-6.48
科学研究和技术服务业	22444	36.11	7803	21.32
水利、环境和公共设施管理业	1825	31.29	530	-1.85
居民服务、修理和其他服务业	402723	3.45	41287	-9.72
教育	2926	9.38	530	-66.20
卫生和社会工作	15399	5.89	1800	-4.26

行业	实有个体工商户		新登记个体工商户	
	户数	同比增速	户数	同比增速
文化、体育和娱乐业	38477	25.86	11232	4.95
其他	199	1.53	15	-21.05

资料来源：根据辽宁省市场监管局相关资料整理。

（二）科技创新不断加强

截至 2023 年 7 月，辽宁民营企业累计认定国家级专精特新"小巨人"企业 295 户，国家重点"小巨人"企业 59 户；省级专精特新"小巨人"企业 524 户、"专精特新"中小企业 1131 户，民营企业成为创新发展的主力军。2023 年，辽宁大力培育科技型企业幼苗，新增 10341 户科技型中小企业，科技型企业梯度培育力度不断加大。创新主体活力持续提升，2023 年，辽宁"专精特新"产品（技术）共计 5248 项，先后涌现了国瑞的核纯级石墨材料、大连巅峰橡胶机带有限公司的护舷产品、丹东国通电子元件有限公司的无铅化陶瓷型热敏电阻系列电子产品、朝阳金达钼业的精细化钼铁技术等优势特色产品，这些企业在各自细分领域具备一定的话语权，专业化、精细化、特色化特征鲜明，企业发展活力十足。

（三）融资难题持续化解

辽宁持续完善地方融资信用服务平台建设，2023 年共计 351 家金融机构入驻平台，发布金融产品 251 项，发放贷款 33 亿元。中国人民银行沈阳分行强化货币政策工具引领，为实体经济提供低成本资金 605.1 亿元。"金融润苗 兴商兴辽"等活动累计为个体工商户发放贷款 494 亿元。"辽科贷""工银科创贷"共计向 4715 家科技企业投放贷款业务。国家开发银行辽宁省分行累计发放转贷款 42.2 亿元，转贷款余额 25.4 亿元，支持小微企业 400 余户。辽宁通过"专精特新"专项贷款方式支持沈阳芯源微电子等 3 家企业 1.85 亿元。制定《辽宁省企业上市倍增计划行动方案》，常态化开展

上市培训，推动 7 家企业成功首发上市（IPO）。落实企业上市扶持政策，累计向 72 家企业发放补助资金 3.3 亿元。发挥区域股权市场功能，辽宁股权交易中心建立"专精特新"专板，整合资源开展一站式服务，新增挂牌企业 81 家，新增融资 26.6 亿元。2023 年，辽宁小微企业贷款余额 12663.4 亿元，同比下降 2.5%；普惠小微企业贷款余额 3291.8 亿元，同比增长 14.1%。省内上市民营公司 54 家，占省内全部上市公司的 62.8%，2023 年新增 6 家，分别为中触媒股份、何氏眼科、鼎际得、信德新材、富创精密、春光药装。

（四）发展环境持续优化

持续强化统筹协调，出台《辽宁省促进民营经济（中小企业）发展领导小组 2023 年工作要点》《辽宁省防范和化解拖欠中小企业账款专项行动实施方案》《辽宁省保障中小企业款项支付投诉处理实施细则（暂行）》等各类方案，从优化发展环境、破解融资难题、引导提档升级、激发发展活力、强化统筹协调等方面，谋划部署全年重点工作。政务水平持续提升，营商环境进一步优化。升级改造 12345 平台，开通纪委监委监督平台，建立重点问题线索移送机制，全省共受理企业诉求问题 1301.6 万件，转办效率进一步提速。完善"12345+"项目管家服务体系，建立闭环管理模式，进一步畅通政企沟通渠道，提升精准化涉企服务水平。全省通过"一网通办"平台新设市场主体 62.8 万家，占新设总量的 97.5%。进一步防范和化解拖欠中小企业账款，2023 年无分歧欠款通过资金清偿 794 笔，金额 3.9 亿元，通过双方签订还款协议化解 341 笔，金额 14.7 亿元，无分歧欠款化解率 100%。

（五）社会贡献不断上升

随着互联网及新技术的不断更新换代，个体工商户的市场前景愈发明朗，政策加持下创业门槛也越来越低，个体工商户绝对数量继续攀升。2023 年，辽宁实有 341.75 万个体工商户，涵盖多个行业和领域，占全部市场主体的 72.49%，同比增长 6.33%，总体发展平稳。发挥就业"蓄水池"作用，仅 2023 年共计提供约 600 万个就业岗位，同比增长 7.57%，成为拉动全省高质量发展的韧性所在。

二 2023 年辽宁民营经济发展存在的主要问题

（一）市场主体普遍较弱

从市场主体数量上看，2023 年，辽宁个体工商户总量位居全国第 15，同比增速位居全国第 23；同期私营企业总量位居全国第 16，同比增速位居全国第 24，排名偏后。

从企业密度上看，辽宁每千人拥有企业 29 户，较全国平均值低 8 户（全国为 37 户）。企业密度较高的沈阳（39 户）、大连（46 户）、沈抚示范区（70 户）超过全国平均水平，企业密度偏低的朝阳（12 户）、铁岭（14户）、辽阳（18 户）、本溪（18 户）、抚顺（18 户）与全省平均水平差距超过 10 户。与人口数量与辽宁相当的陕西省相比，每千人拥有企业少 6 户，与全国人口数量第一的广东省相比，每千人拥有企业少 28 户。可见辽宁市场主体数量偏小、企业密度较低，与发达省份存在较大差距。

从民营企业增速上看，企业数量增速明显放缓。2023 年，辽宁市场主体比 2019 年增长了 25.34%，2019~2022 年年均增速为 7.82%，相较 2019 年前年均增速（8.22%）下降了 0.4 个百分点。其中，实有企业增速回落明显，年均增速为 7.1%，相较 2019 年前年均增速（12.43%）下降 5.33 个百分点。新登记市场主体总量也呈现放缓趋势。2019 年前，辽宁年均新登记市场主体约66 万户。2020 年首次出现新登记市场主体同比下降的情况（新登记市场主体60 万户、同比下降 14%）。2021 年，扎实推进"六稳""六保"，经济筑底企稳，全年新登记市场主体 73 万户。2022 年上半年，辽宁新登记市场主体 32.32万户，与上年同期基本持平，市场主体表现出较强韧性，全年新登记市场主体合计 64.46 万户，但仍低于 2019 年前水平。

（二）经济增长的贡献偏低

2022年，经济企稳回升低于预期，辽宁民营经济实现税收2315.6亿元，同比下降11.2%，占全部税收的49%。面对各种不确定、不稳定因素，民营企业经营趋于保守，对未来信心不足。辽宁民间固定资产投资同比下降7.6%，占固定资产投资完成总额的55.6%。其中：第一产业同比下降1.2%，占比4.3%；第二产业同比下降2.4%，占比31.5%；第三产业同比下降10.3%，占比64.1%。

（三）民营企业持续增长乏力

由于第三产业主要由小微企业、个体工商户组成，抗风险能力较弱，呈现"慢进快出"的发展特点。从行业数据上看，"批发和零售业""住宿和餐饮业""居民服务、修理和其他服务业"三行业共新登记个体工商户30.75万户，占全部新登记个体工商户的64.04%，同比下降18.74%。

从制造业来看，截至2022年年底，辽宁实有企业14.83万户，同比增长4.56%，增速低于企业平均水平1.7个百分点。上游提供基础原材料的"石化化工新材料""高性能纤维及制品和复合材料制造"存续数量仅为852户和613户，且出现了同比下降，降幅分别为1.05%和2.39%。辽宁重点产业链高附加值部分市场主体规模相对南方发达地区较小，产业链稳定性有待增强。冶金等行业附加值较低的问题比较突出，辽宁菱镁资源产量占全球的60%，占全国的90%，但是镁建材、镁化工产业发展很不充分，镁耐材行业大部分产能仍为初级镁质原料；农产品和石化产业深加工率偏低，农产品加工业产值与农业总产值之比为0.8∶1，低于全国平均水平（2.3∶1），炼油产业营业收入占全省石化工业的比重超过70%，市场主体主要分布在产业链中低端。

（四）要素保障不足

对标发达地区营商环境标准，辽宁营商环境仍待优化升级。部分开发区面临交通不畅问题，基础设施的滞后使部分工业企业无法实现产业集聚和正常生产经营。阜新市新邱区工业园区与南部山区间的大型车辆专用路线至今尚未建成，区内的断头路桥多停留在图纸上，产业园区与企业的物流、公交线至今尚未落实。优惠政策较难享受。调研中部分企业反映，尽管省工信、金融监管部门出台众多惠企政策，但很多优惠政策都是针对规上或科技型企业的，无法对标市场中的"神经末梢"。政务服务流程还需进一步优化。虽然企业办事流程有效简化，但"旋转门"现象仍然存在。有企业反映办理土地、环评手续烦冗拖沓，职能部门数据无法实现共享，"堵点""难点"没有真正处理，企业获得感不强。

融资难的问题悬而未决。2022 年，辽宁全年辖区 6 家民营企业首发融资 104.8 亿元，2 家上市公司实现股权再融资 12.5 亿元，1 家民营企业通过交易所市场发行公司债券融资 15 亿元，但难以改变更多小微企业融资模式单一、资产抵押不足等问题，贷款审批困难没有得到根本解决。

三 影响辽宁民营经济发展的因素分析

（一）影响辽宁民营经济发展的积极因素分析

从国际来看，经济全球化仍在继续，资本冲破国家与地区的限制，要素流动加快经济全球化进展。科技的发展又是经济全球化的物质基础和根本推动力。全球产业链、供应链和价值链日趋稳定，更多外贸企业会积极参与对"一带一路"沿线国家的进出口，实现合作共赢。

从国内来看，民营经济是社会主义市场经济的重要组成部分，其重要地位毋庸置疑。自党的十八届三中全会提出"两个毫不动摇"的基本方针后，党的二十大着眼现代化建设全局，对促进民营经济发展壮大提出更为明确的要求。2022 年度经济工作会议以"改善社会心理预期，提振发展信心"为第一要点，深刻阐述了民营经济在全面建设社会主义现代化国家新征程中的重要地位和作用。

从省内来看，当前，全省上下正在深入贯彻落实习近平总书记关于东北振兴的一系列重要指示精神和党的二十大做出的重大战略部署，积极抢抓"十四五"后三年重要窗口期，正为实施全面振兴新突破三年行动而努力奋斗。2023 年 5 月 27 日，辽宁省发布《辽宁省进一步支持民营经济高质量发展若干措施（征求意见稿）》，围绕 5 个方面 20 条，再次明确民营经济在辽宁振兴发展中的重要地位及作用。目前，辽宁民营经济前期发展基础稳固，民营企业行业健全，区位优势明显，原材料供给丰富，稳增长基础进一步巩固，民营企业具备加快建设现代化产业体系、实现高质量发展的有利条件。由于 2022 年基数较低、第一季度开局良好，在政策效应的持续释放、重点项目开工上马、居民消费能力持续回升的情况下，2023 年辽宁民营经济仍会持续向好状态，企业家信心指数仍会大幅提升，经济企稳回升、重回扩张指日可待。虽然 2022 年民营经济利润再次负增长，2023 年第一季度的"开门红"表明辽宁民营经济恢复向好，这对于实现全面振兴新突破三年行动首战告捷来说，是良好的发端，辽宁已经走出了多年来最困难时期。转型升级持续推进，辽宁民营经济长期向好基本面没有改变。

（二）影响辽宁民营经济发展的消极因素分析

民营经济的复苏壮大仍是缓慢复杂的过程。放眼国际，世界经济发展依然面临很大的不确定性：高利率引发银行业动荡，全球性商品价格动荡会严重冲击国内出口型民营企业；贸易保护主义下贸易限制措施严重冲击外贸型民营企业产业链稳定，企业面临的外部环境仍复杂严峻。

从国内来看，2023 年国内市场始终在预期及政策刺激中摇摆。上半年由于地方政府债务问题及房地产市场的低迷，基建的投资效果并未完全释放，经济恢复不及预期。居民就业与收入面临压力导致消费信心弱，国家统计局中国经济景气监测中心数据也显示，消费者信心指数和预期指数均创历史新低，消费需求动力普遍不足。压抑的消费需求交织房地产开发投资增速持续回落，地方各级政府债务负担加剧，货币难以向实体经济流动，民间投资难以抬头。上半年的数据还与中央经济工作会议提出的"经济运行整体好转"相差甚远，尤其是房地产市场，离确保"房地产市场平稳发展"的要求还有相当差距。

从省内来看，"十四五"已过半，虽然 2023 年上半年增速跑赢全国，但辽宁民营经济总量偏小、总体排名靠后，结构性问题始终存在。从体制机制的角度看，辽宁市场化程度不高，支持民营企业发展壮大的制度环境建设亟待加强。由于国有企业过于强大，民营企业的发展空间被挤占，民营企业在资源及政企关系上处于天然的弱势，"隐形门槛"没有破解。从现实因素上看，2023 年上半年，沈阳市房地产开发投资同比下降 26.0%，到位资金下降 11.4%，其中自筹资金 115.9 亿元，下降 36.8%；行业转型与深度调整同步，楼市的不景气直接波及金融、就业、建筑等多个领域，这些庞大复杂的产业链产生深度的连锁反应。现代服务业、接触性聚集性服务业虽然经历"小阳春"，受规模以下制造业企业拖累，恢复增长的内生动力不足。同时，原材料大幅上涨给中下游企业带来很大的成本压力。2023 年以来，化工原料涨幅达 75%、中药材最高涨 9 倍，民营企业利润空间被挤压，适当提价也无法弥补原材料涨价带来的利润缺口，扩张意愿持续下降。此外，民营企业业绩下滑导致创新能力不足、上市民营企业债务负担加大、内部组织关系不稳定等，均不是一蹴而就的。综上所述，2023 年下半年辽宁民营经济发展仍将受到国内外多种不利因素的叠加影响，难以明显反弹。

四 发展壮大辽宁民营经济发展的对策建议

实现全面振兴新突破，要求辽宁民营企业发展要有全局站位，既要注重传统经营模式，又要"腾笼换鸟"不断创新，汲取东部发达地区先进经验并承接国有企业扩张带来的涓滴效应。辽宁民营企业自身也要树立全局意识，直面机遇挑战，在新时代东北振兴上展现更大担当和作为。

（一）完善优化民营经济和民营企业营商环境

全面贯彻《中共中央 国务院关于促进民营经济发展壮大的意见》，与

《辽宁省深入推进结构调整"三篇大文章"三年行动方案（2022—2024年）》《辽宁省贯彻落实国务院扎实稳住经济一揽子政策措施若干举措》《进一步优化营商环境 加大对中小微企业和个体工商户纾困帮扶力度的政策措施》《辽宁省减轻中小微企业生产经营负担的若干措施》等进行统筹考虑、协同推进，增强主动服务企业的意识，激发企业活力，全省上下拧成一股绳，增强民营企业发展信心，以更高的站位强化责任担当，切实促进辽宁民营企业健康发展。充分发挥部门牵头作用，搭建政企沟通的常态化、制度化平台，探索完善相互监督、日臻完善的有效机制，构建营造民营企业不断孕育、壮大的土壤。扶持企业发展。抓好试点示范，在"整零共同体"、智能制造、绿色制造等方面，注重试点引路，加大对中小企业技术创新、数字化绿色化转型、"专精特新"培育等的投入力度，拓展稳固辽宁市场。发展高质量金融，提高本外币贷款余额占全国的比重，丰富完善金融科技下的支付、结算、存贷款平台、网贷等新业态形式，增强金融结构弹性。增加直接融资比重，压降金融风险，为民营企业打造良好的融资环境。全面优化营商环境，落实全省"优化营商环境要坚持问题导向主动抓、抓主动"的要求部署，坚持"营商环境建设永远在路上"，深化各领域专项治理，建立常态长效机制。实行"宽进严管"商事制度改革，加强全社会诚信执法体系建设，打造公平竞争、诚信执法的社会氛围。

（二）提升民营企业转型升级和自主创新能力

搭建科技企业梯度培育体系，推进高新技术企业创新发展。强化企业创新主体地位，构建生物医药、精细化工、新材料和节能环保等辽宁特色科技型中小企业发展梯队，让优势更加突出，加速科技企业"量增质升"。搭建民营企业科技创新平台，依托产业发展需求，强化科技创新，形成创新研发—创业孵化—产业聚集的双链融合模式，引导企业加强研发、促进转化，着力打造区域科技创新企业集群。打造典型实质性产学研联盟，打破思维定式，发挥企业绝对性作用，加快科技与产业的有效衔接、创新链与产业链价值链的无缝契合。搭建政、产、学、研和金融合作创新平台，以科技创新催生发展新动能，让资源集成优化社会现实生产力，带动科技成果转化落地。搭建创新资源平台。加强科技创新中心基础支撑，运用大数据提升企业信息资源获取分析能力，促进全省科创资源整合，确保实时更新、及时推送，实现区域创新体系共享。推动沈阳市人工智能计算中心、大连市人工智能计算中心建设，依托纳入全国人工智能算力战略体系的契机，聚焦创新策源能力建设，培育壮大新动能，重点面向未来抢占科技创新和产业发展制高点。搭建激发民营企业思维创新平台。坚持常态化召开民营企业家座谈会，发挥民营企业沟通交流机制的作用，紧抓打赢新时代东北振兴、辽宁振兴的"辽沈战役"机遇期，直击各自企业生产经营过程中存在的困难和问题，变压力为动力，实行抱团发展，不断激发企业创新基因。

（三）提升重点产业链集群竞争力

以提升重点产业链集群竞争力推动辽宁民营经济高质量发展。推进民营企业向产业链高端扩容提质。围绕冶金、菱镁、集成电路、生物医药等重点产业链，聚焦产业链核心零部件断点和短板，着力攻克产业链短板弱项。深入实施产业基础再造工程，着力锻长板、强弱项、抓变量，支持新松机器人以智能制造打造产业链主导企业，出台组建产业发展基金等政策提升区域吸引力，重铸沈阳新产业格局。依托大连英特尔等近百家半导体生产及配套企业，摆脱对国外垄断产品的依赖，推动精密磨划设备国产化进程。大力发展集成电路产业，通过吸附产业链上下端企业，推动技术创新，同时在资源集约、人才汇聚、成果转化等方面释放优势潜能，培育新的增长极。强化氢能源链顶层设计，明晰布局氢能源产业的重大战略意义，依托中科院大连化物所等资源优势，培育壮大燃料电池系统及零部件生产制造，推动储能与能源互联网等方面实现重大突破。积极优化石化、钢铁、菱镁产业布局，突破一批重点领域关键技术，做大做强精细化工，加快钢铁高端化、智能化建设步伐，加快发展"镁建材"等"非耐产业"，引导产业集聚化发展。完善从初级产品到高附加值产品的全产业链，构建产业集群发展新格局。

参考文献

李静娥：《民营经济概念的发展历程及界定》，《特区经济》2006 年第 5 期。

焦方红：《建立创业文化促进吉林省民营经济发展》，《经济纵横》2014 年第 2 期。

张泳、严方、姜丽丽：《青岛民营经济和中小企业发展存在问题与对策研究》，《中国市场》2021 年第 30 期。

吕有刚：《打通产业链的堵点断点》，《新华日报》2021 年 3 月 16 日。

B.8

辽宁省服务业运行分析及对策

李佳薇　王璐宁*

摘　要： 2023年前三季度，辽宁省服务业运行质量略有向好趋势，但整体水平仍有提升空间，消费市场持续承压，发展环境有待改善。未来，面对国内外多变的形势和提质增效的发展趋势，辽宁需要通过提升服务业发展水平、加快服务业深度融合发展、全力提振消费市场和进一步优化营商环境多措并举构建优质高效的服务业新体系。

关键词： 生产性服务业　生活性服务业　消费　融合

一　2023年辽宁省服务业①发展现状分析

（一）总体运行水平无明显优势

2023年前三季度，辽宁省服务业增加值11443.3亿元②，居全国第17位，占全国服务业增加值的2.3%；同比增长5.8%，居全国第13位，较上半年前进11个位次，较去年同期高2.4个百分点，较上半年高0.2个百分点，较全国低0.2个百分点；占全省地区生产总值的52.8%，居全国第17位，较上半年前进3个位次，较去年同期高1.5个百分点，该占比较全国低

＊　李佳薇，辽宁社会科学院产业经济研究所副研究员，主要研究方向为产业经济；王璐宁，辽宁社会科学院产业经济研究所副研究员，主要研究方向为产业经济。

①　本研究报告所称服务业涵盖所有第三产业。

②　本研究报告数据来源于国家和各省地区统计局网站、第三产业统计年鉴。

约 2.3 个百分点。从近几年同期变化情况看，辽宁省服务业增加值累计同比增速均只在 2022 年高于全国水平（见图 1）。

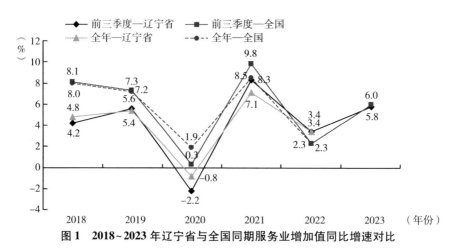

图 1　2018~2023 年辽宁省与全国同期服务业增加值同比增速对比

资料来源：国家统计局网站。

（二）行业结构向好趋势不明显

从近十年各行业增加值构成情况看，批发和零售业，住宿和餐饮业，交通运输、仓储和邮政业，金融业，房地产业五大类传统服务业所占比重变化较小，且合计比重呈逐渐缩小趋势（见图 2）。2022 年，辽宁省服务业各行业增加值在全国省级区域排名最靠前的是交通运输、仓储和邮政业，列第 13 位，仅是第 1 位山东省的 27.8%；其他服务业①增加值在全国省级区域排名中列第 14 位，仅是第 1 位广东省的 22.9%；批发和零售业、金融业、房地产业增加值在全国省级区域排名中均列第 17 位，分别是第 1 位江苏省的 16.7%、广东省的 18.1%、广东省的 14.4%；住宿和餐饮业增加值在全国省级区域排名中列第 19 位，是第 1 位广东省的 17.2%。

---

①　其他服务业包括信息传输、软件和信息技术服务业，租赁和商务服务业，科学研究和技术服务业，水利、环境和公共设施管理业，居民服务、修理和其他服务业，教育，卫生和社会工作，文化、体育和娱乐业，公共管理、社会保障和社会组织，国际组织，以及农、林、牧、渔专业及辅助性活动，开采专业及辅助性活动，金属制品、机械和设备修理业。

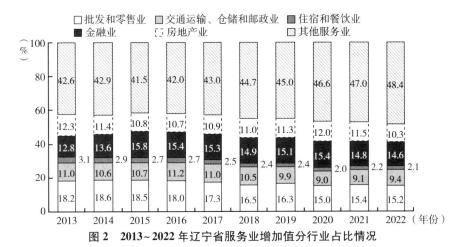

图2 2013~2022年辽宁省服务业增加值分行业占比情况

资料来源：国家统计局网站。

（三）沈阳都市圈略占区域相对优势

2023年前三季度，沈阳都市圈服务业增加值占全省服务业增加值的50.3%，占地区生产总值的56.3%，分别高于沿海经济带同类指标3.8和6.8个百分点。14个城市中超过全省服务业增加值5.8%同比增速的有本溪市、丹东市、葫芦岛市和鞍山市；占地区生产总值的比重超过60%的只有沈阳市，超过50%的有锦州市、丹东市、阜新市、鞍山市、铁岭市和朝阳市；沈阳市、大连市和鞍山市服务业增加值分别占全省服务业增加值的30.6%、27.4%和7.0%，其余11个城市所占比重都在2%~5%（见表1）。

表1 2023年前三季度辽宁省各地区服务业增加值相关指标对比情况

单位：%

地区	服务业增加值同比增速	占地区生产总值的比重	占全省服务业增加值的比重
全省	5.8	52.8	100.0
沈阳	4.9	60.2	30.6
大连	3.3	48.4	27.4
鞍山	6.1	53.8	7.0

地区	服务业增加值同比增速	占地区生产总值的比重	占全省服务业增加值的比重
抚顺	5.3	47.8	2.8
本溪	6.6	46.2	2.8
丹东	6.6	58.1	3.3
锦州	3.9	58.5	4.7
营口	5.1	48.9	4.7
阜新	5.6	55.6	2.0
辽阳	3.8	49.5	2.6
铁岭	5.7	52.1	2.4
朝阳	5.1	51.2	3.2
盘锦	3.5	43.1	3.7
葫芦岛	6.6	49.9	2.8
沈阳都市圈	—	56.3	50.3
沿海经济带	—	49.5	46.5

资料来源：辽宁省及各市统计局或政府网站。

（四）企业经营状况有所改善

2023年前三季度，辽宁省规模以上服务业①营业收入3909亿元，较2022年同期增长0.9%；实现税金及附加26.8亿元，较2022年同期增长6.7%；实现应交增值税76.1亿元，较2022年同期增长1.9%；实现应付职工薪酬893.4亿元，较2022年同期增长2.2%。从近五年同期情况看，辽宁省规模以上服务业企业营业收入、实现税金及附加、应付职工薪酬三项指标数值虽提升缓慢，但仍保持上升趋势（见图3）。2023年前三季度，辽宁省交通货运量增长8.0%，客运量增长52.7%，邮政业务总量增长14.2%。1~8月，规模以上互联网和相关服务业营业收入增长33.0%，文化、体育和娱乐业营业收入增长17.3%，软件和信息技术服务业营业收入增长13.0%。

---

① 本报告所称规模以上服务业，不包括限额以上批发零售和住宿餐饮业、金融业和房地产业，下同。

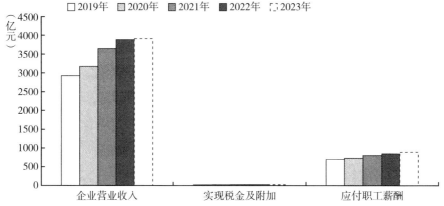

图3 2019～2023年辽宁省规模以上服务业企业经营情况

资料来源：辽宁省统计局网站。

（五）投资结构趋向优化

2023年前三季度，辽宁省服务业投资较上年同期下降5%，增速较全国低5.7个百分点，较上年同期低6.2个百分点；但其中高技术服务业投资增长52.8%，高出全国41个百分点，高出上年同期17.2个百分点。分行业看，固定资产投资增速排在辽宁省服务业前5位的依次是科学研究和技术服务业，文化、体育和娱乐业，租赁和商务服务业，教育，住宿和餐饮业，分别高于全国146.5个、132.6个、19.7个、20.6个和16.8个百分点。

二　辽宁省服务业发展存在的问题

（一）服务业发展整体水平不高

一是生产性服务业对产业转型升级的支撑服务能力不足。信息传输、软件和信息技术服务业，科学研究和技术服务业等高技术生产性服务业发展水平不高，进而影响到产业数字化转型进程；金融业规模整体偏小、金融创新不足；商务服务业层次有待提高。二是生活性服务业精细化、多样化程度不足。以文化创意为代表的知识密集型服务业仍有进一步发展的空间；城乡之

间、区域之间的基本公共服务资源不均衡依然存在，农村地区在教育、医疗、养老等方面依然存在着基础设施建设不足、基本公共服务水平偏低的问题。

（二）消费市场恢复持续承压

一是与东部省份相比，辽宁省居民收入水平较低，消费能力和消费信心仍待增强。近年来经济增速放缓和就业、收入压力依然存在，加之国际政治与经济领域摩擦不断，更降低了居民收入与消费预期。2023 年前三季度，辽宁省全体居民人均可支配收入 28598 元，低于全国居民人均可支配收入 800 元，居民更倾向于满足基本需求的商品性消费，对服务性消费需求更加谨慎。二是辽宁省人口老龄化程度高，人口流失严重，整体消费观念比较保守，居民消费需求不足。与老龄化社会相适应的养老服务体系尚不健全，银发经济消费潜力尚待激活。

（三）服务业发展环境有待改善

一是体制机制有待优化。对新产业、新业态、新技术、新模式的监管模式亟待创新；统一开放、公平竞争的市场环境尚不完善，促进贸易投资自由化、便利化的措施仍需强化；对企业支持优惠政策的兑现流程仍需进一步规范化。二是要素保障有待加强。现代服务业人才缺失，高技术人才流失严重；科技创新能力和成果转化能力不强；数据资源市场交易规则仍需完善；为企业和人才提供创新创业和资源对接的公共服务能力不强；与发达省份相比，财税、金融、土地等方面的政策扶持力度对企业和人才的吸引力仍然有限。

三 辽宁省服务业发展面临的形势与展望

（一）内外变局催生发展空间

国际局势变乱交织，经济增长动能不足，国内大循环存在有效需求不足、部分新兴行业趋于内卷、社会预期偏弱、风险隐患较多等堵点。但是，国内超大规模市场的潜力和持续提供支撑的政策叠加将为高储蓄逐步向消费、投资转化提供殷实土壤，全面深化改革开放将不断激发经营主体的积极性、创造性，人工智能、商业航天、量子科技、生物制造等领域的技术突破和生产消费的绿色转型催生的产业变革，将为服务业发展提供更为广阔的空间。

（二）提质增效蓄力行稳致远

无论是供给端的科技创新引领、现代化产业体系建设，还是需求端支撑国内大循环的最终消费，都与服务业发展息息相关。作为支撑农业强省和智造强省建设、引领消费升级的辽宁省服务业，也将在这一过程中持续积蓄发展动能。因此，辽宁省服务业发展将迈入以融合发展态势为主的全面跃升阶段，呈现更多具有辽宁特色的业态和模式，仍将处于对辽宁经济贡献较大的重要地位。

四 推动辽宁省服务业高质量发展的对策建议

（一）提升服务业发展水平

一是促进生产性服务业向专业化和价值链高端延伸。升级发展互联网和相关服务业、软件和信息技术服务业，积极培育龙头企业；加快发展科技服务业，以研发、共享资源和转化成果为导向，加大支持力度。稳定发展金融服务业，推进产品和服务创新，做好分级分类服务，提升金融服务的适配性、普惠性；积极推动现代物流业发展，合理布局物流通道节点，提升综合物流园区能级，提升多式联运和运输代理业运营效率；重点支持新一代信息技术、文化休闲、现代物流等新兴产业项目集聚区建设。二是推动生活性服务业补短板、上水平。加大文旅产业品牌创建力度，鼓励景区提质升级，支持文化创意发展；大力发展体育健身服务业，培育和引进精品赛事，发展户

125

外运动项目，拓展休闲项目；创新发展健康养老服务业，推动智慧养老加快发展，鼓励各地通过多种形式建设和运营居家和社区养老服务中心，支持有条件的养老机构按相关规定申请开办康复医院、护理院、安宁疗护机构、卫生室等；鼓励商贸流通企业转型升级，全面运用数字技术，打造沉浸式、体验式消费新场景；发展会展经济，积极推进辽洽会、制博会、数交会等国家级展会做大做强，支持沈阳、大连建设全国会展名城。

（二）加快服务业深度融合发展

一是加快现代服务业与先进制造业深度融合发展。加快发展研发设计、现代物流、现代金融、总集成总承包等新兴服务经济，培育壮大工业设计、信息技术服务、人力资源管理、知识产权服务等市场主体；支持服务型制造业发展，积极拓展系统解决方案、供应链管理、个性化定制等模式，推动制造业企业向"产品+服务"解决方案供应商转型。二是加快现代服务业与现代农业深度融合发展。发展"农业+文化、旅游、康养"等新产业、新业态，积极创建全国乡村旅游重点村镇，塑造"辽礼"文化旅游商品品牌，打造乡村民宿服务品牌；聚焦物联网、人工智能、区块链等新一代信息技术与农业生产经营和管理服务的深度融合，从智慧种植、智慧畜牧、智慧渔业、智能农机、智慧园区、综合服务等多个行业和领域推进智慧农业发展。三是加快服务业内部深度融合发展。推动服务业内部细分行业生产要素优化配置和服务系统集成，创新服务供给，拓展增值空间，促进设计、物流、旅游、养老等服务业跨界融合发展。四是充分发挥服务业融合试点项目的示范带动作用。认真研究借鉴国家级服务业融合试点单位的创新实践，结合省内各地方实际复制推广融合经验。支持鼓励各类型服务业融合载体对标先进寻找自身差距，全方位提升融合水平，积极申报国家级和省级融合试点项目。

（三）全力提振消费市场

一是继续实施促进消费政策。加大补贴力度，出台促进汽车、电子商品、家居等大宗消费的专项补贴政策，延续实施新能源汽车置换补贴，实施绿色智能家电消费补贴；鼓励金融机构合理增加消费信贷，把握消费市场结构变化，做好产品创新、流程优化和场景融合，承接居民多样化消费信贷需求；通过发放文旅、体育、餐饮、零售专项消费券等有力措施，支持生活性服务业加快恢复；激活县乡生活服务消费，大力推进电商、快递进农村，建设农村生活服务网络，经常性开展医疗问诊、文化、电影、体育等下乡活动。二是鼓励消费模式、消费业态、消费场景创新。打造商旅文体融合的主题消费活动，创意开发研学旅游、大型演艺、森林养生、主题公园、邮轮游艇、体育休闲、低空飞行、精品民宿、自驾露营、非遗主题旅游等新兴业态；大力发展电商直播，加快建设智慧超市、智慧餐厅等智能消费终端，创新消费场景；推动旅游、教育、养老、医疗等服务产品向个性化、智能化升级，持续释放新消费动能。

（四）进一步优化营商环境

一是进一步优化体制机制。深化放管服改革，对新产业、新业态、新技术、新模式，探索实行触发式监管、沙盒监管和包容审慎监管；进一步促进贸易投资自由化、便利化，贯彻落实市场准入负面清单制度，定期排查、清理各类显性和隐性壁垒，积极引进外资和国际先进技术；制定服务业企业优惠政策兑现实施细则，明确各项优惠政策的内容、兑现流程和责任单位，为符合条件的企业及时足额兑现资金、土地、人才等各项优惠政策；逐步形成法治化引领的优化营商环境制度体系，总结省内外成熟经验，开展前瞻性制度设计，适时将优化营商环境的制度和规定上升为立法和规范性文件。二是进一步加强要素保障。持续推动科技体制创新，加大政策支持力度，深化科技成果使用权、处置权和收益权改革，充分激发科研人员创新积极性；推动人才机制创新，在职业技能认定、人才培养等方面给予更高的自由度；探索建立政务和社会数据资源市场交易规则，出台形成数据资源产权、交易流通、安全保障等基础制度和标准规范；搭建公共服务和产业融合平台，提供创新创业服务，实现信息沟通和共享，对接供给与需求；加大产业（创业）投资引导基金对服务业的支持力度；鼓励银行业金融机构提供适合服务业企

业的知识产权、专有技术、无形资产等质押贷款；引导政府性融资担保机构加大对服务业企业的融资担保力度，设立融资风险补偿资金，为企业融资提供成本补贴和风险保障。

参考文献

《详解 2023 年中央经济工作会议精神》，《人民日报》2023 年 12 月 18 日。

关慧、段景超、刘欣雨：《东北三省消费低迷阻碍经济增长原因及对策分析》，《全国流通经济》2023 年第 12 期。

郭雪：《关于促进沈阳现代服务业提质增效的对策》，《商场现代化》2022 年第 1 期。

王艳：《关于沈阳加快建设区域性国际消费中心城市的路径研究》，《沈阳干部学刊》2023 年第 4 期。

平璐璐：《辽宁居民服务性消费现状研究》，《中国国情国力》2022 年第 8 期。

董洪梅、王晶超：《新发展阶段东北三省生产性服务业发展评价》，《四川职业技术学院学报》2023 年第 1 期。

贾占华：《疫情防控常态化背景下推进沈阳生活性服务业高质量发展的对策建议》，《沈阳干部学刊》2022 年第 3 期。

B.9
辽宁地方财政运行情况分析与展望[*]

邢文妍[**]

摘　要：　本文从辽宁地方财政运行的基本情况入手，发现辽宁一般公共预算收入下降，收入质量不高；一般公共预算支出增速加快，重点支出保障有力；地市级财政收入整体偏低，财政收入差距较大；地方政府债务存在一定的举债空间，显性债务风险可控；土地溢价空间缩小，土地出让收入降幅较大。随后分析了辽宁地方财政运行存在的深层问题，即政府间财权事权不匹配，地方财政收支矛盾突出；房地产大开发时代落幕，土地财政难以为继；地方财政更加依赖债务融资，债务风险偏高。最后提出了提升辽宁地方财政运行质量的政策建议，即强化地方财政的增收节支，提升财政保障能力；优化地方财政支出结构，提升财政支出效能；深化财政体制改革，缓解地方财政困难；完善地方政府债务管理，推动其持续加力提效；强化财政预算约束，加强财政绩效管理。

关键词：　财政收支结构　土地财政　地方政府债务

一　2022年辽宁地方财政运行的基本情况

（一）一般公共预算收入下降，收入质量不高

从一般公共预算收入总量和增速来看，辽宁一般公共预算收入规模不

---

 *　本文是2021年度辽宁社会科学规划基金一般项目"辽宁省城镇职工基本养老保险中的财政风险问题研究"（LZIBJY025）的阶段性研究成果。

**　邢文妍，辽宁社会科学院经济研究所研究员，主要研究方向为财政理论与政策。

大，增速下降。2022年辽宁一般公共预算收入为2524.3亿元，与2021年相比减少了240.4亿元，同比下降8.7%。考虑财政部规定扣除留抵退税因素后，同口径下降0.4%。2022年辽宁一般公共预算收入规模在全国排第18位，与2021年相比下降了1位。近年来辽宁经济增长乏力，又受到大规模减税、降费、缓税政策因素影响，一般公共预算收入呈现下降态势。

从一般公共预算收入的结构来看，辽宁税收收入占比下降，财政收入质量不高（见图1）。2022年辽宁税收收入为1664.1亿元，同比下降15.6%，同口径下降3.8%，降幅接近财政收入降幅的两倍。由此可见，税收收入的下降是引起一般公共预算收入负增长的关键所在。辽宁税收收入占一般公共预算收入的比重也呈现明显的下降态势，从2020年的70.75%，到2021年的71.29%，再到2022年的65.92%。2022年，北京税收收入占一般公共预算收入的比重为85.2%，上海为83.4%，由此可见，辽宁税收质量偏低。这里的主要原因在于2022年，在落实国家组合式减税降费政策方面，辽宁积极主动履行自身义务，加大了增值税留抵退税退付力度，并在获得相应授权的情况下，出台了针对增值税小规模纳税人、小型微利企业和个体工商户的"六税两费"等税收优惠政策，退税、减税、降费超900亿元，惠及近百万家市场主体，切实减轻了纳税人负担。

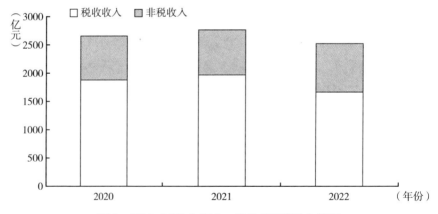

图1　2020~2022年辽宁一般公共预算收入情况

资料来源：根据历年《辽宁统计年鉴》计算而得。

（二）一般公共预算支出增速加快，重点支出保障有力

从一般公共预算支出的总量来看，辽宁一般公共预算支出规模持续加大。2022年辽宁一般公共预算支出6253.0亿元，同比增长6.4%，高于2020年4%的增速和2021年6%的增速。从一般公共预算支出的结构来看，辽宁民生支出仍是支出重点。2022年在民生支出领域，卫生健康支出增长最多，为16.2%；住房保障和社会保障与就业支出方面也实现了13.6%和9.8%的高增长。从财政支出效果来看，有力保障了辽宁经济社会的平稳运行。其中，辽宁财政下达县区财力性转移支付710.3亿元，增长24.7%，切实提高了基层"三保"保障能力；辽宁财政为了确保779.4万企业离退休人员能够按时足额领取养老金，统筹调度保费收入、中央财政补助、全国统筹调剂资金、地方财政补助等共计2869.2亿元，有力保障了离退休人员的基本生活。

（三）地市级财政收入整体偏低，财政收入差距较大

从地级市财政收入总量来看，辽宁地市级财政收入存在较大差距。如图2所示，2022年辽宁地级市一般公共预算收入超过500亿元的市有沈阳、大连；一般公共预算收入在100亿~500亿元的市有鞍山、营口、盘锦、锦州；一般公共预算收入在50亿~100亿元的市有辽阳、朝阳、本溪、丹东、抚顺、葫芦岛；一般公共预算收入在50亿元以下的市有铁岭、阜新。一般公共预算收入超过100亿元的地市数目不到总量的一半，沈阳、大连两市一般公共预算收入明显高于其他地市，其中，最高的沈阳（713.7亿元）是最低的阜新（44.83亿元）的15.92倍。由此可见，辽宁省14个市整体财政收入水平偏低，财政收入差距较大。

从2022年地级市财政收入的增速来看，14个市中只有本溪实现了财政收入正增长。2022年本溪一般公共预算收入为73.9亿元，与2021年相比增加了0.3亿元，同比增长0.41%，增速和增量均居于辽宁首位。2022年，辽宁13个财政收入负增长的地市中，盘锦、抚顺、丹东、鞍

山、辽阳 5 个市财政收入减幅超过了 10%，地市级财政收支压力进一步加大。

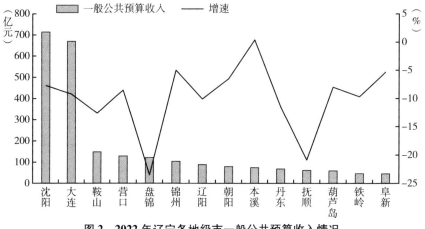

图 2　2022 年辽宁各地级市一般公共预算收入情况

资料来源：《辽宁统计年鉴 2023》。

（四）地方政府债务存在一定的举债空间，显性债务风险可控

从地方政府债务规模来看，辽宁省存量债务规模适中。截至 2022 年年末，辽宁政府债务余额为 10979.8 亿元，规模在全国排第 14 位，占到全国地方政府债务总额的 3.15%。从地方政府债务限额来看，辽宁结存限额用以举债的空间有限。2022 年辽宁政府债务限额为 11718.5 亿元，其中一般债务限额 7443.3 亿元，专项债务限额 4275.2 亿元。截至 2022 年年末，一般债务余额 6967.7 亿元，专项债务余额 4012.1 亿元。由此可见，辽宁一般债务和专项债务都存在一定的举债空间，但是空间较窄。

从地方债务风险来看，辽宁负债率和债务率在全国各省中相对偏高，地方政府债务风险可控。截至 2022 年年末，辽宁负债率（政府债务余额/GDP）为 37.9%，在全国排第 12 位，债务率（政府债务余额/地方综合财力）为 169.3%，较 2021 年的 149.7% 提高了近 20 个百分点，债务率超过了100% 的警戒线，也远高于同期全国平均水平，这表明辽宁地方政府债务形势与财力不匹配，地方政府债务存在一定风险，但整体风险可控。从债务资金投向来看，辽宁专项债集中在市政和产业园区建设。2022 年辽宁专项债中排在前 3 位的是市政和产业园区建设（占比 20.0%）、政府收费公路（占比 8.3%）、冷链物流设施（占比 4.7%）。

（五）土地溢价空间缩小，土地出让收入降幅较大

从土地出让收入来看，辽宁土地出让收入降幅较大。根据中指研究院数据，2022 年辽宁土地出让收入 316.79 亿元，比 2021 年的 1018.98 亿元减少了 68.9%。土地出让收入的绝对规模在全国排第 19 位；增速下降幅度排在西藏、吉林和黑龙江之后，在全国排第 4 位。从土地流拍率和溢价率来看，辽宁土地溢价空间缩小。2022 年辽宁土地流拍率为 14.43%，溢价率只有 0.77%。由此可见，由于房地产市场销售和投资遇冷，土地溢价率大幅下降，土地出让收入出现大幅度下滑。

二 辽宁地方财政运行存在的深层问题

（一）政府间财权事权不匹配，地方财政收支矛盾突出

我国自 1994 年实行分税制财政管理体制以来，对该体制进行了多次调整和完善，但由于受到各种客观因素的限制，仍存在许多不足之处，这是造成辽宁地方财政困难的重要因素之一。一是地方财政的支出责任不断增加，财力压力较大。由中央和地方共同承担的事项，地方承担的份额明显偏多，尤其在社会保障和就业、教育、卫生健康、农林水支出方面，地方财政支出比重偏高。例如，2022 年，在教育支出中，地方财政支出为 37923.33 亿元，中央财政支出为 1524.26 亿元，地方是中央的 24.88 倍；同样，在社会保障与就业支出中，地方财政支出为 35775.94 亿元，中央财政支出为 833.21 亿元，地方是中央的 42.94 倍。2022 年，减税降费力度加大，进一步加重了辽宁地方财政负担。二是转移支付制度不够健全。2022 年，辽宁一般公共

预算收支逆差不断增加，从 2011 年的 1262.7 万亿，增加到 2022 年的 3728.7 亿元，增加了近 1.95 倍。地方财政自给率（一般公共预算收入/地方一般公共预算支出）从 2011 年的 62.73%，降低到 2022 年的 40.37%（见图3），这表明辽宁地方财政更加依赖中央转移支付，中央转移支付的规模和结构直接影响了辽宁地方财政的运行质量。2022 年辽宁获得中央转移支付 3352.7 亿元，转移支付规模在全国排第 13 位，比 2021 年的 2595.51 亿元增加了 29.17%，创历年来新高。但是转移支付制度仍然存在支付规模偏小、形式不规范、结构不合理、监督机制缺乏等问题，这就造成了转移支付制度在促进政府间财力均等化、基本公共服务均等化方面的作用未得到充分发挥。

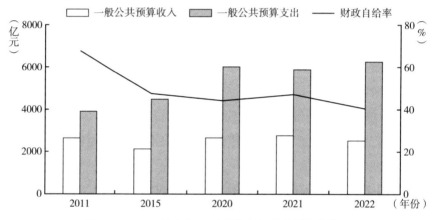

图3 2011~2022 年辽宁财政收支和财政自给率情况

资料来源：根据历年《辽宁统计年鉴》计算而得。

（二）房地产大开发时代落幕，土地财政难以为继

随着辽宁人口转入负增长，房地产大开发时代落幕，土地财政难以为继。近年来，辽宁人口结构也逐步展现出人口预期寿命不断提高，出生率偏低以及城镇化水平偏高等老龄化特点。截至 2022 年年末，辽宁 60 周岁及以上户籍老年人口 1158 万人，占总人口的 27.59%，与全国均值（19.8%）相比，高出了近 8 个百分点。2022 年辽宁的出生率为 4.08%，与全国均值

（6.77%）相比，低了近3个百分点。2022年辽宁城镇化率为73%，位居全国第7，由于辽宁工业化和城镇化起步较早，近10年来城镇化率提升幅度低于10个百分点。根据辽宁省第七次全国人口普查数据，辽宁人口达到了4259.14万人，与2010年第六次全国人口普查数据相比减少了115.49万人，减少人口比例达到了2.64%，年平均增长率为-0.27%。因此，辽宁老年人口比重上升，出生率下降，城镇化放缓，人口流出比重增加，这必然导致房地产刚性需求不足。2022年，辽宁房地产开发投资2362亿元，同比下降18.6%，商品房销售面积为2182.5万平方米，同比下降36.4%，商品房销售额为1814.7亿元，同比下降40.8%。这表明购房需求下降，市场预期变化，过去依靠房地产上涨以减少库存的做法，已经过度消耗了居民的购买力和借贷空间，房地产大开发时代落幕，土地成交量下降，土地出让收入也出现明显下滑，土地财政难以为继。

（三）地方财政更加依赖债务融资，债务风险偏高

随着土地出让收入的减少，辽宁地方财政更加依赖债务融资。地方政府债务余额逐年上升，从2020年的9257.11亿元，增加到了2022年的10979.8亿元，增长了18.61%。2022年，辽宁一般债务偿债率为20.2%，仅有贵州、辽宁两省一般债务偿债率超过20%，一般债务还本付息压力不大。2022年辽宁专项债务偿债率为86.5%，仅低于天津、云南、青海，专项债务还本付息压力较大。

辽宁显性债务风险在31个省（区、市）中相比偏高，但是显性债务风险可控。辽宁加强隐性债务管理，2020年以来坚决杜绝新增隐性债务，并全力加大对已有隐性债务的管理力度，隐性债务风险总体可控。截至2022年9月底，辽宁有存续债券的城投企业共25家，其中地市级城投企业13家、区县级城投企业9家、园区城投企业3家，无省级发债城投企业。从发债企业主体信用情况来看，2022年1~9月，辽宁城投企业中未出现主体信用级别上调的情况；主体信用级别下调城投企业1家，主体信用等级由AA调整至AA-，调整理由为区域一般公共预算收入下降明显，业务持续性不

佳，短期偿付压力大。由此可见，辽宁债务风险整体可控，但仍需防范局部债务风险。

三 辽宁地方财政运行态势展望

2023年2月，辽宁出台了《辽宁全面振兴新突破三年行动方案（2023—2025年）》，通过一系列方案的落地实施，经济运行呈现稳中向好的态势，生产需求得到明显改善、经济循环实现快速畅通，这为三年行动方案的顺利推进奠定了坚实的基础。2023年1~10月，辽宁一般公共预算收入2394.7亿元，同比增长9.3%。其中，税收收入1647.8亿元，同比增长13.7%，增速均高于全国平均水平。一般公共预算支出5131.2亿元，增长3.8%，民生领域和科技环保领域仍是财政支出的重点所在。

（一）从财政收支规模来看，财政收支矛盾仍较为突出

从财政收入看，2023年辽宁经济增速在低基数作用下反弹，大规模留抵退税因素不再大幅冲击收入，收入增速将呈现上升趋势。但是，经济重启和运转所需的现金流不足，辽宁可调入的结余资金明显不足，考虑到新的减税降费政策有可能继续执行等因素，财政收入仍存在一定的不确定性。从财政支出看，2023年中央要求积极财政政策加力提效，"加力"就是要适度加大财政政策扩张力度。当前辽宁微观主体活力不足，仍需保持适度的支出力度稳增长。另外，民生保障压力持续加大，而乡村振兴、科技攻关、生态环保等重点领域财政支出都处于刚性增长阶段，因此财政收支矛盾仍较为突出。

（二）从财政收支结构上看，财政收支结构将部分改善

从财政收入结构来看，一方面，财政收入质量将得到提升。2022年大规模留抵退税导致基数偏低，辽宁将进一步优化现行的减税降费政策，从追求减税降税的规模转向追求效率效果，这有利于稳定宏观税负，扩大税收收

入规模，提升财政收入质量。另一方面，政府性基金预算收入受房地产市场影响将缓慢持续下行。2023 年上半年，辽宁房地产开发投资同比下降23.4%；商品房销售小幅下降，销售面积 1110 万平方米，下降 1.7%。受房地产市场的影响，辽宁土地出让收入将持续下滑。

从财政支出结构来看，2023 年财政工作围绕"量"上基于"保增长""扩支出""促发展"的合理增长速度和规模，发展仍是硬道理，财政支出仍将维持相当强度，扶助小微，保障就业，稳定预期，保持经济运行在合理区间。财政工作将更加聚焦"质"上基于"调结构""稳就业""控风险"的高质量发展目标，财税政策和财政支出更多地将投向创新领域，主动引领，扶优扶强，推动科技创新、社会管理创新和体制机制创新，依靠持续性创新培育壮大发展新动能，不断增进民生福祉的质量和成色。

（三）地方政府债务规模仍将维持高位，靠前发力继续推动投资稳增长

当前辽宁地方政府债务风险整体可控，仍有一定举债空间。为保证辽宁财政政策的连续性、稳定性和可持续性，地方债务仍将保持较大规模，以更好发挥其在跨周期、逆周期调节中的作用，支撑经济增长、带动扩大有效投资，因此新增地方债务将继续维持原有额度。从资金投向来看，仍将继续聚焦带动重点领域投资需求，依然偏重基建，产业园区、新基建的投向占比可能会扩大。

四　提升辽宁地方财政运行质量的政策建议

（一）强化地方财政的增收节支，提升财政保障能力

辽宁地方财政在增收方面，应该积极应对经济发展新常态，努力克服普惠性和结构性减税带来的各种压力与挑战。一是深挖潜在税源、开发增量税源、统管存量税源，努力形成经济发展和财政增收的良性互促。二是继续认

真落实新的组合式减税降费政策，调动地方政府和企业家的积极性，助力民营企业发展，加强对中小微企业的纾困帮扶，着力支持稳定和扩大就业，做大做强市场主体，吸引人才流入，稳定财政根基。三是强化财政资源统筹，积极盘活政府资金、资源、资产。系统谋划土地拍卖工作，调整流拍地块规划，积极做好土地拍卖文章；加大盘活财政存量资金"回收"工作的力度，尤其要及时盘活国有资源、资产，力争更多可用财力。四是积极提高国有股权的市场化参与度，推动财政转型。地方政府应积极推动特色产业建设，通过新基建、新能源培育新的增长引擎。拓宽财政收入渠道，提升股权价值，加速推动地方财政转型。

辽宁地方财政在节支方面，一方面精兵简政，减轻财政负担。2023年《党和国家机构改革方案》明确提出中央国家机关人员编制精简5%的目标，辽宁应该尽快出台相关的政策文件，尤其对于部分造血能力较弱的市县，未来精简冗员、提升人员效绩考核、增效赋能仍是重要内容。另一方面精打细算管好"钱袋子"。严控"三公"经费支出，进一步压减一般性支出和非急需、非刚性支出，切实将有限的资金优先用于"三保"等工作，扎实做好"六稳"工作、全面落实"六保"任务，确保每一笔钱都用在刀刃上。

（二）优化地方财政支出结构，提升财政支出效能

辽宁地方财政应该进一步优化财政支出结构，提升财政支出效能。一方面，地方财政仍需加大重点领域的支出力度。财政支出应该确保重大决策部署落地见效，特别是推动重大项目建设和设备更新改造；加大对社会保障、农业农村、卫生与健康、科技与生态环保、教育与就业等重点领域的保障力度；强化对个体工商户、中小微企业、制造业等领域风险化解的财税支持政策；加大对乡村振兴、区域均衡发展、绿色低碳发展等领域的财政投入力度；支持开发扩大内需和促进消费的新型政策工具，在重点消费领域加强引导，促进家庭消费转型升级。另一方面，在财政投资领域，聚焦"优化、补强、自主"。优化投资方向和产业结构，重点对新兴产业和科技创新产业加强引导，尤其是对以绿色经济、数字经济为代表的新基建项目加大投资力

度。另外，地方政府应该坚持以基础性和公共性财政投资为本，为社会资本和民间资本留出更大的投资空间，并充分发挥财政资金的杠杆效用，从而激发和引导更多的社会资本投入，共同促进经济可持续增长。

（三）深化财政体制改革，缓解地方财政困难

辽宁应深化财政体制改革，缓解地方财政困难。一是进一步明确各级政府的财权和事权。从法律和制度层面对各级政府进行明确的"事权"和"支出责任"划分，尤其是在涉及民生领域的教育、文化、医疗、卫生、农业农村、扶贫、环境卫生等方面，由于涉及的资金量较大，应加大中央财政的支出比重。二是进一步完善省以下转移支付制度。省以下各级政府要比照中央对地方转移支付制度，科学划分省以下各级政府间的财权、事权和支出责任，通过积极推动省级财力下沉，缓解基层政府财政困难，从而逐步优化省内横向、纵向财力分配格局。三是完善常态化直达资金管理机制。中央财政应该进一步扩大直达资金的范围，辽宁也需多措并举完善直达资金的管理制度，将符合条件的省级财政资金全部纳入直达范围，强化直达资金的管理和监督，确保直达资金的规范、安全、高效使用，从而充分发挥常态化财政资金直达机制的作用。

（四）完善地方政府债务管理，推动其持续加力提效

辽宁需进一步完善地方政府债务管理，推动其持续加力提效。一是在稳增长压力下专项债应该继续扩容。进一步用好用足专项债，着力提升项目储备质量及数量，提高项目申报全流程及配套设施建设效率，必要时也可合理优化债券使用的时效弹性；此外，项目收益整体偏低且地方财政持续承压的背景下，需进一步完善偿债保障机制，避免债券兑付风险。二是优化债务结构。提高国债比重、降低地方债比重；适当提高一般债比重、降低专项债比重；适当支持城投合法合规发债，严格控制隐性债务盲目增长。三是警惕地方政府债务风险。近年来，辽宁地方财政收入增速下行压力较大，另外也面临地方债、城投债密集到期的问题，因此仍需警惕地方政府债务风险发生。

建议以发行特别国债来置换地方债，或者分配给地方政府更多的再融资债发行额度，以此来降低融资成本；还可以考虑把隐性债用地方政府再融资债进行置换。另外，压实省级政府防范化解隐性债务主体责任，加强对融资平台公司的综合治理，加大存量隐性债务处置力度。

（五）强化财政预算约束，加强财政绩效管理

从预算管理来看，辽宁应该积极推动财政资金使用效益最大化、提升财力统筹能力、破解地方财政管理难题。一是加强预算绩效目标管理，从"源头上"严把资金收支预算。政府"过紧日子"就是要强化预算约束，坚持绩效目标导向，在不影响年度行政事业任务绩效目标的基础上，通过成本测算、优化结构等，将节省的资金用于政府重大战略、重大改革和重点领域；强化绩效目标编制与审核责任，将部门各项收支全部纳入预算绩效目标管理，做到指标完善明晰，目标科学合理。二是严格预算执行跟踪管理，从"过程上"严控资金预算支出。政府"过紧日子"既需要压减支出，也需要提升资金使用绩效。在预算执行过程中，按照预算绩效监控要求，全程实施绩效跟踪管理，及时掌握项目预算执行情况、资金使用进度和项目实施进程，坚决杜绝预算执行过程中的浪费和无效行为，同时，通过绩效跟踪，及时发现并纠正财政支出项目实施过程中存在的绩效目标偏差问题，确保有限的资金使用能够实现预期的绩效目标。三是加大预算绩效评价管理力度，从"效果上"强化资金支出责任。加大绩效评价管理力度，采取财政评价、部门重点评价和单位自评价的方式，组织对所有纳入绩效目标管理的财政资金项目和部门整体支出全面开展绩效评价。针对绩效评价过程中发现的问题，按照"谁使用财政资金，谁承担绩效责任"的原则落实相关人员责任。同时，结合预决算信息公开要求，所有纳入绩效目标管理和绩效评价管理的专项资金项目和部门整体支出，其绩效目标、资金预算和评价报告的主要内容，全部在网站上向社会公开，接受公众监督。

参考文献

冯俏彬：《2023 年宏观经济形势分析与财政政策展望》，《中国财政》2023 年第 4 期。

罗志恒、贺晨：《2023 年地方财政面临的形势、风险与应对》，《中国财政》2023 年第 4 期。

罗鸣令、管春晓、洪蕴：《地方政府债务影响经济高质量发展的空间溢出效应研究——基于债务规模和债务结构两个视角》，《重庆科技学院学报》（社会科学版）2023 年第 2 期。

张学庆：《2023 经济政策定调》，《理财周刊》2023 年第 1 期。

社会发展篇

B.10
辽宁养老服务体系建设研究*

杨成波　齐　静　姜兆刚**

摘　要： 辽宁加快养老服务体系建设步伐，取得了良好效果。居家和社区养老服务创新发展，养老机构服务管理水平持续提高，医养康养进一步融合发展，养老服务兜底保障持续强化，加强养老服务综合监管。但也存在养老服务总体发展水平有待提高、养老服务保障政策仍需完善、养老事业发展不够平衡、居家和社区养老服务发展有待提高、养老服务床位数量不足等问题。因此，辽宁要从居家和社区养老、综合监管、农村养老、基本养老服务体系、智慧养老和人才支撑等方面入手，完善养老服务体系。

关键词： 养老服务　居家和社区养老　机构养老　兜底保障

---

* 本文为2024年度辽宁省经济社会发展研究课题项目（项目编号：2024lslybkt-134）的阶段性成果。
** 杨成波，辽宁社会科学院社会学研究所副所长、研究员，主要研究方向为社会学基础理论和社会保障；齐静，辽宁省社会保险事业服务中心，主要研究方向为社会保障；姜兆刚，华中师范大学博士研究生，主要研究方向为农村社会学。

一 辽宁养老服务体系建设现状

（一）居家和社区养老服务创新发展

一是积极争取国家试点项目。"十三五"期间，民政部、财政部实施了居家和社区养老服务改革试点，辽宁积极争取，全省有 9 个市被确定为国家试点单位，争取国家资金 2.7 亿元。鞍山、抚顺、丹东、锦州经全国改革试点验收等级为"优秀"，鞍山、辽阳两市改革经验被民政部在全国推广。进入"十四五"时期，民政部、财政部将改革试点升级为提升行动，沈阳、锦州先后被确定为国家提升行动项目地区，总计争取国家资金 8100 万元，2023 年新争取本溪、丹东为国家提升行动项目地区，争取国家资金 2877 万元，可为近 8000 户经济困难的失能、半失能老人家庭建设家庭养老床位和提供上门服务。二是实施省改革试点项目。2020 年以来，辽宁率先在全国开展县级居家和社区养老服务改革试点工作，省政府连续 3 年累计投入补助资金 1.12 亿元，支持各地建设 150 个示范型居家和社区养老服务中心（综合体）。全省各地在社区养老服务机构培育、街道养老服务综合体建设、困难老人上门服务等方面涌现出一大批先进典型，各级各类医养结合机构、养老服务机构、物业企业、餐饮公司、爱心公益组织等为老年人开展助餐、助浴、助洁、助行、助医等定制服务，倾力打造"15 分钟便民服务圈"。截至 2023 年 9 月，全省社区老年活动室、社区老年人日间照料室、社区老年食堂等城乡社区养老服务设施发展到 12271 个，总床位达到 4.91 万张；有 9 个市建立了居家和社区智慧养老服务平台；完成特殊困难老人家庭适老化改造 1.07 万户；2.3 万名老人享受到政府兜底购买的居家养老上门服务。

（二）养老机构服务管理水平持续提高

辽宁积极推进养老机构发展，"十三五"以来，辽宁每年投入养老服务

的资金超过 4.3 亿元。2019 年以来，争取中央城企联动普惠养老项目 13 个，争取资金 2.6 亿元。"十四五"期间，各地谋划养老服务项目 324 个，计划总投资 216 亿元，截至 2022 年底，已完成投资 34.8 亿元。2023 年又争取中央养老服务项目 16 个，获得国家资金 2.74 亿元，创历史新高。全省各有关部门全面落实扶持养老机构发展的土地划拨、建设补贴、运营补贴、人才奖补、税费减免等各项政策，鼓励引导社会资本投入养老服务，积极支持各类养老投资主体发展医养结合型、护理型、嵌入式、旅居式、候鸟式等多业态服务。在各项政策的拉动下，中国康养产业集团、华润置地、泰康人寿等国内知名企业进驻辽宁养老板块，涌现出沈阳养老产业集团、大连康养产业集团、万佳宜康、幸福爸妈、辽河养老等本土养老服务品牌。截至 2022 年底，辽宁养老机构发展到 2165 家，床位 20.64 万张，在院老人 9.2 万人。

（三）医养康养进一步融合发展

辽宁积极推进医养康养融合发展，健全医养结合政策，2023 年辽宁卫健委等 19 部门联合印发《辽宁省关于深入推进医养结合发展的实施意见》（辽卫发〔2023〕7 号），截至 2022 年底，全省正在运行的医养结合文件 8 件，全省两证齐全的医养结合机构 168 家，其中养办医机构 69 家，医办养机构 99 家，纳入医保定点机构 145 家，全省 2000 多家养老机构全部与医疗机构建立结对签约服务，能够以不同形式为在院老人提供医疗服务。启动实施社区医养结合能力提升行动，指导社区卫生服务机构、乡镇卫生院或社区养老服务中心、养老院等，利用现有资源改扩建一批社区医养结合服务设施，重点为失能、慢性病、高龄、残疾等老年人开展健康教育、预防保健、康复护理、心理关怀、日常照料等医养结合服务。各地卫生健康部门依托基本公共卫生服务项目和家庭医生签约结对，为居家老人提供医疗卫生服务，失能、慢性病等重点人群签约率 77.9%，老年人健康档案建档率 86.2%。盘锦市长期护理保险试点取得实效，自 2021 年试点启动以来，长护险基金累计待遇支出 5423 万元，累计享受待遇人数达到 3990 人，人均待遇标准 1835 元/月。

（四）养老服务兜底保障持续强化

聚焦低保、特困、失能、高龄等特殊困难老年群体，大力发展基本养老服务。一是特困老人应保尽保。将无劳动能力、无生活来源、无法定赡养人的"三无"老人及时纳入特困人员供养政策范围，连续12年提高特困人员救助供养标准，城市和农村特困人员救助供养平均标准分别达到1176元/月和771元/月，高于全国平均水平，全省13.7万名特困人员的基本生活和服务得到有力保障。二是加强公办养老机构建设。推进照护型特困供养服务设施建设，到2022年底实现全省失能半失能照护型特困供养机构县（市）全覆盖。全省现有城乡公办养老机构545家，床位6.8万张，有集中供养意愿的特困老人100%实现集中供养。三是制定实施老年福利政策。为全省26.5万名80岁以上困难老人及90岁以上老人发放高龄津贴，每人每月补贴标准为50元至1000元不等；为3.7万名经济困难的高龄老人和失能老人发放服务补贴和护理补贴，每人每月最低标准不低于50元。为9.6万名分散供养特困老人办理意外伤害保险，提高了特困老人的支付能力和抗风险能力。四是加强对特困老人的关心关爱。落实国家政策文件规定，逐步建立面向经济困难的独居、空巢、留守、失能、重残老人的关爱巡访制度，通过政府购买服务，组织养老服务企业、社工服务组织、社区志愿者等社会力量，定期到老年人家中提供探访关爱服务，及时送去关怀和温暖。

（五）加强养老服务综合监管

2016年辽宁省政府下发文件，开展了为期四年的提高养老院服务质量专项行动。2021年，辽宁省民政厅等17个部门联合下发14条措施，围绕养老机构的消防、食品、医疗卫生、环境保护、特种设备等安全工作实施综合监管，并常态化开展养老机构安全管理大排查、大整治活动。2022年，为期9个月的养老诈骗整治专项行动取得积极成效，87家无证无照养老服务场所依法得到处置。加强养老服务标准化的规范引领作用，开展了第一批养老机构等级评定工作，成立辽宁省养老服务标准化技术委员会，编制居家

养老、失能老人专业照护等服务标准。加强养老人才队伍建设,各地建立了一批培训实训基地,辽宁举办了两届养老护理职业技能大赛。

二 辽宁养老服务体系建设存在的问题

(一)养老服务总体发展水平有待提高

受市场环境、老年人消费观念、消费能力、服务质量等因素影响,养老市场的总体发展水平不是很高。养老服务前期投入大、利润低、回报周期长,养老服务机构总体盈利造血能力不强。部分养老服务机构面临着生存难、可持续发展难等问题。省内大品牌、实力强、有经验的养老服务企业和社会组织比较少。

(二)养老服务保障政策仍需完善

受经济社会发展水平和财政收入影响,养老服务主要依靠地方财政投入和福利彩票公益金补助。居家养老上门服务耗资较大,长期照护险覆盖城市范围小,老旧小区养老服务设施开辟改造难,养老机构融资难等问题还比较突出。

(三)养老事业发展不够平衡

沈阳、大连、盘锦等地养老服务发展较快,大型高标准养老服务机构较多,辽西北地区养老服务发展相对落后,质量增长空间较大。全省公办养老机构总体入住率为38.9%,普遍低于民办养老机构47.8%的入住率。农村养老发展相对缓慢,服务模式需要进一步探索完善。

(四)居家和社区养老服务发展有待提高

经过5年的全国居家和社区养老服务改革试点发展,辽宁的居家和社区养老服务取得较大发展,也形成了沈阳的万佳宜康、辽阳的幸福爸妈等优质服务品牌,尽管如此,辽宁的居家和社区养老服务仍处于起步探索阶段,养老服务企业盈利模式需要进一步培育，大品牌、实力强、有经验的养老服务企业和社会组织仍然稀缺。

（五）养老服务床位数量不足

从养老床位数量来看，2022年全国养老床位为518.27万张，而辽宁能够提供床位18.9万张，与浙江、江苏和广东三省存在差距，与吉林和黑龙江大体相当。从每千老年人口养老床位数来看，全国平均数为29.6张，辽宁为21.8张，与浙江、江苏和广东三省相比差距较大，也低于吉林和黑龙江（见表1）。

表1　2022年全国及部分省份养老床位数

地区	养老床位（万张）	每千老年人口养老床位数（张）
全国	518.27	29.6
辽宁	18.9	21.8
吉林	14.34	26.8
黑龙江	19.03	28
浙江	25.86	29
江苏	44.3	37.5
广东	24.66	26.6

资料来源：《2023中国统计年鉴》。

三　辽宁完善养老服务体系的对策建议

（一）大力发展居家和社区养老服务

改变思想观念，把居家和社区养老服务放在经济社会发展的大局中来谋划和推进。要充分发挥政府的主导作用，特别是在规划引领、政策引导、资金支持、行业监管等方面，加强顶层设计，加大资金投入。要依托新闻媒体、社区宣传、文艺作品等，大力宣传敬老、爱老、孝老等传统美德，宣传

养老服务先进典型，增强全社会积极应对人口老龄化的文化共识。积极吸引各方资源，推进形成居家和社区养老服务多元化供给格局。各级政府、各有关部门要落实分区分级规划养老服务设施的政策要求，并进一步优化"四同步"工作机制，有条不紊地推动居家和社区养老服务基本设施建设。鼓励建设一批高起点养老社区。加大培育引导力度，采取公建民营、民办公助等政策，激发市场活力和民间资本潜力，培育和打造一批品牌化、连锁化、规模化养老服务企业和社会组织。大力推进社区养老综合体建设，鼓励品牌养老服务企业承接运营，让老人在家门口就能享受到日间照料、康复护理、配餐送餐、短期托养、老年大学等一站式服务。积极发展嵌入式养老机构，支持养老院、福利院等养老机构成立社区服务部，向社区居家老人延伸拓展服务。鼓励支持医疗机构设立养老床位，鼓励支持社会力量建立医养结合型居家养老服务中心，将失能、半失能及空巢老人纳入医疗和养老的服务保障范围，推动医养结合深度发展。积极动员企事业单位、社会团体、慈善组织和个人为老年人提供各类具有公益性质的养老服务。

（二）完善农村养老服务制度，缩小城乡差距

各级政府和各有关部门要采取有效措施，逐步打破城乡二元、地域间不平衡的工作局面，补齐农村养老短板。要因地制宜探索发展多样化农村养老服务模式，进一步加强农村幸福院建设，依托幸福院平台开展日常助餐、日间托养、生活照料、健身娱乐等多样化服务。要充分利用农村敬老院资源，在确保国有资产不流失的前提下，加快推进公建民营改革，允许其在优先保障农村特困老人的基础上，将剩余床位向社会老人开放。要大力支持农村集体经济组织、农村群众等利用自有房屋，设立互助养老点，开展互助服务。要加强对农村留守老人的关爱保护，全面建立上门探视、精神慰藉、生活照料、帮扶救助、安全保护等制度，让他们切实感受到社会大家庭的温暖。

（三）推进基本养老服务体系建设和发展

一是全面落实特困人员救助供养保障政策。不断深化落实民政部新修订

的《特困人员认定办法》，及时有效地将符合条件的特困老人纳入政策保障范围，做到应保尽保。做到城乡特困人员救助供养基本生活标准与城乡低保保障标准同步发展，城乡特困人员救助供养基本生活标准应不低于所在地区城乡低保标准的1.3倍，强化城乡特困人员生活救助标准。二是继续实施农村特困人员供养服务设施改造提升工程。每个县（市）都要有一所失能、半失能照护型服务机构，提升农村特困老人集中照护能力，进一步改造维修乡镇敬老院，逐步改善特困老人供养设施服务条件，整合现有农村特困老人供养服务设施资源，转型升级为农村区域性养老服务中心。三是推进实施特困老人适老化改造。落实民政部、住建部等9部委文件精神，全面落实《辽宁省民政事业发展第十四个五年规划》，分年度对2万户有需求、符合条件的分散供养特困人员家庭实施居家适老化改造。四是推动各地开展老年人能力评估。各地按照国家医保局、民政部下发的《长期护理失能等级评估标准（试行）》《老年人能力评估》或地方相关标准，对入院老人、经济困难（失能）老人进行能力评估，评估结果作为领取补贴、享受政府购买服务的依据。

（四）加大智慧养老模式推广力度

各级政府和有关部门要探索推进"互联网+养老"新模式，在养老服务领域运用人工智能、物联网、云计算、大数据等信息化手段促进养老服务的发展，整合线上线下资源，建立覆盖城乡的养老服务信息网络，使老年人通过信息平台对接，即可享受远程医疗、紧急救助、物品代购等便捷服务。做好特困人员供养、高龄津贴、服务补贴、护理补贴模块设置，实现基层时时在线申请审批，对接好全国养老机构业务管理系统，提高养老服务智慧化、数字化管理水平。

（五）加强养老服务人才队伍建设

重点打造基层管理人员、专业护理人员、志愿者和家庭成员四支队伍。制订养老护理员能力培训计划，将居家和社区养老服务从业者、家庭养老照

料者纳入培训范围，对符合条件的从业者给予职业培训补贴。积极落实人才奖补政策，居家和社区养老从业者同等享受养老机构服务人员的本、专科生入职补贴，对符合条件的老年服务与管理类专业毕业生入职民办非营利性养老服务机构一次性给予4万~6万元的奖励补助。提高薪酬工资待遇，落实各项社会保险制度，不断吸引各类养老服务专业人才进入养老领域。组织开展养老护理员职业技能大赛和优秀护理员评选等关爱活动，加强对养老护理员先进事迹与奉献精神的宣传，提高护理员的社会认可度，让护理员的劳动价值得到社会尊重。

（六）提升养老机构综合监管水平

养老机构要统筹抓好消防、食品、欺老虐老、非法集资、保健品虚假宣传等各方面的风险排查与隐患整治。一是落实《养老机构管理办法》和《养老机构服务安全基本规范》国家强制标准，经常性地开展养老机构安全隐患大排查、大整治，层层传导压力，保持安全隐患排查整治的高压态势。二是总结养老机构消防安全专项整治三年行动、民办养老机构消防安全达标提升工程任务，推动彻底清仓见底、消除隐患，依托金民工程全国养老服务信息系统时时动态监测管理。三是下发养老机构等级评定工作规程，组建全省评审委员会，省评定5星级养老机构，市以下评定1~4星级养老机构，通过政府购买服务的形式委托第三方机构组织实施，以评促改、以评促建，提升全省养老机构规范化管理水平。四是推进标准化建设。发挥辽宁省养老服务标准化技术委员会和即将成立的辽宁省养老服务联合会的作用，持续性地开展养老机构服务标准学习、宣传、贯彻工作，启动《养老机构突发事件应急预案》标准研制工作。

参考文献

王俊华、董晨雪：《国家治理视域下我国健康养老服务体系的建构》，《苏州大学学报》（哲学社会科学版）2023 年第 1 期。

白维军：《普惠型养老服务：释义、短板与发展策略》，《中州学刊》2023 年第 4 期。

陈飞、陈琳：《健全养老服务体系：社区养老支持与老龄健康》，《财经研究》2023 年第 2 期。

齐鹏、纪春艳：《农村养老服务整合：趋向、困境与路径》，《经济与管理评论》2023 年第 5 期。

穆光宗、胡刚、林进龙：《康养中国：健康老龄化视域下养老体系之重构》，《杭州师范大学学报》（社会科学版）2022 年第 2 期。

B.11

辽宁人口发展问题研究

王晓凌[*]

摘　要： 人口是发展的基础条件，人口发展情况影响国家和各省市的经济社会发展趋势，是关系中华民族伟大复兴、打赢新时代"辽沈战役"的大事。因此，前瞻性分析辽宁的人口发展趋势对制定辽宁发展规划，提前布局未来产业具有重要意义。辽宁人口已进入负增长阶段，并且可能加速老龄化；出生率较低，少儿人口比例在下降；劳动年龄人口比例较高，但劳动力存在老化现象；人口净流入减少，人才流失增加。我们需要从"提幼""扩中"方面加大力度调节人口年龄结构；并且积极开发老年人力资源，加大养老服务人才培养力度，打造"用老"、"适老"、老龄友好的辽宁环境。

关键词： 负增长　老龄化　结构失衡　人才外流

党的二十大报告提出，中国式现代化是人口规模巨大的现代化。二十届中央财经委员会第一次会议研究以人口高质量发展支撑中国式现代化问题。辽宁人口能否高质量发展，关系到辽宁是否能够打好、打赢新时代"辽沈战役"。近十年，辽宁人口进入负增长阶段，并且人口老龄化、年龄结构失衡问题凸显。尽管辽宁是全国人口老龄化最严重的省份，但我们应该转变观念，不把老龄化看成负担，走出一条有中国特色的应对老龄化的辽宁路子。

---

[*] 王晓凌，管理学博士，辽宁社会科学院《社会科学辑刊》编辑部管理学版责任编辑，助理研究员，主要研究方向为农业经济理论与政策、人口学。

一 辽宁人口发展情况分析

在新时代背景下，辽宁省委、省政府高度重视辽宁人口负增长、老龄化等问题，根据党中央人口发展战略部署，有针对性地出台了一系列政策文件，在应对人口问题方面取得了不容忽视的成绩。近30年，辽宁育龄妇女总和生育率一直处于低水平，人口正增长惯性已消耗殆尽，[①] 辽宁进入并可能长期处于人口负增长状态。辽宁需要科学把握人口发展规律，合理应对人口负增长。

1. 辽宁人口发展方面取得的成绩

2022年8月，辽宁省委、省政府印发了《贯彻〈中共中央 国务院关于优化生育政策促进人口长期均衡发展的决定〉实施方案》，在贯彻落实积极应对人口老龄化国家战略，实施三孩生育政策及配套支持措施，改革服务管理制度，提升家庭发展能力，推动实现适度生育水平，促进相关惠民政策与生育政策有效衔接，促进辽宁人口与经济、社会、资源、环境协调可持续发展等方面做出全面工作部署；提出要积极发挥财政职能作用，推动养老事业高质量发展，为实现辽宁全面振兴全方位振兴提供坚实基础和持久动力。辽宁还出台了《辽宁省关于促进3岁以下婴幼儿照护服务发展的实施意见》，制定了《辽宁省老年友善医疗机构建设实施方案》等一系列推动人口高质量发展的政策性文件。在辽宁省委、省政府的高度重视下，在全国人口负增长、老龄化、人口结构失衡的大环境下，辽宁在应对人口问题方面取得了很多成绩。例如，辽宁是东三省中唯一一个人口净流入省份，人口性别比合理，劳动力占比高于全国平均水平，制定了前瞻性的生育政策等。

2. 辽宁人口发展总体趋势分析

从辽宁人口总量变化看，对1990~2020年辽宁人口数据进行分析发现，

---

① 陈卫：《中国人口负增长与老龄化趋势预测》，《社会科学辑刊》2022年第5期；王广州：《中国人口负增长问题再认识》，《晋阳学刊》2023年第2期。

辽宁人口数量经历了从增长到下降的过程（见表1）。2000年，辽宁人口总量为4238万人，较1990年增长了292万人；2010年辽宁人口总量增加到4375万人，较2000年增长了137万人；自2011年起，辽宁人口总量逐年下降，2020年人口总量为4259万人，较10年前减少116万人。据1‰人口抽样调查数据推算，2022年末辽宁常住人口4197万人，较2020年减少62万人。近10年来，辽宁人口已呈负增长态势。

从辽宁人口占比来看，辽宁人口占全国人口的比重持续下降，占东北人口的比重持续上升。1990～2020年，辽宁人口占全国人口的比重依次为3.48%（1990年）、3.35%（2000年）、3.27%（2010年）和3.02%（2020年）。1990～2020年，辽宁人口占东北地区人口的比重依次为39.72%（1990年）、39.77%（2000年）、39.95%（2010年）和43.23%（2020年）。2022年，辽宁人口占全国人口的比重下降到3%以下，占东北地区人口的比重持续上升。

表1　辽宁、东北地区与全国人口数量情况

单位：万人、%

年份	辽宁	东北地区	全国	辽宁占东北地区比重	辽宁占全国比重
1990	3946	9934	113368	39.72	3.48
2000	4238	10655	126583	39.77	3.35
2010	4375	10951	133972	39.95	3.27
2020	4259	9851	141178	43.23	3.02
2022	4197	9644	141175	43.52	2.97

资料来源：第七次、第六次、第五次、第四次全国人口普查数据，辽宁省、吉林省和黑龙江省统计局数据。

从辽宁人口增长率的变动趋势来看，1990～2000年，辽宁人口增长率为7.40%，全国人口增长率为11.66%，辽宁较全国平均水平低4.26个百分点；2000～2010年，辽宁人口增长率降至3.22%，全国人口增长率为5.84%，辽宁较全国平均水平低2.62个百分点；2010～2020年，辽宁人口进入负增长阶段，增长率为-2.64%，此时全国人口增长率为5.38%，辽宁人口增长率较全国平均水平低8.02个百分点（见表2）。自生育政策调整以来，2014~2019年辽宁人口出生率在波动中略有回升，自2020年起下降较快。2011年至今，除2014年辽宁人口自然增长率为0.26外，其余年份均为负值，即2015~2022年，辽宁人口已持续8年负增长。

表2　全国各地区人口增长情况

单位：%

地区	2010~2020年	2000~2010年	1990~2000年	地区	2010~2020年	2000~2010年	1990~2000年
北京	11.63	41.90	27.73	湖北	0.89	-5.04	11.69
天津	7.19	29.27	13.88	湖南	1.16	1.99	6.17
河北	3.84	6.54	10.41	广东	20.81	20.69	37.55
山西	-2.21	8.31	14.64	广西	8.91	2.54	6.25
内蒙古	-2.67	4.00	10.72	海南	16.26	10.17	19.97
辽宁	-2.64	3.22	7.40	重庆	11.09	-6.63	7.07
吉林	-12.35	0.66	10.62	四川	4.04	-3.45	6.29
黑龙江	-16.86	3.85	4.77	贵州	10.96	-1.42	8.83
上海	8.04	37.51	25.49	云南	2.70	7.21	15.99
江苏	7.74	5.75	10.92	西藏	21.67	14.50	19.09
浙江	18.63	16.38	12.83	陕西	5.89	3.55	9.64
安徽	2.57	-0.60	6.55	甘肃	-2.19	-0.16	14.53
福建	12.61	6.28	15.51	青海	5.15	8.69	16.14
江西	1.39	7.66	9.79	宁夏	14.29	12.10	20.60
山东	5.99	5.51	7.58	新疆	18.52	13.30	26.98
河南	5.69	1.58	8.24	全国	5.38	5.84	11.66

资料来源：第七次、第六次、第五次、第四次全国人口普查数据。

辽宁人口负增长的根本原因是极低的生育率。2020年，第七次全国人口普查数据显示，辽宁、吉林和黑龙江三省的总和生育率分别为0.92、0.88和0.76，全国平均水平为1.30；2010年，第六次全国人口普查数据显示，辽宁、吉林和黑龙江三省的总和生育率分别为0.74、0.76和

0.75，全国平均水平为1.12。第五次全国人口普查数据显示，辽宁、吉林和黑龙江三省的总和生育率分别为0.98、0.84和0.88，全国平均水平为1.22。近30年来，辽宁育龄妇女总和生育率一直处于极低水平①，并且总和生育率始终低于全国平均水平，2010年辽宁育龄妇女总和生育率低于吉林和黑龙江。

3. 辽宁人口发展趋势的省内差异

2010~2020年，在辽宁的14个地级市中，仅沈阳和大连人口数是正增长的，并且增长幅度较大。其中沈阳人口总量从810.62万人增长到902.78万人，增长率为11.37%；大连人口总量从669.04万人增长到745.08万人，增长率为11.36%（见表3）。

表3　2010~2020年辽宁各地级市人口增长情况

单位：万人、%

地区	2020年		2010年		增长率
	人口数	占全省比重	人口数	占全省比重	
全省	4259.14	100	4374.63	100	-2.64
沈阳市	902.78	21.20	810.62	18.53	11.37
大连市	745.08	17.49	669.04	15.29	11.36
鞍山市	332.54	7.81	364.59	8.33	-8.79
抚顺市	173.19	4.07	213.81	4.89	-19.00
本溪市	132.60	76.57	170.95	3.91	-22.43
丹东市	218.84	5.14	244.47	5.59	-10.48
锦州市	270.39	6.35	312.65	7.15	-13.52
营口市	232.86	5.47	242.85	5.55	-4.12
阜新市	164.73	3.87	181.93	4.16	-9.46
辽阳市	160.46	3.77	185.88	4.25	-13.68
盘锦市	138.97	3.26	139.25	3.18	-0.20
铁岭市	238.83	5.61	271.77	6.21	-12.12

---

① 当育龄妇女总和生育率低于1.30时，称其为极低生育率。

地区	2020 年		2010 年		增长率
	人口数	占全省比重	人口数	占全省比重	
朝阳市	287.29	6.75	304.46	6.96	-5.64
葫芦岛市	243.42	5.72	262.35	6.00	-7.22
沈抚示范区	17.18	—	—	—	—

资料来源：辽宁省第七次全国人口普查公报、辽宁省 2010 年第六次全国人口普查主要数据公报。

从负增长幅度看，人口负增长幅度在 5% 以内的地级市有 2 个，分别是盘锦市和营口市，人口增长率分别为 -0.20% 和 -4.12%；人口负增长幅度在 5%~10% 的地级市有 4 个，分别是朝阳市、葫芦岛市、鞍山市和阜新市，人口增长率分别为 -5.64%、-7.22%、-8.79% 和 -9.46%；人口负增长幅度在 10%~15% 的地级市有 4 个，分别是丹东市、铁岭市、锦州市和辽阳市，人口增长率分别为 -10.48%、-12.12%、-13.52% 和 -13.68%；人口负增长幅度在 15%~20% 的地级市有 2 个，分别是抚顺市和本溪市，人口增长率分别为 -19.00% 和 -22.43%。

从各地市人口绝对数减少情况来看，抚顺市和锦州市人口绝对数减少超过 40 万人；本溪市、鞍山市和铁岭市人口绝对数减少超过 30 万人；丹东市和辽阳市人口绝对数减少超过 25 万人；阜新市、朝阳市和葫芦岛市人口绝对数减少超过 17 万人；营口市人口绝对数减少量为 9.99 万人；人口绝对数减少量最少的是盘锦市，减少量为 0.28 万人。各地级市间人口增长幅度差距较大。

二　辽宁人口发展中存在的问题

低生育水平导致辽宁人口负增长，进而导致人口年龄结构失衡。但辽宁低水平的生育率是历史原因造成的。新中国成立后，由于国家发展战略需要，大批人才迁入辽宁，参与到辽宁的经济建设中；20 世纪 70 年

代末，辽宁经济发展水平、工业化水平和城镇化水平均处于全国领先位置，经济发展水平的提高和工业化的快速发展为城镇化提供了产业支撑。一个地区经济发展水平、城镇化水平、人口受教育程度越高，生育意愿就越低。因此，在未实行严格控制的生育政策时，辽宁育龄妇女的总和生育率便低于全国平均水平。计划生育政策实施后，由于辽宁地区国有经济比重高，计划生育政策贯彻力度大、执行较为彻底。辽宁地区人口的生育文化、传宗接代的观念不强，养儿防老的意识也比较薄弱。人口的生育意愿一旦下降就很难提升，进而形成一种惯性，这种惯性导致辽宁人口结构失衡。

1. 人口可能呈加速老龄化趋势

从"七普"数据看，65 岁及以上老年人口占辽宁总人口的比重为17.42%，比全国高 3.92 个百分点，比吉林和黑龙江均高 1.81 个百分点，辽宁是全国老龄化程度最高的省份。2010~2020 年，辽宁老年人口占比从10.31%快速上升至 17.42%，提高了 7.11 个百分点。在此阶段，全国老年人口的比重由 8.87%上升至 13.50%，提高了 4.63 个百分点。2000~2010年，辽宁老年人口比重提高的幅度仅为 2.48 个百分点。（见表 4）。

表 4　1990~2020 年东三省及全国人口年龄结构

单位：%

年份	年龄组	全国	辽宁	吉林	黑龙江
1990 年	0~14 岁	27.69	23.22	26.16	26.60
	15~64 岁	66.74	62.12	59.05	58.32
	65 岁及以上	5.57	14.66	14.79	15.08
2000 年	0~14 岁	22.89	17.68	18.96	18.90
	15~64 岁	70.15	74.49	75.19	75.68
	65 岁及以上	6.96	7.83	5.85	5.42
2010 年	0~14 岁	16.60	11.42	11.99	11.96
	15~64 岁	74.53	78.27	79.63	79.72
	65 岁及以上	8.87	10.31	8.38	8.32

年份	年龄组	全国	辽宁	吉林	黑龙江
2020年	0~14岁	17.95	11.12	11.71	10.32
	15~64岁	68.55	72.46	72.68	74.07
	65岁及以上	13.50	17.42	15.61	15.61

资料来源：辽宁省第七次全国人口普查数据。

2. 少儿人口比例持续下降

从2020年人口数据看，辽宁0~14岁少儿人口占全省人口的比重为11.12%，与以往全国人口普查结果相比降幅较大。1990年辽宁少儿人口占全省总人口的比重接近1/4，2000年占比下降到不足1/5，2010年下降到11.42%。与1990年相比，2020年辽宁少儿人口占比下降了12.10个百分点。从全国来看，辽宁少儿人口占比始终低于全国平均水平，从1990年相差4.47个百分点，扩大到2020年的6.83个百分点。从少儿人口和65岁及以上老年人口占比看，1990年和2000年，辽宁少儿人口占比远高于65岁及以上老年人口占比；2010年，二者占比几乎持平；2020年，辽宁老年人口占比已超过少儿人口占比6.3个百分点（见表4）。

3. 劳动年龄人口占比较高，但劳动力尤其是农村劳动力存在老化现象

2020年，辽宁劳动年龄人口占比为71.44%，比全国高2.89个百分点。15~64岁人口皆为劳动年龄人口，年龄跨度较大，通过分析劳动年龄人口五岁组结构，可以继续研究劳动力内部构成情况。2020年，15~44岁6个五岁组人口占辽宁总人口的比重为35.90%；45~64岁4个五岁组人口占比为35.54%，也就是说，尽管劳动年龄人口占辽宁总人口的比重较高，但超过1/3的劳动年龄人口年龄位于45~64岁，劳动力老化现象较为严重。此外，从辽宁分城乡数据看，在城市15~44岁劳动力人口占比为18.35%，45~64岁劳动力人口占比为17.65%；在镇15~44岁劳动力人口占比为17.55%，45~64岁劳动力人口占比为17.90%；在农村15~44岁劳动力人口占农村地区人口的比重仅为27.16%，45~64岁劳动

力人口占比高达 40.83%，可见辽宁农村劳动力老化情况较城镇更为突出（见表5）。

表5　2020年辽宁城市、镇、乡村劳动年龄人口五岁组人口数占比

单位：%

	占人口比重	占人口比重（城市）	占人口比重（镇）	占人口比重（乡村）
15～19 岁	3.96	2.08	1.87	3.23
20～24 岁	4.34	2.26	2.08	3.50
25～29 岁	5.25	2.70	2.56	4.03
30～34 岁	8.06	4.08	3.98	5.36
35～39 岁	6.96	3.52	3.44	4.66
40～44 岁	7.33	3.71	3.62	6.38
45～49 岁	8.40	4.22	4.18	8.71
50～54 岁	9.35	4.66	4.69	11.36
55～59 岁	9.49	4.70	4.79	10.96
60～64 岁	8.30	4.07	4.24	9.80

资料来源：辽宁省第七次全国人口普查数据。

4. 人口净流入增加，但存在人才外流趋势

根据辽宁"七普""六普""五普"数据计算得出，辽宁是人口净流入省份，2000年净流入人口数约为68.33万人，2010年净流入人口数上升到77.25万人，2020年快速上升到97.30万人（见表6）。辽宁人口净流入城市主要是沈阳和大连。虽然辽宁是人口净流入省份，但其主要人口流入来源地是黑龙江和吉林。2020年黑龙江和吉林流入辽宁人口数合计超过132万人，占全国各省（区、市）流入辽宁人口总数的比重接近50%。

表6　2000～2020年辽宁人口流动情况

单位：万人

年份	外省流入人口数	辽宁流出人口数	净流入人口数
2020	284.73	187.43	97.30
2010	178.65	101.40	77.25
2000	104.52	36.19	68.33

资料来源：辽宁省第七次、第六次和第五次全国人口普查数据。

"七普"数据显示，辽宁每 10 万人中有 18216 人文化程度为大学，排在全国第 7 位；15 岁及以上人口平均受教育年限为 10.34 年，排在全国第 6 位，是名副其实的人才大省。但近些年辽宁存在高端人才流失趋势，辽宁部分高校毕业生留在辽宁工作的人数少于招生数，存在高校本科生和研究生流失问题。因数据的可获得性，本文仅以大连理工大学为例。根据《大连理工大学 2020 届毕业生就业质量报告》数据，2018 年、2019 年和 2020 年，大连理工大学毕业本科生就业地为辽宁的比例分别为 35.85%、40.85% 和 18.90%；毕业研究生就业地为辽宁的比例分别为 18.69%、16.00% 和 16.12%。2020 年大连理工大学毕业本科生选择在辽宁就业的比例大幅下降，选择北、上、广、江、浙地区就业的比例提高；毕业研究生留辽率较为稳定，但总体来说，辽宁存在人才外流问题。

历史原因导致辽宁人口结构失衡，但在辽宁省委、省政府的政策支持下，育龄妇女总和生育率较"六普"期间有了较大提高，从 2010 年的 0.74 提高到 2020 年的 0.92，总和生育率提高了近 1/4。未来随着人口相关政策的持续发力，辽宁人口结构将有可能进一步优化。辽宁经济发展水平放缓导致部分人才外流，在振兴东北老工业基地战略全面实施的背景下，若辽宁能利用自身优势，大力发展经济，创造良好的经济社会环境，将有更多国内外人才在辽宁落地生根。

三 对策建议

辽宁人口增长可能进入持续下行阶段，人口老龄化不断加剧。极低的生育水平是辽宁人口负增长的主要成因，人口负增长与人口老龄化、人口年龄结构失衡互为因果，基于此，笔者提出以下对策建议。

1. 加大力度提高育龄妇女生育水平

首先阐明的一点是提高生育水平，不是为了逆转辽宁人口负增长趋势，而是为了调整人口年龄结构，避免人口加速负增长而引发经济社会问题。

一是完善生育配套政策。在辽宁生育率持续偏低的情况下，要破解该局面，需要加大育龄妇女生育鼓励、支持力度，放开生育限制。建立健全包括生育支持、幼儿养育和照料等全方位的多孩生养配套政策；减少对生育多孩家庭的一次性奖励，给予其更多持续性鼓励政策，如入学、医疗、购房和税收等优惠政策，构建全生命周期生育和养育支持政策体系；完善产假制度和配偶陪产假制度；鼓励雇主为孕期和哺乳期妇女提供弹性工作时间安排以及必要的便利条件（如母婴室），对接受生育后重新就业妇女的雇主按一定标准给予税收减免；研究出台用工单位与幼儿园等机构对接解决员工子女入托问题的支持政策，解除育龄妇女的后顾之忧。

二是合理配置公共服务资源。合理规划配置儿童照料、学前教育等资源，探索公立幼儿园设立0~3岁婴幼儿照护班、小学开展托管服务。鼓励和引导社会力量兴办月子中心、普惠性托儿所和幼儿园等服务机构。构建月嫂和育儿嫂培养体系，推动政府、机构、社区和家庭形成婴幼儿照护合力。在大型公共场所和旅游景区等设置母婴室或婴儿护理台、提供免费或廉租婴儿车，在地铁、火车上设置母婴车厢。

2. 加大引才、留才力度

经济社会发展水平是吸引人才的重要因素，辽宁应大力发展经济，以产业发展带动就业机会增加，夯实引进人才的基础。加大海内外人才引进力度，建立人才创新创业中心，为成果孵化提供资金、政策支持，为创新成果转化提供绿色通道，树立辽宁引才、爱才形象，将辽宁打造成人才净流入大省。充分利用城市间对口合作机制，柔性引进高层次人才。努力吸引省内外高等院校毕业生在辽、来辽就业，增加在辽宁就业率高的生源省份的招生比例；提高在辽宁就业率高的院校在辽宁的招生比例；与在辽宁高校就读的新生签订"留辽"意向书，对签订意向书的学生按学历每月发放不同比例的生活补贴。完善引进人才国内外出行、落户、住房、子女入学、就医、配偶安置、长期居留、养老和创业扶持等配套措施。制定完善引进人才成果奖励制度，按成果类别、重要程度给予合理、及时的奖励，真正做到人才引得来、留得住、出成果。针对农村劳动力老化问题，通过建立青年农民培养计划，发展职业教育，培养应用型农业技术人才，让农业职业技术人才能够体面的就业和创业，使其成为乡村振兴的生力军。

3. 开发老年人力资源，提高退休老人社会参与度

充分发挥老年人参与经济社会活动的主观能动性和积极作用。有效挖掘和开发老年人力资源，建立老年人才信息库，根据其意愿、身体状况、技能水平和市场需求匹配工作。大力发展老年教育培训，支持老年人才参加志愿服务、再就业、自主创业。

4. 加大养老服务人才培养力度

为满足老龄社会的医疗、养老服务需求，辽宁应鼓励高校设立养老服务相关专业，医学院校扩大医疗护理等相关专业的招生数量，吸引退休医生及其他医疗专业人员在退休后继续在公立医疗机构服务。培养社会工作者，鼓励志愿工作者参与养老服务，按照服务种类、时长等给予相应的积分，探索运用积分换取产品或服务的制度。对在校大学生做义工的，可以给予学分奖励，探索将学分作为升学和就业重要录用参考的机制。

参考文献

习近平：《高举中国特色社会主义伟大旗帜 为全面建设社会主义现代化国家而团结奋斗——在中国共产党第二十次全国代表大会上的报告》，北京：人民出版社，2022年，第22页。

《加快建设以实体经济为支撑的现代化产业体系 以人口高质量发展支撑中国式现代化》，《人民日报》2023年5月6日。

陈卫：《中国人口负增长与老龄化趋势预测》，《社会科学辑刊》2022年第5期。

王广州：《中国人口负增长问题再认识》，《晋阳学刊》2023年第2期。

《2022年辽宁省国民经济和社会发展统计公报》，辽宁省统计局网站，2023年3月16日。

侯佳伟、黄四林、辛自强等：《中国人口生育意愿变迁：1980—2011》，《中国社会科学》2014年第4期。

姚从容、吴帆、李建民:《我国城乡居民生育意愿调查研究综述:2000—2008》,《人口学刊》2010 年第 2 期。

杨雪燕、井文、高琛卓等:《2006—2016 年西北五省区育龄妇女生育水平和新时期生育意愿研究》,《人口学刊》2021 年第 1 期。

朱州、赵国昌:《高等教育与中国女性生育数量》,《人口学刊》2022 年第 1 期。

B.12
辽宁群众体育高质量发展对策研究

胡　今*

摘　要： 辽宁是体育大省，体育文化的历史沉淀厚重，开展群众体育的传承久远。改革开放以来，随着国家对群众体育发展的扶持力度不断加大，辽宁群众体育赛事发展迅猛，群众体育的发展脉络日趋清晰，推动群众体育发展的政策措施不断细化。未来发展趋势是有组织的群众体育活动及体育赛事将更加火热，冰雪运动发展不断提速，积极推进《辽宁省全民健身实施计划（2021—2025年）》的发展目标，群众体育建设数字化发展趋势将不断增强。但是推进辽宁群众体育高质量发展仍面临着群众体育社团管理有待完善、从事群众体育工作的专业人才相对匮乏、不同健身群体的差异化需求有待满足、大众健身场所及公共体育设施的管理机制有待进一步完善等一些亟待解决的问题，应通过加强与国内外其他地区的群众体育交流、完善群众体育的社会组织建设、注重从事群众体育工作的人才培养、创新发展群众体育的资金筹措渠道、逐步完善公共体育设施开放的政策措施、完善推进群众体育高质量发展的规划等措施加以解决。

关键词： 群众体育　全民健身　冰雪运动

近年来，辽宁呈现群众体育和竞技体育齐头并进之势。群众体育的繁荣发展是体育产业发展的基础，而体育产业发展能带动文化、旅游等相关产业的进一步发展。

---

* 胡今，辽宁社会科学院城市发展研究所助理研究员，主要研究方向为社会组织、文化产业。

一 辽宁群众体育发展现状分析

（一）辽宁群众体育赛事发展迅猛

近年来，辽宁省对大型群众体育赛事保障与协调机制、赛事硬件环境及相关扶持政策等方面的强化力度不断加大。辽宁省第十四届运动会于2023年6月16日至24日在抚顺市举行。本届省运会赛事由群众体育赛事、竞技体育部分组成。其中，群众体育赛事共设置17个大项，全部面向社会开放，参赛人数达5000多人，产生了1000多枚金牌；辽宁省充分发挥了省运会的多元功能并挖掘其综合价值，让省运会惠及群众，实现群众广泛参与，积极推动"体育+"多产业融合发展，推动辽宁省群众体育事业蓬勃开展。近年来，辽宁省每年开展县区级及以上有组织的健身活动达2000场次。盘锦国际马拉松赛、抚顺红河谷国际漂流大赛、朝阳中蒙俄国际汽车拉力赛等赛事享誉国内外，辽宁省承办大型体育赛事的能力日趋完备，赛事水平不断提升。

（二）群众体育的发展脉络日趋清晰

在群众体育领域，辽宁省全力推进"攀登辽宁""奔跑辽宁""追球辽宁""舞动辽宁""徒步辽宁""骑行辽宁""起动辽宁""寻迹辽宁""冰雪辽宁""扬帆辽宁"十大辽宁全民健身系列品牌活动建设，积极推进辽宁省群众体育高质量发展。辽宁省为突出群众体育的地域和项目特色，开展"一市一品"体育名城创建工作，突出各地区群众体育的品牌建设，努力加强相关活动的辐射带动作用；辽宁省十分重视社区的群众体育工作，2022年举办了500余场社区运动会，2023年有近700场社区运动会举办。辽宁省通过社区运动会，使更多群众参与全民健身活动，打造健康理念，为群众体育开展提供新平台，还通过"2023寻迹辽宁城市挑战赛""辽宁省线上运动达人秀活动"，以更生动的形式，为群众体育发展营造良好的社会氛围。

辽宁省参与体育健身的人群日趋庞大，体育设施日趋完善。"十三五"期间，辽宁省群众健身意识进一步增强，国民体质测定总体合格率达到91.57%。根据辽宁省体育局的相关数据，目前辽宁省经常参加体育锻炼的人数比例达到46.49%，人均场地面积达到2.43平方米，行政村体育健身工程覆盖率达到98.94%。辽宁省居民健身场地设施更加完备，群众体育的公共服务体系不断完善；节假日期间，许多城市的公共体育场馆免费或低收费对公众开放。目前，辽宁省公共体育设施免费或低收费开放率达到99.29%。现代信息技术的广泛应用为群众体育的发展提供了便利条件，推进了群众体育的快速发展。

（三）推动群众体育发展的政策措施不断细化

在国家层面，国务院以五年为一个周期制定实施《全民健身计划》，先后出台《关于加快发展体育产业 促进体育消费的若干意见》《"健康中国 2030"规划纲要》《关于实施健康中国行动的意见》《体育强国建设纲要》《关于加强全民健身场地设施建设 发展群众体育的意见》《关于构建更高水平的全民健身公共服务体系的意见》，将全民健身上升为国家战略。辽宁省根据国家政策，也陆续出台了许多适应本地区发展需要的政策措施。辽宁省在"十三五"期间先后出台了《辽宁省全民健身实施计划（2016—2020 年）》《体育领域供给侧结构性改革实施方案》《体教融合振兴发展辽宁"三大球"实施意见》《辽宁省人民政府关于加快发展体育产业促进体育消费的实施意见》《辽宁省支持社会力量举办或与地方政府共同举办马拉松、自行车等大型群众性体育赛事实施方案（2018 年）》（以下简称"《实施方案》"）。近年来，辽宁省先后发布了《辽宁省"十四五"体育事业发展规划》《关于构建更高水平的全民健身公共服务体系的意见》《辽宁省全民健身实施计划（2021—2025 年）》《辽宁省全民健身设施补短板五年行动计划（2021—2025 年）》《辽宁体育全面振兴新突破三年行动方案》等政策措施。以上政策措施的制定都对辽宁省群众体育事业的发展起到了积极作用。

二 辽宁群众体育的未来发展趋势

（一）有组织的群众体育活动及体育赛事更加火热

2023 年，辽宁省举办了"跑遍辽宁""骑遍辽宁"等数千场次全民健身活动，打造具有辽宁特色的全民健身赛事 IP，实施"全民健身活动三年行动计划"。未来 3 年，辽宁省马拉松赛事活动将覆盖全省 14 个市和沈抚新区，触达 100 个区县（乡镇），根据各地区的资源禀赋打造各具特色的马拉松赛事。将举办百场以上赛事，拓展企业合作伙伴、创新合作模式、组织更多群众参与到赛事中来。推动群众体育活动到基层、进乡村。2023 年辽宁省举办的马拉松赛事活动达 20 多场。从 2014 年开始，辽宁省已经成功举办了 9 届骑行节。2023 年辽宁省以"骑遍辽宁"为主题，举办以"一节一游一赛"为主要内容的系列活动。通过全省各地市自行车运动协会、骑行俱乐部组织骑友以接力骑行的方式开展骑游各地市最美骑行路线、最具城市代表性场景等活动。

（二）冰雪运动发展提速

辽宁省发挥地域优势，积极推动冰雪运动发展，广泛开展以冰雪运动为主的全民健身系列活动。国家体育总局和国家统计局联合发布的"带动三亿人参与冰雪运动"统计调查报告显示，截至 2021 年 10 月，全国参与人数达到 3.46 亿人。辽宁省在参与率和参与人数上分别排在第 3 和第 4 位。目前，辽宁省每年组织的省本级大型群众性冰雪赛事活动200 余场次，直接参与相关活动人数达数十万人次，影响群体更加广泛。2023 年初，辽宁省体育局主办的"辽宁省百万市民上冰雪"系列活动开始起步。在辽宁省内各大滑雪场相继举办了"辽宁省大众滑雪系列赛""辽宁省首届大众滑雪挑战赛""公园冰场大众滑冰挑战赛""辽阳弓长岭滑雪邀请赛""辽宁沿海城市滑雪邀请赛""盘锦辽河口冰凌穿越""辽宁省青少年高山滑雪锦标赛""辽宁省青少年单板滑雪邀请赛"等冰雪赛事活动，有力地推动了辽宁省群众冰雪运动的开展。目前，辽宁省已经成功申办2028年第十五届全国冬季运动会，必将加快辽宁省冰雪场地设施建设的步伐，推动冰雪运动快速发展，并进一步加速辽宁省群众冰雪运动及相关体育产业的高质量发展。

（三）积极推进《辽宁省全民健身实施计划（2021—2025年）》的发展目标

2021年7月18日，国务院印发《全民健身计划（2021—2025年）》，为贯彻落实《全民健身计划（2021—2025年）》，辽宁省出台了《辽宁省全民健身实施计划（2021—2025年）》，提出主要发展目标：全民健身公共服务体系更加完善，体育场地设施更加便捷，健身组织网络覆盖城乡，体育赛事活动丰富多元，科学健身指导更加普及，城乡居民的健身意识和科学健身素养不断提升，经常参加体育锻炼的人数比例达到47.5%，县（市、区）、乡镇（街道）、行政村（社区）三级公共健身设施和城市社区15分钟健身圈全覆盖，全省人均体育场地面积达到2.6平方米，每千人拥有社会体育指导员3.9名。辽宁省2035年的远景目标是全面建成社会主义现代化体育强省，体育治理体系和治理能力实现现代化。人民群众身体素养和健康水平显著提升，经常参加体育锻炼人数达到50%以上，人均体育场地面积达到3平方米。

（四）群众体育建设数字化发展趋势将不断增强

积极贯彻国家体育大数据中心建设战略部署，紧跟"数字辽宁"建设步伐，推动互联网、大数据、人工智能和云计算等新一代信息技术与群众体育发展的深度融合，加快群众体育数字化平台建设步伐，进一步推进体育设施的信息化建设，创新在线健身、线上培训等体育产业新模式，拓展群众体育的消费模式。打造集场馆预定、赛事预约、健身指导、体质监测、技能培训、运动康复、休闲消费等于一体的数字化公共服务平台"全民健身辽事

通",为群众健身提供更加完善的高效率服务。《辽宁省"十四五"体育事业发展规划》提出,辽宁将数字化升级改造不少于 100 个体育场馆,新建 1000 套智慧健身设施,新建 10 个配置智能室外健身器材的体育公园。各地将陆续建成公共体育网站服务窗口或 App、微信服务号,基本实现省、市、县(区)公共体育数字资源同步共享。

三　辽宁群众体育发展中存在的难点问题

目前,辽宁省群众体育的发展基础日趋稳固,诸多外部环境不断完善,但推进辽宁群众体育高质量发展仍面临一些亟待解决的问题,主要表现在以下几个方面。

(一)群众体育社团管理有待完善

辽宁群众体育社团发展的体制机制有待加强。省内体育社团虽然数量不少,但多数社团的规模相对较小,互动协作开展活动的频率不高,没有形成集聚效应。地区间的发展水平极不平衡,沈阳和大连两市的群众体育社团发展较快,其他各市的群众体育社团发展相对较缓。群众体育社团的活动场地设施有待完善,是制约群众体育社团发展的重要因素。群众体育社团的规章制度建设滞后,许多社团制度不健全导致其缺乏对社团成员的约束性,使群众体育社团组织活动的能力受限,影响了群众体育健身活动的开展及群众体育社团的发展壮大。

(二)从事群众体育工作的专业人才相对匮乏

辽宁省从事群众体育工作的专业人才相对匮乏,群众体育工作从业人员的整体专业素质还有待提升。一些社区从事群众体育工作的人员大多为非专业人员,组织能力有限。开展群众体育活动缺乏专业人员引导,使群众体育高质量发展能力提升受限,一些社区群众体育活动频率不高。另外,辽宁省各地区间群众体育工作的交流也有待加强。

（三）不同健身群体的差异化需求有待满足

近年来，随着经济社会的发展，各年龄段健身群体的需求日趋差异化。一些离退休的中老年人及低收入群体往往以低消费或免费健身活动为主，在城市的更新改造过程中，个别地区没有考虑到群众的健身需求，健身场所少的短板有待补齐；许多高收入群体，特别是中青年白领阶层对健身场所设施有着更高的需求，他们为了获得更好的健身体验，愿意选择营利性体育健身活动场所。许多营利性体育健身活动场所的经营管理不规范，群众合法权益的维护手段及相关规范管理的措施还有待加强。

（四）大众健身场所及公共体育设施的管理机制有待进一步完善

辽宁公共体育场馆利用率及学校和单位的体育场馆管理机制有待进一步完善。许多公共健身场所的健身器械由于管理渠道问题，维修维护不及时，使用年限缩短。许多学校的体育设施，由于安全管理、使用维护及其他相关问题，开放率不高。

另外，由于辽宁位于东北地区，群众体育开展受季节变化的影响较大，每到冬季，缺乏相应的体育运动场所导致参加体育活动的人群减少，辽宁冬季群众健身的室内场地及场所的建设应进一步加强。

四 推进辽宁群众体育高质量发展的对策建议

（一）加强与国内外其他地区的群众体育交流

辽宁省各地区应广泛开展与国内外其他地区的群众体育交流，学习借鉴国内外推动群众体育发展的好的经验和做法。2022 年贵州台盘村的"村BA"火爆全国，如今"村 BA"将要成为全国性赛事后，有许多外地的球迷、媒体以及比赛组织者来到台盘村学习交流群众体育的发展经验。辽宁省

应学习其经验，但不能盲目照搬照抄，要结合辽宁省各地群众体育开展的实际情况来创造性运用。政府相关部门应为社区、乡镇开展群众性体育赛事提供场地及技术支持服务，鼓励社会力量承办群众体育赛事项目，充分发挥社会各方的力量合力推动群众体育高质量发展。要用改革的方式推动群众体育加快发展，积极探索群众体育高质量发展新路径。

（二）完善群众体育的社会组织建设

辽宁的群众体育社团主要有两种，一种是在相关部门经过合法注册的体育社团，另一种是由健身群体自发组织的，没有注册的体育社团。应加强对没有注册的群众体育社团的调查统计，逐步把自发的、没有注册的群众体育社团纳入政府相关部门的社团管理工作中来。政府部门要支持群众体育社团的发展，加强和完善群众体育相关协会建设，通过出台相关政策规范群众体育协会运作模式，与有关群众体育协会建立起长效的沟通协调机制。使政府相关部门在大众健身标准制定、大众健身行业运行规范及群众体育工作绩效评估等方面的工作得到相关协会的支持和帮助，形成政府、群众体育协会共同维护促进群众体育高质量发展的良好局面，使群众体育社团成为群众体育高质量发展的重要组成部分。

（三）注重从事群众体育工作的人才培养

开展群众体育工作的人员应该具有较强的专业知识技能及综合组织能力，辽宁省应建立更加完备的群众体育人才评价标准体系，给从事群众体育工作的人才以合理的定位，使其充分发挥作用。还应根据群众体育发展需要开展相关培训，建立人才培训平台，科学合理安排课程，邀请国内外具有实践经验的人员授课，组织学员到群众体育开展好的地区学习调研。加快群众体育工作复合型人才队伍建设。

（四）创新发展群众体育的资金筹措渠道

辽宁省各地区在加大政府资金投入的同时，也应注重挖掘社会资金渠道，通过财税政策鼓励企业、社会组织及个人参与群众体育设施及健身场所的建造和经营管理，有效缓解政府部门的资金压力，解决人员培训等方面的相关问题。特别是在付费健身领域，鼓励社会资本积极投入，营造良好的投融资环境。针对辽宁省城乡群众体育的不同发展模式，安排相应的发展战略，满足不同群体的健身需求。另外，群众体育场所的营建应与城市改造紧密结合，统筹规划。

（五）逐步完善公共体育设施开放的政策措施

辽宁省应加强群众体育健身的场所建设及管理手段创新，应进一步完善和细化学校和单位的体育场馆开放的政策措施，在使用方式、维修维护、安全责任、管理手段及补偿方式等方面加以创新。逐步解决学校和单位体育场馆开放的难点问题。在推进群众体育数字化建设的同时应考虑到中老年健身群体的接受能力，细化措施，完善管理手段。另外，针对辽宁省的季节环境因素，强化群众冬季健身场所的建设和管理，完善冬季大众健身场所除雪保障机制，加大冬季室内健身场所的建设力度，完善现有冰雪设施，加强冬季临时性户外冰雪运动设施的建设。

（六）完善推进群众体育高质量发展的规划

对群众体育工作，辽宁各级政府应在宏观层面布局发展方向并提出更详尽的举措，在微观层面通过财税、技术服务等手段加以扶持。由于经济社会发展差异等多方面的原因，辽宁各地区间的群众体育发展水平及优势领域各不相同。特别是城乡之间，各方面差异较大。各地区在推进群众体育高质量发展时应根据地区发展优势及地区经济社会发展水平制定合理的发展规划，要依据本地区群众体育的发展水平及不同需求，制定群众体育发展规划。另外，应发挥一些群众体育发展较好地区的带动作用，推动周边地区群众体育工作的开展，开展不同地区间群众体育共建工作。

参考文献

《中华人民共和国 2022 年国民经济和社会发展统计公报》，国家统计局网站，2023 年 2 月 28 日。

《辽宁省全民健身实施计划（2021—2025 年）》，辽宁省人民政府网站，2022 年 1 月 26 日。

《辽宁统计年鉴 2022》，辽宁省统计局网站，2023 年 1 月 31 日。

《辽宁省"十四五"体育事业发展规划》，辽宁省体育局网站，2021 年 12 月 31 日。

B.13
文旅融合背景下辽宁非遗传承
与保护研究

尹忠华　杨英军*

摘　要：　随着文化和旅游的深化发展、深度融合，非物质文化遗产的传承与保护工作也迎来了更多的机遇与挑战，不断进行着改进和创新，名录体系建设、示范基地建设、数字化保护、展示展演推介等方面均呈现良好发展态势，取得了一定社会效果，非物质文化遗产的"旅游化生存"也成了非遗传承与保护的有效模式。面对非遗传承与保护不均衡、保护队伍不稳定、保护经费有差异、文旅融合产品不足等问题，借助文旅深度融合契机，开发辽宁特色文创作品、打造非遗旅游线路、持续开展"非遗+"等多种举措和方式，提升非物质文化遗产的社会价值和文化价值，均是值得各方加大投入进行有益实践的文旅融合新举措。

关键词：　文旅融合　非物质文化遗产　传承与保护

　　2009年《文化部、国家旅游局关于促进文化与旅游结合发展的指导意见》中提出了"文旅融合"的概念，并指出要加强统筹、分工协作，进一步完善文化旅游合作机制，积极探索推进文化旅游协作的新方法、新思路、新途径。2018年，原文化部和国家旅游局合并为文化和旅游部，加速了我国在文旅融合方面的发展进程。文旅部部长雒树刚指出："文化和旅游融合发展背景下，

---

* 尹忠华，辽宁省文化遗产保护中心（辽宁省非物质文化遗产保护中心）副主任、研究馆员，研究方向为非遗传承与保护、民俗学；杨英军，岫岩满族自治县文化馆副馆长、副研究馆员，研究方向为群众文化、非遗传承与保护。

要用文化提升旅游品质内涵,用旅游彰显文化自信。"2022 年,随着文化和旅游的深化发展、深度融合,非物质文化遗产的传承与保护工作也迎来了更多的机遇与挑战,不断进行着改进和创新。非物质文化遗产的"旅游化生存"也成了非遗传承与保护的有效模式,如何提升非物质文化遗产的社会价值和文化价值,创造性地开展传承与保护工作,是值得深入研究的重要内容。

一　辽宁非遗保护现状

辽宁非遗保护工作得到了省委、省政府的高度重视,从 2005 年开始,辽宁以省政府办公厅名义印发相关文件、颁布保护条例、配备专项资金、完善非遗保护工作体系、强化人才队伍建设……非遗传承与保护工作蓬勃发展、不断深入,法律法规体系逐步健全,保护传承机制有效运行,活化实践日趋丰富。截至 2023 年 12 月,辽宁共有省级及以上非物质文化遗产代表性项目 294 项,其中 76 项入选国家级非物质文化遗产代表性项目名录;共有省级及以上非物质文化遗产代表性传承人 337 人,其中 58 人入选国家级非物质文化遗产代表性传承人名录。这些非物质文化遗产代表性项目和代表性传承人涉及民间文学,传统音乐,传统舞蹈,传统戏剧,曲艺,传统体育、游艺与杂技,传统美术,传统技艺,传统医药,民俗共十大类别。辽宁经过多年的非遗保护实践,已建立起非遗保护的四级名录体系,并在各项非遗保护实践中使诸多珍贵的非物质文化遗产得以传承和传播。

(一)配套法律法规建设,提供非遗政策保障

法律法规建设是非遗保护的政策保障,从国家到地方,非遗法律法规建设在非遗保护实践中逐渐丰富和完善。2011 年 6 月 1 日,《中华人民共和国非物质文化遗产法》(简称"《非遗法》")正式颁布实施,这是非遗保护的最高条例。2014 年 11 月 27 日,辽宁省第十二届人民代表大会常务委员会第十四次会议通过《辽宁省非物质文化遗产条例》,自 2015 年 2 月 1 日起施行,这也是全国范围内较早出台的地方非遗保护条例。随着非

遗保护工作的深入开展，辽宁又相应出台了多项具体工作举措。2018年，辽宁省人民政府办公厅联合辽宁省文化厅、辽宁省工业和信息化委员会、辽宁省财政厅发布《辽宁省传统工艺振兴计划实施意见》，加快推动辽宁省传统工艺振兴发展；2019年，辽宁省文化和旅游厅、辽宁省发展和改革委员会联合发布《辽宁省省级文化生态保护区设立及管理办法（试行）》，扎实推进辽宁省文化生态保护区建设工作。2021年8月，中共中央办公厅、国务院办公厅印发了《关于进一步加强非物质文化遗产保护工作的意见》（简称"《意见》"）；12月，辽宁文化和旅游厅正式印发《辽宁"十四五"非物质文化遗产保护规划》（简称"《规划》"）。《意见》是国家层面首次由"两办"发起的非物质文化遗产保护工作政策性文件，《规划》是省级层面遵循文旅部《"十四五"非物质文化遗产保护规划》总体要求，结合《辽宁"十四五"文化发展改革规划纲要》《辽宁"十四五"文化和旅游发展规划》而推出的专项规划，二者相辅相成，为不断提升非遗系统性保护水平，推进非遗事业开拓新局面、文化事业再上新台阶提供政策保障。

（二）完善名录体系建设，实施非遗科学保护

为了加强非遗的系统性保护，推进非遗项目更好的传承与传播，辽宁已公布六批省级非物质文化遗产代表性项目名录、四批省级非物质文化遗产代表性传承人名录。"项目申报年"和"传承人申报年"贯穿于非遗工作的长期保护实践中。2022年，根据《文化和旅游部办公厅关于开展第六批国家级非物质文化遗产代表性传承人推荐申报工作的通知》（办非遗发〔2022〕85号），辽宁省文化和旅游厅组织开展了第六批国家级非物质文化遗产代表性传承人申报和评审工作。经过各地申报、专家评审，辽宁省文化和旅游厅党组最终决定推荐辽宁鼓乐传承人于水龙、满族民间故事传承人崔勇、琥珀雕刻传承人陈焕升等23名省级代表性传承人申报第六批国家级非物质文化遗产代表性传承人。此次推荐与申报距离上次申报已有5年时间，此前五批国家级非物质文化遗产代表性传承人辽宁省共有58人获评，此次推荐重点放在传承能力

较强、技艺突出的传承人身上。推荐成功后将进一步扩大辽宁省国家级非物质文化遗产传承人数量，壮大非物质文化遗产传承梯队，助力非遗永续传承。

（三）加强示范基地保护，推动非遗保护示范效应

按照《文化和旅游部办公厅关于开展国家级非物质文化遗产生产性保护示范基地推荐工作的通知》（办非遗发〔2022〕168号）要求，2022年，辽宁省文化和旅游厅组织开展了国家级非物质文化遗产生产性保护示范基地推荐申报工作。经过前期的材料初审、专家评审，最终推荐沈阳鹿鸣春饭店有限公司、沈阳天江老龙口酿造有限公司、抚顺琥珀泉艺术品有限公司、抚顺合璧斋煤雕有限公司、阜新高新技术产业园区杨克全玛瑙艺术工作室5家单位参加国家级非物质文化遗产生产性保护示范基地评选。这是从数十家申报单位中推选出来的，在辽宁省具有代表性的非物质文化遗产生产性保护特色单位，这些单位将在后续非遗生产性保护实践中起到示范带动作用。

（四）数字赋能非遗保护，记录保存并辔而行

2015年至今，辽宁省持续开展国家级非物质文化遗产代表性传承人记录工程，旨在采用数字多媒体等现代信息技术手段，全面、真实、系统地记录代表性传承人掌握的非物质文化遗产丰富知识和精湛技艺。目前共有44名传承人获批立项，已提交的24个项目成果，全部通过国家验收，其中6项成果被评为"全国优秀"，累计采录整理口述史资料481万字、拍摄照片7.2万张、采集音视频资料456小时。2019年，鉴于在影像记录工作方面取得的突出成绩，辽宁受邀在全国工作会议做经验交流汇报。在国家级非物质文化遗产代表性传承人记录工作的基础上，2022年辽宁省文化遗产保护中心申请启动省级非物质文化遗产传承人记录工作，得到省财政的大力支持，已获批2个项目作为试点，目前已经完成首位省级非物质文化遗产代表性传承人杨振华的记录工作，并启动第二位省级非物质文化遗产代表性传承人钟立维的记录工作。

记录的同时强化数字利用。2022年年初，辽宁省云上非遗馆和蓝光非遗媒体资源库建设工作正式启动，经过一年的测试和运营维护，两个项目均已

步入正轨，其中辽宁省云上非遗馆涉及非遗专题、VR展馆等版块，通过电脑端和手机端H5的小程序平台即可浏览观看，非遗媒体资源库已储存图、文、声、像资料1300余条，总量达790GB。随着非遗数字资源的丰富和成熟，辽宁将进一步推动非遗保护与数字技术更深层次、更大范围的结合与运用。

（五）宣传展示贯彻全年，以活动影响带动非遗传承

非遗的展示展演活动也是传承和保护非遗的重要方式。2022年度，非遗的各类活动贯穿始终。由辽宁省文化和旅游厅、辽宁省文化中心联合主办，辽宁省文化遗产保护中心（辽宁省非物质文化遗产保护中心）承办的"喜迎二十大 奋进新征程"辽宁非遗展示展演系列活动，先后推出"重温时代经典""盛世梨花开""乡村振兴 非遗赋彩"等五大主题活动，通过线上线下同步、直播录播结合的方式，开展各类展示展演活动20余场次。其中，"曲苑流芳——刘兰芳评鼓书专场"在新华网、网易新闻、抖音、快手等8家平台同步直播，累计观看量达113.5万人次，20条节目视频全部被学习强国平台采用。成功举办2022年"文化和自然遗产日"辽宁非遗宣传展示月活动，推出云游非遗·影像展、精艺传承夺天工——辽宁省非物质文化遗产雕刻技艺专题展等六大版块活动。其中线上活动18场次，浏览量达370万人次；辽宁省文化遗产保护中心（辽宁省非物质文化遗产保护中心）与辽宁省博物馆等单位二度合作的线下雕刻专题展获得广泛好评，新华社、央广国际在线、辽宁日报、辽宁电视台等媒体累计报道23篇。此外，"我们的中国梦 文化进万家""礼赞祖国 讴歌时代""非遗云共享 居家新体验""暑期大课堂，快乐学非遗""我们的节日""非遗公开课"等各类主题性、常态化的线上活动开展80多场次，累计线上点击量达560余万人次，有效地扩大了辽宁优秀传统文化的社会影响力和覆盖面。

（六）整合文化资源优势，开拓"非遗+"融合发展

随着文化和旅游的深度融合，"非遗+旅游""非遗+景区"的非遗实践也在多地开展。2022年度，省财政专项支持"非遗进景区"活动，结合

"乡村振兴 非遗赋彩""景上添花"等主题，国家级非物质文化遗产代表性项目海城高跷、抚顺地秧歌、上口子高跷等群体性项目走进本溪小市一庄、盘锦辽河绿水湾景区，热烈欢腾的群体项目展演，在带动当地旅游人气的同时，也较大范围地宣传和推介了非遗项目及传承人，让非遗真正融入百姓的日常生活。

除了"非遗+景区"，2022 年度辽宁还推出"非遗+文物"创意展，在文化和自然遗产日期间，组织岫岩玉雕、阜新玛瑙雕、琥珀雕刻、砚台制作技艺（松花石砚制作技艺）、核雕（大连核雕）、锡雕（锦州锡雕）6 个国家级非物质文化遗产代表性项目，精选多位传承人的 193 件（套）作品，与辽宁省博物馆馆藏的 40 件（套）雕刻类文物共同展出，通过"物"与"艺"的融合创新，诠释生生不息的工匠精神。通过"非遗+文物"的有益探索，让非遗走进博物馆，将古代巧工的传世之器与当代艺人的匠心之作共同呈现，让古今匠人完成一次跨时空的对话，也让观众在同一时空内感受文化辽宁的深沉隽永。此外，继续发挥"非遗+剧场"的优势，辽宁省文化遗产保护中心（辽宁省非物质文化遗产保护中心）积极联合沈阳京剧院、沈阳评剧院、铁岭民间艺术团等单位和团体，每月固定推出 1 至 2 场非遗专场展演，先后邀请著名评书表演艺术家刘兰芳、京剧名家常东、评剧（韩花筱）传承人周丹、李冬梅等名师名家，推出评书、鼓书、京剧、评剧等专场展演 8 场，通过线上同步直播，实现惠民 270 万人次，进一步做大做强文馨苑的阵地品牌。

二　辽宁非遗传承与保护存在的问题

非遗传承与保护是一项年轻的文化事业，在 10 多年的非遗保护实践中，不可避免地出现一些问题，如非遗保护法律体系不够完善，项目传承与保护力度仍不均衡，仍需加大对年轻一辈后续传承人的培养力度，非遗传承与传播方式仍需拓展，文旅融合背景下非遗需进行创造性转化、创新性发展等。

（一）非遗传承与保护不均衡

非遗保护从开始便设立四级名录体系、十大门类代表性项目，经过十余年的非遗保护工作，进入非遗保护体系之内的非遗代表性项目保护成效并不均衡。在四级名录体系内的非遗代表性项目中，国家级非遗项目的保护好于省级，省级非遗项目的保护好于市级，市级非遗项目的保护好于县区级。究其原因，首先，项目层级越高，代表性项目的历史溯源、传承谱系、技艺流程、社会影响力、民众包容度和受欢迎程度越高，这类项目实际上已经具备自身传承与发展的根基性条件，如以岫岩玉雕、阜新玛瑙雕等为代表的国家级项目，项目自身深受欢迎，也有相对稳定的传承群体；其次，项目层级越高所获得的传承与保护机会和方式越多，如经费扶持、展示推介交流机会等，通过宣传推广获得更多的认可和关注度，进而提升社会效益和经济效益，这是一种良性循环。此外，十大门类项目本身性质不同，保护方式和程度也各有不同，如传统美术、传统技艺类通过带徒授艺、生产线保护、传统工艺振兴计划等可加大传承与保护力度，而民间文学、民俗类项目因自身受众群体有限、区域性明显等，传承与保护方式有限。

（二）保护队伍存在较高不稳定性

非物质文化遗产的传承与保护，离不开参与和实施非遗保护的人才队伍，他们发挥着非常重要的作用。国务院办公厅在《关于加强我国非物质文化遗产保护工作的意见》中明确指出："要加强非物质文化遗产保护工作队伍建设。通过有计划的教育培训，提高现有人员的工作能力和业务水平，充分利用科研院所、高等院校的人才优势和科研优势，大力培养科研人才。"中共中央办公厅、国务院办公厅在《关于进一步加强非物质文化遗产保护工作的意见》中也指出："实施全国非物质文化遗产人才队伍能力提升工程。将非物质文化遗产保护纳入有关干部教育培训内容。完善非物质文化遗产保护专业技术职称评审制度。"可见，那些保护非遗的人同样也需要引起重视。随着非遗保护工作的持续开展和广泛深入，目前辽宁非遗保护人才

队伍存在专业人才缺乏、管理人才缺失、人员队伍不稳定等问题。主要表现为视频摄录及编辑人员、数字化人员、深入研究非遗的专业人员紧缺，各级非遗保护的专业机构体系不健全，尤其是县级无法配备专业且稳定的专业人员参与保护实践，致使很多具体的非遗保护工作无法落到实处。

（三）非遗保护经费差异性明显

非遗保护专项经费是随着非遗保护事业开展而产生的专业扶持经费，每年都会由各级财政予以支持和拨付，《中华人民共和国非物质文化遗产法》《辽宁省非物质文化遗产保护条例》等法律条文中，也都对非遗保护专项经费予以强调和明确。从非遗保护实践来看，非遗保护经费差异性明显，中央财政和省级财政支持力度远远大于市级和县区级财政支持力度。如对国家级非遗代表性传承人，中央财政支持每人每年度2万元，用于项目传承和保护；省级财政扶持省级传承人传承经费区间为1000元~6000元，根据传承及评估情况不同而有所差异；对国家级非遗代表性项目，中央财政从2022年度开始实施"项目入库制"网上经费申报，入库之后的项目可申请1~3年不同年度的项目保护经费，用于调查立档、传承保护、展示展演、理论研究等，且中央财政可在网上监督项目经费使用进展，实行"一网通办"。中央财政扶持辽宁非遗的经费超过1000万元，用于支持非遗项目、传承人研修研习、传承人记录工程等多项非遗保护工作的开展。全省非遗保护专项经费也未及此额度，经费的差异并不利于非遗保护工作的深入和系统开展。

（四）非遗融入旅游消费的产品不足

随着旅游市场回归，各地均展开了推动旅游发展的各项举措，如召开旅发大会、组团寻求市场、开展全媒体宣传造势。以外围带动文旅风向的同时各地也在提升内在动能，如举办技能大赛、培训优质讲解员等，文创产品开发也在其中。非遗产品具有开发成为文创产品的巨大潜能，具有文化寓意深厚、项目类型丰富、手工技艺多样、地域属性强等特征，如同样是国家级非遗剪纸项目，医巫闾山满族剪纸与庄河剪纸风格迥然不同，前者多表达生活、精神信仰等主题，其剪纸作品素有"渤海湾的清明上河图"美誉，而后者的剪纸是团圆、和美的吉祥剪纸，但目前二者均未进行适合当地旅游需要的文创产品的批量开发。如今非遗传承人追随各地政府机关或行政主管机构进行文旅推介和宣传的机会有所增加，目的多是通过现场展示对外形成良好的文化形象，应进一步通过专业设计、包装，形成具有地域和民族代表性，且有较强号召力和影响力的全新文创作品。

三 辽宁非遗传承与保护的对策建议

文旅融合是我国从国家战略高度为文化事业和旅游事业的发展指明的方向，当前在各地呈现蓬勃发展的良好态势，并逐步成为旅游经济的重要组成要素，对各地区经济建设和文化建设产生着深远的影响。辽宁省要抢抓机遇，以非遗为抓手，推进非遗保护与特色旅游、文化创意及文化产业发展深度融合，引导传承人充分利用当地旅游资源优势，打造非遗旅游观光新亮点，开辟非遗传承、生产、销售、体验、互动的新模式，真正把非遗项目的资源优势转化为产业优势，全方位推进非遗与文旅融合。加强非物质文化遗产保护传承，有利于旅游产业的特色化、品质化、效益化发展，而旅游的发展也是提升非物质文化遗产吸引力、影响力，为非物质文化遗产的挖掘、传承和保护提供保障的有效途径。必须高效促进文化旅游融合发展，最终达到文化、旅游发展双赢之局面。

（一）提升认识，强化政府的扶持与引导

党中央、国务院高度重视文旅融合，"文旅融合"自身是一个全新的融合，从理念到实践操作均需一定的过渡时间。一方面，"旅游+文化"提高了旅游产品品位，延长了旅游产业链，是旅游高质量发展的努力方向；另一方面，"文化+旅游"活化了文化资源，增强了文化场所吸引力，将促进文化事业发展。

2018 年以来，文旅融合亮点频现，无论是顶层设计还是各地实践都有

很多值得关注的地方。各地在推进文旅融合的过程中涌现了很多值得借鉴的经验和做法。比如，2019 年 1 月，河北将"河北旅游发布"活动升级为"河北文化和旅游发布"活动，发布了一系列"文旅榜单"。在此背景下，非遗的传承与保护也需自上而下的推动。强化政府在文旅融合过程中对非遗的关注和保护，站在区域整体发展角度看非遗，有利于从政策层面对非遗的传承与保护形成可靠保障，一方面可以坚持政府部门的主导权和决定权，另一方面也可以加强非遗保护各项方针政策制定的科学性与权威性，在合理利用非遗资源的同时更加有的放矢、精准投放。

（二）系统梳理，建立"数据为王"的非遗数据库

随着非物质文化遗产保护工作的不断深入，数字化是当前最为成熟的新型技术手段，运用数字技术对非物质文化遗产进行真实、系统、全面的记录并建立档案和数据库，是实现非物质文化遗产抢救性保护的有效手段，是全面深入推进非物质文化遗产保护工作的必然要求。2010 年"非物质文化遗产数字化保护工程"被纳入"十二五"规划；2011 年全国非物质文化遗产数字化保护工程正式启动；2012 年国家制定完成部分非物质文化遗产数字化保护的基础标准和业务标准；2013 年国家启动数字化保护标准规范试点工作，辽宁作为首批试点单位率先参与资源采集、数字化转换、资源著录等工作，为后续开展辽宁省非物质文化遗产数字化保护系统的建设积累了一定经验。

辽宁可在国家数字化保护标准的规范下，探索建立一个集资料存储、信息检索、网络资源共享等于一体的辽宁省非物质文化遗产数字化保护系统。在虚拟空间中再现优秀传统文化，以更直观、更具象的形式展现辽宁非物质文化遗产的地域、民族、民间、文化特色。在实际操作中，以国家、省、市、县各级非物质文化遗产为切入点，分四个层面，在每个层面按照类别对非物质文化遗产的文字档案予以数字化，采用网络技术、计算机技术等先进手段，将每一项遗产的分布、历史、现状、内容、传承谱系、传承方式、产业化情况等转变为文字、图片、影像、音频等，并形成综合体系，最后建成

非物质文化遗产多媒体资源库和信息平台。

非物质文化遗产多媒体资源库可设立多方面的检索词，如遗产项目名称、分布地区、类别、级别、传承人、传承方式等，尽可能完善平台的检索功能，便于公众检索和查找；按照分类或功能，利用二维、三维等技术手段，通过平台突出遗产的展示功能，实现遗产专题数字博物馆的展览目的；将 Web2.0 理念引入平台的建设，建立用户中心的管理模块，为用户提供信息推荐、上传下载、交流、自动文献传递等信息服务功能，对遗产所蕴含的知识和文化信息进行利用和传播，提升民众的文化自觉意识；可为文旅资源信息融合检索提供便利条件，为文旅融合提供资源共享，在保持遗产的原生性、本真性、活态性、传承性的基础上予以合理利用，为促进文旅融合发展提供新途径。

（三）因地制宜，以生产性保护助力旅游产品的提升

随着非物质文化遗产保护工作的不断推进，作为保护方式之一的生产性保护日益成为各方关注的焦点。生产性保护，一方面要在核心技艺和关键工艺流程中坚持传统，守住"手工制作"这一底线，另一方面要在制作、销售、流通等环节，使非遗代表性项目得到有效、健康的保护，最终得以传承和发展。生产性保护方式不仅能够有效地保护和传承辽宁省的非物质文化遗产，还能够重振手工技艺、激活民俗文化，增强辽宁省现有非遗资源的自身活力，使其焕发更加旺盛的生命力。

将辽宁省现有的非物质文化遗产资源重新整合，分步骤、有重点地开展生产性保护工作。在实际操作中，坚持社会效益和经济效益有机统一的原则，主要实现途径包括：摸清辽宁省非遗资源的现状、分布及特点；分门别类地对辽宁省非遗资源进行有针对性的调研和分析，尤其是对传统技艺、传统美术、传统医药等特别适合进行生产性保护的项目进行重点研究，总结这些项目开展生产性保护存在的问题及解决对策；选择 2~3 个省关于生产性保护的样本进行研究和分析，总结其优秀经验并结合辽宁省非遗资源的特点，给出若干可操作的具体方法。

开展生产性保护，可以合理利用非遗项目，使其转化成非遗产业发展的资源，从而形成新的经济增长点，促进文化消费、旅游消费、扩大就业等。辽宁应立足于非遗资源，实现非遗资源与旅游市场的对接，从多学科的视角探索适合辽宁非遗生产性保护的理论体系及实现途径，实现"活态传承"，完成从"外部输血"向"自我造血"的转变。在辽宁省开展有效的生产性保护，还能推动非遗保护与改善民生相结合，为非遗保护和传承奠定更加持久、深厚的基础，同时，推动区域经济和社会全面、协调、可持续发展。

（四）巧妙构思，设计辽宁非遗特色文创产品

文化创意是以文化为元素、融合多元文化、整理相关学科、利用不同载体而构建的再造与创新的文化现象。"非遗文创化"是一个全新的词条，非物质文化遗产为文化创意提供了文化素材和创意源泉，文化创意也给非物质文化遗产带来了前所未有的发展机遇以及融入现代社会的平台与可能。在非物质文化遗产进行活态传承的工作环境中，通过面向市场的商业机制，开发出具有时代生活气息、技艺与内涵兼备的文创产品，可以在保护和传承非遗的基础上，以新颖的形式表现出非遗本身的文化价值，并以经济效益与社会效益反哺非遗保护，促进其可持续发展。"非遗+文创"能够有效挖掘非遗的创意价值，并将其转化为创意资本，不仅提升了文化创意的竞争力，同时也赋予了非遗新的活力和价值，前景广阔。

以剪纸为例。辽宁是剪纸大省，以满族剪纸为代表的辽宁民间剪纸艺术，距今已有数百年的传承历史，群众基础广泛，具有丰厚的历史底蕴和艺术价值。辽宁满族剪纸项目众多，包括医巫闾山满族剪纸、岫岩满族剪纸、新宾满族剪纸、本溪满族剪纸等诸多国家级、省级非遗名录项目，民族特色浓郁，地域特色鲜明。其丰富的文化内涵符合文创开发的重要原则，可将其元素融入文创产品中，用以设计和开发非遗文创产品，打造非遗文化品牌。可充分利用辽宁满族剪纸的特色元素，设计相关文创产品，满足市场需求，将优质非遗资源转化为产业优势。一方面，在继承传统满族剪纸艺

术的基础上，融入新元素，创造出符合现代人审美需求的剪纸作品，以满足不同层次的市场需要；另一方面，可以尝试开发辽宁满族剪纸系列书签、明信片、台历、抱枕、背包、服饰等多种形式的文创产品。此外，在文创产品的包装设计中也可以融入满族剪纸文化；可以尝试使用棉麻、皮革，融合满族剪纸图案样式，采用手编、雕刻或镂空技术，设计桌布、桌旗等软装饰品出售，既便于携带又有实用价值。这些多元化的创意可以使辽宁满族剪纸逐渐从目前的非遗作品，延伸为生活用品、馈赠礼品、收藏精品、装潢饰品等。

（五）统筹规划，协力打造一条非遗旅游线路

2020 年，由文化和旅游部非物质文化遗产司发起，中国旅游报社承办的"全国非遗主题旅游线路征集宣传"活动共选出 12 条线路，包括"中国名片"——北京城市中轴线非遗主题旅游线路、千里草原风景大道非遗支线、浙西南畲乡非遗技艺体验游、徽文化非遗研学之旅、齐风鲁韵非遗之旅、"屈原昭君故里"非遗之旅、广州老城新活力文化遗产深度游、中越边境非遗之旅、黔东南侗族非遗深度体验游、交响丝路非遗之旅、涛涛黄河非遗之旅、喀什民俗非遗主题游。辽宁有文物、有历史、有文化，在文旅融合大背景下，辽宁同样可以打造一条全新的非遗旅游线路，鼓励支持广大旅游企业充分利用丰富的非遗资源，加强与相关机构、非遗传承群体的合作，设计、运营非遗主题旅游线路，推动非遗与旅游融合发展。通过非遗主题旅游线路的展示、推介，不断提高非遗传承实践水平，为旅游业注入更加优质、更富吸引力的文化内容，并充分发挥旅游业的独特优势，为非遗保护、传承和发展注入新的、更大的内生动力。

（六）守正创新，持续开展"非遗+"保护实践

通过十余年的保护和实践，非物质文化遗产从最开始拗口的专业名词到频频上榜的热搜词条，非遗保护理念越发深入人心。从国家层面到地方层面，非遗越来越发挥其独有的服务于经济社会发展和惠及民生百姓的社会功

能。辽宁秉承创造性转化、创新性发展理念，积极探索"非遗+"融合发展新路径，通过"非遗+文物""非遗+文创""非遗+剧场""非遗+旅游""非遗+商场""非遗+教育""非遗+直播"等模式，推动非遗与旅游、演出、节会、教育、科技等相融合，不断增强非遗在现代城市中的传承传播活力，激活非遗消费潜力，让更多人共享非遗保护成果，也让非遗惠及全体人民。

参考文献

《中华人民共和国非物质文化遗产法》，中国政府网网站，2011年2月25日。

《关于进一步加强非物质文化遗产保护工作的意见》，中国政府网网站，2021年8月12日。

《文化和旅游部关于推动非物质文化遗产与旅游深度融合发展的通知》，文化和旅游部网站，2023年2月17日。

杨竞：《让非遗更好地融入生活》，《辽宁日报》2021年10月12日。

《雒树刚：推动文化和旅游融合发展》，中国文化传媒集团有限公司官方账号，2020年12月15日。

《辽博新展 | 精艺传承夺天工——辽宁省非物质文化遗产雕刻技艺专题展》，辽宁辽宁省博物馆官方账号，2022年6月10日。

范周等：《"非遗+"激发中国传统文化新活力》，《光明日报》2022年6月13日。

陶媛：《非遗"活起来"+旅游"火出圈"深度融合助力文旅市场蝶变升级》，光明网传媒官方账号，2023年5月31日。

萧放、周茜茜：《以最恰当方式促非遗与旅游深度融合》，《中国旅游报》2023年3月2日。

B.14
辽宁品牌建设问题与对策研究

王焯 张萍*

摘 要： 近年来，辽宁日趋重视品牌建设工作，在企业品牌、区域品牌、行业品牌培育方面卓有成效，但是在品牌发展合力、品牌建设主体意识、品牌宣传推广成熟度等方面还存在着许多提升空间。今后，辽宁可以通过加强顶层设计、提升服务职能、讲好品牌故事等举措全面综合提升辽宁自主品牌建设效能，助力辽宁高质量发展进程。

关键词： 自主品牌 品牌评价 品牌建设

品牌建设是质量强国战略的重要抓手，是在激烈的市场环境中助力企业和社会加大自主品牌创新、提升自主品牌知名度和美誉度的重要推手。2023年2月，辽宁省委、省政府出台了《辽宁全面振兴新突破三年行动方案（2023—2025年）》，明确提出要加强质量标准品牌建设。同年，《质量强国建设纲要》《辽宁省质量强省建设纲要》陆续出台，将品牌建设上升到了一个新的战略高度，辽宁通过实施品牌培育行动、加强辽宁品牌宣传推介、强化辽宁品牌保护等系列举措助推质量标准品牌建设工作取得更多成效，实现新的突破。

---

* 王焯，辽宁社会科学院社会学所副所长、研究员，主要研究方向为文化人类学；张萍，辽宁省产品质量监督检验院高级工程师，主要研究方向为产品质量监督管理。

一 辽宁品牌建设现状

（一）企业品牌建设卓有成效

1. 企业品牌价值评价参与度高

2023 年 6 月，辽宁省品牌建设促进会发布了 2022 年度辽宁省品牌价值评价信息①。本次品牌价值评价工作聚焦全省重点产业和重点产品，包括机械设备制造、能源化工、食品加工制造、农业、建筑建材、医药健康、纺织服装鞋帽、酒水饮料、信息技术、汽车及配件、冶金有色、零售以及其他区域品牌。据报道，这次申报价值评价的品牌数量达 217 个，其中企业品牌数 197 个（见表 1）、产业集群区域品牌 20 个，总品牌价值为 4322.08 亿元。本次对其中 110 个品牌进行品牌价值评价信息发布，品牌价值超过百亿元的有 7 个，包括盘锦大米、瓦房店轴承、盘锦辽滨沿海经济技术开发区、东港草莓、盘锦河蟹、盘锦盘山县河蟹、海城菱镁新材料。近年来，辽宁已累计为近千家辽宁品牌提供品牌价值评价服务，全省市场主体的品牌意识明显增强，企业的潜力得到激发。

表 1 2022 年度辽宁省品牌价值评价参评企业行业分布情况

单位：个

序号	行业	企业品牌数
1	机械设备制造	55
2	能源化工	40
3	食品加工制造	24
4	农业	16
5	建筑建材	13
6	医药健康	10

---

① 2022 年度辽宁省品牌价值评价是在省市场监管局指导下，由省品牌建设促进会联合有关权威单位开展的第七次公益性品牌价值评价。

续表

序号	行业	企业品牌数
7	纺织服装鞋帽	7
8	酒水饮料	7
9	信息技术	6
10	汽车及配件	5
11	冶金有色	4
12	零售	3
13	其他	7
合计		197

2022 年度辽宁省企业品牌价值评价结果总和达到 1443.04 亿元，平均值为 7.33 亿元，中值①为 1.13 亿元（见图 1）。

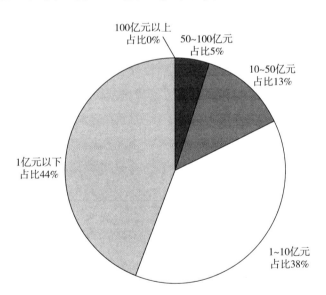

图 1　2022 年度辽宁省企业品牌价值评价结果分布

---

① 中值，为品牌价值从高到低排序的正中间品牌的价值，用来反映当前样本组的一般水平，不受极端值影响。

2. 知识产权保护成效日趋鲜明

2022年,全省三种专利授权77434件(其中,发明专利、实用新型专利、外观设计专利分别授权10892件、61846件、4696件)。截至2022年底,全省三种专利有效量303038件,同比增长18.0%(其中,发明专利、实用新型专利、外观设计专利有效量分别为64049件、219846件、19143件,同比增长14.1%、20.8%、1.7%)。每万人口发明专利拥有量达15.14件,比上年末增加2件。全省三种专利授权中,职务发明创造授权67891件,其中,工矿企业、大专院校、科研单位、机关团体分别授权54975件、9033件、2928件、955件,非职务发明创造授权9543件。①

2022年,辽宁新增商标注册申请11.2万件,有效注册商标8.67万件(见图2),有效注册商标总量63.17万件,同比增长13.5%。

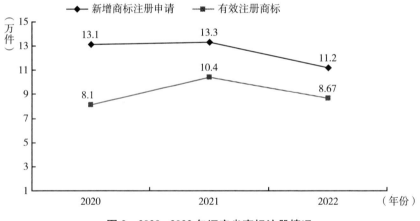

图2　2020~2022年辽宁省商标注册情况

2023年10月,国家知识产权局公布了第二十四届中国专利奖授奖决定,"HIV感染的肽衍生物融合抑制剂""用于控制飞机起落架舱门的连杆机构"等29项发明专利、实用新型专利获中国专利金奖。辽宁共获金奖2项、银奖1项、优秀奖17项,获奖总数20项,喜获中国专利金奖和中国外

---

① 资料来源:《2022年辽宁省知识产权发展与保护状况》,辽宁省人民政府知识产权办公会议办公室编制,2023年4月。

观设计金奖双丰收的成绩。其中，"三酮类化合物及其制备方法和应用"专利获得中国专利金奖，"电子计算机断层扫描仪"专利获得中国外观设计金奖，"一种使用常规刀柄的自动换刀超声波电主轴"专利获得中国专利银奖，"一种网箱对水流影响的模拟方法"等17项专利获得中国专利优秀奖和中国外观设计优秀奖，省知识产权局荣获优秀组织奖。

（二）区域品牌建设精准施策

辽宁在全国率先开展省级示范区创建工作，是辽宁省创新实施质量政策、建设区域质量高地、培育优质区域品牌的重要举措和有益尝试。2024年，国家知识产权局发布关于第二批国家知识产权保护示范区建设城市（地区）遴选结果的公示。经综合评审，全国15个城市（地区）入选第二批国家知识产权保护示范区建设城市（地区），辽宁省的沈阳市、大连市双双入选。辽宁省各市也多措并举，紧紧围绕建设"两个强省"、服务高质量发展，结合"重点产业+骨干企业""重点区域+特色产品"等模式精准实施质量提升行动，加强质量品牌建设，打造辽宁质量品牌高地，有效提升产业、企业竞争力（见表2）。

表2 辽宁省各市品牌建设主要工作举措一览

行政区划	主要内容
沈阳	强化质量奖梯队培育,提升质量品牌建设。坚持以培育一批、发展一批、储备一批的理念开展质量奖培育工作。吸纳质量管理方面的优秀专家,组织专家对质量奖培育梯队单位开展点穴式指导、流动性诊断,做到一企一策,推动企业在卓越绩效模式导入等方面得到提升。开展品牌价值评价活动,切实帮助企业了解行业中的位置和发现自身品牌建设中的问题,并提出对策建议,提升品牌竞争力。推动规模以上企业逐步建立和实施首席质量官制度,先后组织两期共70家企业完成首席质量官申报,累计组织近百家企业首席质量官参与全省培训
大连	印发《大连市品牌建设工作实施方案(2022—2023年度)》,以项目化、清单化推动品牌建设,做大做强绿色石化、装备制造、海产品、滨海旅游等大连特色品牌。树立质量品牌标杆,建有4个省卓越质量管理推广示范基地,在建3个。3家企业参与省品牌跟踪服务,3家企业获省长质量奖银奖。给8家获省长质量奖企业发放奖励资金1100万元。积极推动瓦房店轴承产业集聚区申创省质量品牌提升示范区。健全知识产权保护工作体制机制,"大连市知识产权公共服务平台"开通运行,面向全社会提供知识产权创造、运用、保护、管理的"一站式"便民服务

续表

行政区划	主要内容
鞍山	充分利用广播电视媒体开展质量强省、质量品牌有关宣传报道和舆论引导工作。积极引导企业参与品牌价值评价工作,2022 年共有 44 个产品和 3 个园区申报品牌价值评价,创历史新高。引导企业积极参加省长质量奖评定,培育壮大区域知名企业。加强农产品优质供给,2022 年完成绿色食品新认证 6 种产品,年增长率 24%。引导 4 个全区成功申创省级质量提升品牌示范区。加强知识产权保护和相关执法工作,出台《鞍山市贯彻落实〈辽宁省知识产权保护条例〉推进计划》
抚顺	积极组织秘参堂药业等 12 家企业和区域申报品牌价值评价,其中抚顺单片黑木耳区域品牌价值达 22.88 亿元,较 2021 年提高 9.2%。2022 年底全市绿色食品产品认证数量保持在 36 个。积极协调指导新钢参评第九届省长质量奖,组织 22 家企业和机构参加中国质量奖储备梯队集中培训。鼓励引导抚顺高新区、抚顺县申创省质量品牌提升示范区
本溪	利用《中国质量报》《本溪日报》等媒体开展质量品牌宣传。鼓励引导 9 家企业参与全省品牌价值评价,其中 3 家品牌价值过亿。"本溪市本溪水洞景区"在 2022 年中国品牌价值评价活动中获评品牌价值为 19.75 亿元。推荐 3 家企业和个人参加中国质量奖评定,14 家企业参加省长质量奖评定。加强农产品优质供给,2022 年有效绿色食品数量 16 个
丹东	积极组织 16 家企业参加品牌价值评价,持续利用纸媒、流媒体等平台进行品牌工作成果宣传。重点培养并积极宣传质量奖工作,扩大充实质量奖梯队培育库。2022 年有 46 家企业的 50 个产品获绿色食品认证,远超既定目标。指导协助凤城经济开发区创建省质量品牌提升示范区,并帮助区内企业开展品牌创建、质量培训等工作。展开系列专项行动,统筹推进知识产权保护工作
锦州	以质量月、品牌日等活动为契机,通过融媒体、市局网站等开设专栏、论坛、讲座等形式,连续报道宣传质量品牌建设优秀企业及相关工作。组织 8 家企业参与品牌价值评价,建立"锦工优品"抖音公众号,对锦州优秀工业品牌大力宣传。推荐 11 家企业申报省长质量奖,推荐 3 个开发区申报省质量品牌提升示范区。分类指导,梯次推进"辽宁优品""锦州优品"品牌工作。全年新增绿色食品认证 3 个
营口	组织 12 家企业申报品牌价值评价,8 家获得发布资格。组织 7 家企业申报省长质量奖,1 家获得银奖;对获得中国质量奖、省长质量奖金奖、银奖的企业分别给予 50 万、40 万、20 万元奖励。新增绿色食品认证 4 个。支持营口市老边区汽保产业园申创省质量品牌提升示范区,设立营口汽保产品质量"一站式"服务中心和服务站,组建全省唯一一家国家知识产权专利联盟。加强专利、商标、版权、地理标志等知识产权保护
阜新	印发《阜新市落实质量强国建设纲要 合力打造高质量品牌工作实施方案》,营造各行业主管部门与企业主体品牌建设的共建局面,建立品牌建设长效机制。积极鼓励阜新 10 家子玛瑙产业基地申报省质量品牌提升示范区。推荐 7 家企业申报省长质量奖,培育 14 家企业纳入阜新市省长质量奖培育库。黄家沟滑雪娱乐之旅入选国家体育总局、文化和旅游部"2022 年春节假期体育旅游精品线路";海棠山风景区等 3 个景区入选全国重点乡村旅游线路

行政区划	主要内容
辽阳	积极运用融媒体、省政府网站、《辽宁日报》等宣传报道质量品牌相关工作80余篇次。提升A级景区、旅行社、星级饭店及从业人员服务质量，培育优质旅游服务品牌。指导辽阳芳烃及精细化工产业园区争创省质量品牌提升示范区。引导企业参加省长质量奖评定，1家获得银奖。有效绿色食品认证达95个，增长率13%。8家企业进入省品牌价值评价榜，总价值221亿元，参与企业数量和品牌价值均创历史新高
铁岭	推荐6家企业参加省长质量奖评定。成功申创省橡胶制品行业质量品牌提升示范区和省鹿产业质量品牌提升示范区，做好省级、国家级质量品牌提升示范区梯队准备。升级打造"铁橡云台"服务模式品牌，2022年被国家市场监督管理局评为全国20佳典型服务案例。完成《地理标志证明商标·铁岭玉米》市级地方标准制定，对《地理标志证明商标·开原大米》和《地理标志证明商标·昌图花生》地方标准进行立项，助力地方品牌创建
朝阳	出台工业质量品牌建设工作方案，加快培育工业品牌、树立工业品牌形象。围绕质量月活动主题，利用纸媒、电视等融媒体，大力宣传追求质量重视品牌的理念，发布稿件100余篇。推荐10家企业和2个园区参加省级品牌价值评价。推荐6家企业参加省长质量奖评定，1家获得金奖。推荐2家企业作为中国质量奖培育组织。2022年有效绿色食品数量为58个，增长率11.54%。推荐喀左县旅游风景区参加省质量品牌提升示范区创建
盘锦	加强质量品牌培育，全市现有1个组织获得中国质量奖提名奖，4家企业获得省长质量奖，15家企业获得市长质量奖。全力打造全国重要石化及精细化工产业基地、盘锦大米国家地理标志产品保护示范区、盘锦河蟹等省质量品牌提升示范区等区域品牌。动员指导4个区域、20家企业参加2022年品牌价值评价，品牌效应不断增强。新认证绿色食品产品5个，截至2022年全市绿色食品认证企业35家，认证产品51个
葫芦岛	兴城市政府获批创建国家级消费品（泳装产品）标准化试点区域和辽宁省质量品牌提升示范区。"兴城泳装"品牌影响力逐年提高，区域品牌价值实现67.07亿元。打造城市餐饮文化"名片"，兴宫中街被评为省级示范步行街，"绥中水豆腐""海鲜辣炒"被评为"辽宁风味小吃"，"海鲜酸菜锅"被评为"辽宁十大名菜"。推动绿色食品认证，2022年有绿色食品企业41家，绿色农产品75个。地理标志保护产品5个
沈抚示范区	多渠道、多角度宣传质量工作成果。引导示范区企业积极参加省长质量奖评定，共推荐4家企业申报。推动沈抚数字经济产业园成功申创省质量品牌提升示范区。相继出台6项知识产权保护制度，知识产权管理水平不断提高

（三）行业品牌建设百花齐放

1. 文旅行业品牌高质量提升

开展全省文物单位安全隐患大排查工作，2022年，辽宁共排查文物单

位891家，落实整改资金8800余万元。举办"辽宁省迎接党的二十大优秀舞台艺术作品展演"，展演剧目34部。实施"辽宁省新时代现实题材创作工程"，芭蕾舞剧《铁人》获中央宣传部第十六届精神文明建设"五个一工程"奖。《双人升降软钢丝》《蒲公英·远方——蹬伞》杂技节目获第十一届中国杂技最高奖"金菊奖"。沈阳九歌青年合唱团荣获全国第十九届群星奖。扎实推进旅游品牌建设，13条线路入选国家"乡村四时好风光"春、夏、秋精品旅游线路；1条冰雪旅游精品线路成功入选文化和旅游部"筑梦冰雪 相伴冬奥"全国10条冰雪旅游精品线路；7条线路被纳入长城主题国家级旅游线路，5条线路入选长城主题精品线路。辽宁"六地"红色核心资源展示传播拓宽新视野。63个文化和旅游领域品牌获得国家认定。文化和旅游消费试点城市、夜间消费集聚区、乡村旅游重点村镇、特色旅游精品线路和创新案例等品牌都有突出表现，国家级旅游精品线路数量位于全国前列。

2. 制造业品牌数字化成效鲜明

2022年，辽宁制定省级数字化车间、智能工厂建设规范条件，认定50个省级智能工厂、102个省级数字化车间。三一重型装备、沈阳航天三菱汽车发动机2家企业获评2022年智能制造示范工厂，鞍钢数字孪生工厂、危险作业自动化等18个场景获评2022年智能制造优秀场景。沈阳新松工业机器人数字化车间标准应用试点等3家企业入选2022年市场监管总局智能制造标准应用试点。

2022年，省级工业互联网平台达到65个。语祯物联和大连冶金轴承的基于工业互联网的轴承行业数字化精益创新应用等8个项目获评2022年工信部工业互联网平台创新应用案例。2022年，辽宁创建国家级绿色工厂28家（见表3），省级绿色工厂93家。

表3　2022年辽宁省创建国家级绿色工厂名单

序号	工厂名称
1	锦西天然气化工有限责任公司
2	辽宁顺风新材料科技有限公司
3	辽宁科隆精细化工股份有限公司

序号	工厂名称
4	营口风光新材料股份有限公司
5	辽宁上药好护士药业(集团)有限公司
6	渤海水泥(葫芦岛)有限公司
7	阜新泰山石膏建材有限公司
8	威尔达(辽宁)环保材料有限公司
9	辽阳千山水泥有限责任公司
10	喀左丛元号水泥有限责任公司
11	辽宁山水工源水泥有限公司
12	东方国际集装箱(锦州)有限公司
13	沈阳海为电力装备股份有限公司
14	通用技术集团沈阳机床有限责任公司
15	传奇电气(沈阳)有限公司
16	营口阿部配线有限公司
17	沈阳法雷奥车灯有限公司
18	沈阳敏能汽车零部件有限公司
19	延锋汽车饰件系统(沈阳)有限公司
20	欧福科技(沈阳)有限公司
21	蒙牛乳业(沈阳)有限责任公司
22	沈阳蒙牛乳制品有限公司
23	辽宁傲农饲料有限公司
24	辽宁吉和源再生资源有限公司
25	恒力石化(大连)化工有限公司
26	大连双瑞风电叶片有限公司
27	柏德皮革(中国)有限公司
28	大连崇达电路有限公司

二 辽宁品牌建设存在的问题

（一）各部门对品牌培育"各美其美"，缺少建设合力，集聚效能发挥受限

目前辽宁品牌评选、认定工作呈现多部门相对独立发展状态，"一县一

品""国家地理标志保护产品""辽宁名牌①""辽宁省工业高质量发展推荐产品目录""专精特新""国家优质工程""辽宁老字号""辽宁礼物""品牌辽宁"等，归口农业、市场监管、工信、住建、商务、广电等不同部门，品牌发展合力较弱，品牌含金量缩水。有些社会机构还与政府的品牌认定工作打擦边球，开展品牌评选工作，出现市场乱象，对政府品牌评价的公信力产生了较大影响。

（二）企业对品牌建设主体意识不强，专业人才短缺，管理成熟度不高

据调研②，超过五成的企业进行了企业品牌推广，越来越多的企业意识到品牌建设是影响企业竞争力的重要因素；46.36%的企业在品牌推广方面没有或零星开展了一些活动；24.7%的企业制定了一定品牌推广的活动计划并有效实施；9.29%的企业在制定了一定品牌推广的活动计划并有效实施的基础上，系统性地运用方法和工具开展品牌管理；10.08%的企业在系统性地运用方法和工具开展品牌管理的基础上，形成品牌管理体系并有效运行；9.56%的企业在形成品牌管理体系并有效运行的基础上，企业品牌管理处于行业领导地位或标杆水平。企业现阶段在品牌建设中面临的主要困难占比从高到低依次是同业恶性竞争、推广成本过大、规模资金制约、品牌意识不足、假冒伪劣影响、政策支持不力、跨国公司冲击和政府过度干预。其中，认为同业恶性竞争、推广成本过大、规模资金制约的企业占比分别为41.27%、35.84%和30.3%。

（三）社会对品牌宣传推广力度不足，形象不突出，品牌溢价能力较弱

目前辽宁省域品牌宣传和推广工作主要包括辽宁卫视《品牌辽宁》节

---

① 该项评定工作虽然已经取消，但企业和社会影响力犹存。
② 参见《2022年辽宁省质量状况白皮书》中的《辽宁省企业质量管理状况问卷调查》，辽宁省市场监督管理局印发，2023年。调查共回收有效问卷3809份，企业抽样遍布辽宁14个地级市及沈抚改革创新示范区，涉及农业、制造业、服务业领域等9个国民经济行业大类。

目、辽宁省商务厅"辽宁礼物"、辽宁省市场监管局组织开展的"辽宁优品"认证、"辽宁省质量品牌提升示范区"等，虽然效果良好，但是未凝聚出强大合力，未构建出具有整体性、统一性的代表区域品牌产品、服务和管理特色的整合形象，自主品牌建设力度还有待加大，品牌故事还需要讲深讲透，"辽宁制造"的品牌溢价能力与品牌资源优势的匹配度还有较大的提升空间。

三 加强辽宁品牌建设的几点建议

（一）加强顶层设计，从政府层面引领辽宁品牌整合发力

1. 加强组织领导

深入贯彻落实党中央、国务院决策部署，充分认识品牌建设的重大意义，根据2022年发布的《国家发展改革委等部门关于新时代推进品牌建设的指导意见》精神，组建辽宁省品牌建设领导小组，由省发改委统筹协调，会同省委宣传部、工业和信息化厅、农业农村厅、商务厅、市场监管局、知识产权局等部门，按照职能分工，对品牌建设加强指导，协同配合，形成合力，扎实推进品牌建设工作。

2. 补齐政策短板

参照《浙江省人民政府办公厅关于打造"浙江制造"品牌的意见》《浙江省质量强省标准强省品牌强省建设"十四五"规划》《关于共建共享"好品山东"推动高质量发展若干措施》《"山东制造"品牌提升行动方案》等，规范和布局辽宁省品牌建设工作的政策、意见，定目标、做方案、教方法、提品质。

3. 加强调查研究

开展品牌价值专项提升行动，根据推荐性国家标准要求，联合标准主要制定单位（中国质量认证中心、中国品牌建设促进会等）和省内品牌研究专业机构、社会组织等合作成立"辽宁省品牌价值评价与提升专项研究"

课题小组，针对企业、行业、区域品牌补链强链、品牌价值提升、品牌管理系统化建设等问题，开展摸底调查、拟写对策建议、实施专项培训等精准帮扶行动，做到监管与服务并行，自创与助他并进。

（二）提升服务职能，从市场层面增强企业品牌主体责任意识

据分析[1]，在亟须政府提供的培训和交流活动中，需要在质量技术基础（标准、计量、认证认可、检验检测）、质量管理水平（质量控制、质量管理方法）方面提供培训或交流的企业占比分别为 44.16%、42.16%；26.91%的企业期待获得质量政策解读；另外，分别有 25.86%、18.96%、13.05%的企业期待获得品牌建设管理、标杆企业经营介绍及卓越绩效评价准则等方面的培训或交流机会。

1. 开展培训宣讲

组织"品牌三专"（专家、专题、专业）主题宣讲和培训活动，鼓励企业负责人学习品牌先进工作经验和国际国内领先成果，加大品牌人才培训力度，提高企业品牌工作主体责任意识，鼓励并引领更多企业导入先进、系统的品牌管理模式、工具及方法，提升企业品牌管理系统水平。

2. 发挥标杆示范

制定"辽宁品牌"认定和管理的地方标准，开展"辽宁品牌"评选活动，形成动态管理机制，对评选出的标杆组织要强化引领和示范效应，产生品牌叠加效应。建立常态化辽宁自主品牌发展平台和沟通机制，增强自主品牌技术实力、产品优势和综合影响力，构建"政产学研用金"品牌发展格局，做好延链、补链、强链。

3. 增强风险意识

引导区域品牌、企业品牌关注"品牌株连""柠檬市场""羊群效应""马太效应"等品牌风险和危机问题，加强企业品牌知识产权保护意识，

---

① 参见《2022 年辽宁省质量状况白皮书》中的《辽宁省企业质量管理状况问卷调查》，辽宁省市场监督管理局印发，2023 年。

积极应用数字化手段提升技术安全保护措施，建立完善"自媒体"时代的品牌应急公关制度和品牌风险防控机制，筑牢品牌知识产权的"商标护城河"。

（三）讲好品牌故事，从宣传层面营造重视品牌建设的良好氛围

1. 构建品牌形象矩阵

2023 年，各省文旅产业卷起了一股推广浪潮，辽宁的文旅宣传口号也全新出炉，产生了强烈的文化认同，为形成上下一致、内外统一的省域品牌形象奠定了良好的基础。建议对标"好客山东""好品山东"等标杆省市品牌打造经验，从历史、文化、社会、经济价值层面全面、整体挖掘、提炼和树立辽宁品牌形象，构建特色品牌形象 IP 系统，培育"辽宁制造"优质品牌集群。

2. 弘扬品牌文化

加大力度展现辽宁品牌特色风貌，做优做强《品牌辽宁》宣传节目，鼓励一批体现辽宁优秀品牌文化、富有辽宁特色的原创影视、文学、演艺作品"创出来""走出去"，出版类似于《荣耀与征程——辽宁品牌 70 年》，能够全方位展示省市、行业品牌成果的专题书籍。牵头组建东北三省品牌发展战略联盟，召开全国品牌发展大会，搭建企业、行业、区域品牌产品推广和服务贸易平台，通过开展"辽宁品牌"中国行、"辽宁品牌"走出去等系列推介活动，加大宣传和推广辽宁品牌的工作力度。

（四）加强人才培养，从社会层面创新品牌人才成长的发展模式

1. 企业层面

引导企业重视品牌管理高级人才、服务人才、宣传设计推广人才的培育和引进，加强与职业院校、高校院所开展产学研联合培养，加大品牌研究成果的转化力度，提升从业人员技能水平，开展重点项目联合攻关等，为品牌策划、营运管理、市场营销等高层次品牌人才提供良好的成长环境。

2. 政府层面

发挥人才作为第一资源的重要作用，做好品牌智库建设工作，整合辽宁品牌人才资源，完善官方智库与民营智库、专业智库与综合智库协同发展的品牌管理专家体系。推动荣获国家和省市各级质量奖的企业进一步发挥示范引领作用，深入实施企业品牌提升专项行动，加大品牌建设投入，积极推进全面品牌管理，促进品牌建设与企业经营良性互动，形成一批具有辽宁特色的品牌建设实践经验。组织并召开国家级的品牌发展专题论坛，凝聚各方经验与力量为辽宁品牌建设提供发展助力。

参考文献

辽宁省市场监督管理局：《2022 年辽宁省质量状况白皮书》，2023。

辽宁省人民政府知识产权办公会议办公室：《2022 年辽宁省知识产权发展与保护状况》，2023。

国家统计局社会科技和文化产业统计司、中宣部文化体制改革和发展办公室编《中国文化及相关产业统计年鉴 2022》，中国统计出版社，2022。

《质量强国建设纲要学习读本》，人民出版社，2023。

乡村振兴篇

B.15
辽宁农业农村经济运行形势分析报告

王 丹　宋雪姣*

摘　要： 2022年辽宁农业农村经济平稳发展，取得了粮食产量稳定增长、畜牧业发展相对稳定、农民收入增速逐步回升、农村人居环境不断改善等成效，对全省经济发展支撑作用不断增强。但在发展中也面临着种植业结构调整冲突、农村消费明显不足、县域经济短板依旧存在等现实发展问题。面对国际国内新形势，辽宁要从加强农业基础设施建设，提升粮食综合生产能力；降低生产成本，扩大农民增收空间；加强技能培训，提高农民就业创业能力；挖掘消费潜力，激活省内农村大市场；大力发展县域经济，夯实农村经济发展引擎；加快推进农产品精深加工，促进三产融合发展等方面采取措施，实现辽宁农业农村经济高质量发展。

关键词： 农业农村经济　农业强省　农民收入　县域经济　乡村产业

---

* 王丹，辽宁社会科学院农村发展研究所所长、研究员，主要研究方向为农村经济、区域经济；宋雪姣，辽宁省大数据管理中心高级经济师，主要研究方向为区域经济。

一 2022年辽宁农业农村经济运行与发展的现状分析

2022年，辽宁全面贯彻党的十九大、十九届历次全会和党的二十大精神，坚持稳中求进工作总基调，全面贯彻新发展理念，围绕构建新发展格局，科学统筹推进经济社会发展，全省经济延续稳定恢复的发展态势。扎实推动农业农村高质量发展，全面推进乡村振兴取得了新成效。

（一）农业农村经济平稳增长，对全省经济支撑作用不断增强

2022年，全省地区生产总值完成28975.1亿元，同比增长2.1%。其中，第一产业增加值完成2597.6亿元，增长2.8%；第二产业增加值完成11755.8亿元，下降0.1%；第三产业增加值完成14621.7亿元，增长3.4%。全省固定资产投资稳定增长，同比增长3.6%。其中，第一产业投资同比增长1.4%；第二产业投资同比增长6.1%；第三产业投资同比增长2.4%。全省进出口保持增长，全省全年进出口总额7907.3亿元，同比增长2.4%。其中，出口额3584.6亿元，增长8.2%。作为重点产品，农产品出口持续增长，出口额达到299.6亿元，同比增长15.3%。[①] 由以上数据可以看出，第一产业对全省经济增长的拉动作用不断增强，为促进全省经济社会稳定提供了有力支撑。

（二）播种面积只增不减，粮食产量稳定增长

辽宁把粮食安全作为首要任务，坚持粮食播种面积只增不减，全省粮食产量屡创历史新高，不断巩固提升粮食生产能力和粮食主产省地位。2022年粮食产量为2484.5万吨，比上年减少54.2万吨，减产2.1%，但仍为历史第二高，粮食总产量仍居全国第12位。其中，玉米总产量达到1959.2万吨，比2021年减少49.2万吨，减幅为2.4%；水稻总产量达到

---

① 《2022年全省经济运行情况综述》，辽宁省统计局网站，2023年1月20日。

425.6 万吨，同比增加 0.9 万吨，增幅为 0.2%；豆类产量达到 27.9 万吨，同比增加 1 万吨，增幅为 3.7%，其中大豆产量达到 27 万吨，同比增加 1.9 万吨，增幅为 7.6%。

从粮食单产来看，2022 年辽宁粮食单产 465.1 公斤/亩，减产 2.6%，在 13 个主产省中排名第 2，比全国平均水平高 78 公斤/亩，高出 20.1%。其中，玉米单产达到 473.6 公斤/亩，比 2021 年净减少 17.9 公斤/亩，减幅 3.6%；水稻由于生长期未受灾情影响，光热条件匹配充分，单产比上年净增 5.7 公斤/亩，达到 549.4 公斤/亩；大豆单产达到 154.78 公斤/亩。

从种植面积来看，2022 年辽宁省粮食作物播种面积为 5342.3 万亩，比上年增加 26.9 万亩，增长 0.5%，连续 5 年保持增长，实现了粮食播种面积只增不减的目标任务。谷物播种面积为 5074.3 万亩，比上年增加 20.6 万亩，增长 0.4%。其中，水稻播种面积 774.6 万亩，比 2021 年减少 6.4 万亩；玉米播种面积达到 4137 万亩，比 2021 年增加 50.7 万亩，增长 1.2%；豆类播种面积达到 180.9 万亩，比 2021 年增加 10.7 万亩，增长 6.3%，其中大豆播种面积 172.9 万亩，比 2021 年增加 17.7 万亩，为 2010 年以来最高，增幅为 11.4%（见表 1）。玉米等高稳产作物播种面积不断增加，为粮食产量稳定奠定了基础。

表 1　2020~2022 年辽宁省主要粮食作物播种面积情况

单位：万亩，%

指标	2020 年	2021 年	2022 年	2022 年比 2021 年增长率
粮食作物	5290.8	5315.4	5342.3	0.5
谷物	5016.2	5053.7	5074.3	0.4
水稻	780.6	781	774.6	-0.8
玉米	4049	4086.3	4137	1.2
豆类	147	170.2	180.9	6.3
大豆	154.8	155.2	172.9	11.4

资料来源：根据 2021、2022 年辽宁统计年鉴及辽宁省统计局网站资料计算整理。

（三）畜牧养殖业发展相对稳定，生产结构有所调整

2022年猪牛羊禽肉产量共计444.3万吨，同比增长2.5%，其中猪肉、禽肉、牛肉产量创近十年新高。生猪价格走出低谷，生猪产能开始逐步回调。2022年全省生猪出栏2894.3万头，同比增长1.5%；猪肉产量242.6万吨，同比增长1.6%。2022年末辽宁省生猪存栏1414.6万头，生猪存栏由2022年前三季度的同比下降转为增长8.1%；其中能繁殖母猪存栏172.4万头，同比增长2.0%。牛羊出栏价格出现波动，生产保持相对平稳发展。全省牛存栏294.6万头，同比增长1.3%；全年牛出栏203.5万头，同比增长2.4%；牛肉产量32.3万吨，同比增长2.7%；生牛奶产量134.7万吨，同比下降3.0%。2022年末全省羊存栏787.8万只，同比下降2.9%；全年羊出栏585.4万只，同比下降3.1%；羊肉产量6.7万吨，同比下降3.0%。家禽生产稳定发展，生产结构有所调整。2022年家禽出栏97253.5万只，同比增长4.2%；禽肉产量162.8万吨，同比增长4.2%；禽蛋产量315.8万吨，同比下降2.9%。

（四）农民收入增速逐步回升，城乡差距有所缩小

2022年辽宁省农村居民人均可支配收入为19908元，同比增长3.6%，低于全国平均水平2.7个百分点，在全国各省（区、市）中位居第10。城乡居民人均收入比为2.21，比上年有所缩小。从全年的变动来看，上半年增速大幅回落，下半年在稳就业、保民生一系列政策作用下，农民收入增速呈逐步回升态势。从区域来看，全省14市农村居民人均可支配收入实现全面增长，其中辽西北地区收入增长较快。

从四项收入结构来看（见表2），2022年人均工资性收入为7442元，同比增长4.7%，占人均可支配收入的比重为37.4%。主要原因是2022年以来，辽宁持续强化农民工就业优先政策，提供精准就业服务，农民就业形势总体平稳。同时积极通过上调最低工资标准、开展根治欠薪专项行动、举办职业技能培训等方式，有效保障农民务工权益。人均经营净收入为8831元，

同比增长 1.9%，占人均可支配收入的比重为 44.4%。主要是受粮食产量再获丰收、粮食价格整体高位运行等有利因素拉动。人均财产净收入为 423元，同比增长 6.6%，占人均可支配收入的比重为 2.1%。主要原因是转让承包土地经营权租金等收入有所提升，同时由于近几年农民储蓄理财意愿有所增强，实现利息净收入较快提升。人均转移净收入为 3212 元，同比增长5.5%，占人均可支配收入的比重为 16.1%。主要原因是惠农政策和农村社会保障水平不断提高，养老金及城乡低保稳定增长，2022 年下半年全省退休人员基本养老金、新型农村养老保险和城乡低保发放标准均继续提高，政策性惠农现金补贴增长，同时农村居民外出寄带回收入也呈现较快的增长态势。

表 2　2022 年辽宁农村居民人均可支配收入构成情况

单位：元，%

指标	总量	比重	增速
可支配收入	19908	100	3.6
工资性收入	7442	37.4	4.7
经营净收入	8831	44.4	1.9
财产净收入	423	2.1	6.6
转移净收入	3212	16.1	5.5

资料来源：根据 2022 年辽宁统计年鉴及辽宁省统计局网站资料计算整理。

（五）农村消费有所下降，呈现"两升六降"

2022 年辽宁省农村居民人均消费支出为 14326 元，比 2021 年减少 280元，同比下降 1.9%。主要原因是对未来收入预期信心不足，农村居民消费意愿下降。从八大类消费支出来看，呈现"两升六降"态势，"两升"指的是人均食品烟酒支出、生活用品及服务支出保持增长，同比分别增长 3.0%和 2.0%。其他均呈现下降趋势，其中降幅排在前 3 位的分别是人均教育文化娱乐支出、居住支出、其他用品和服务支出，同比分别下降 9.9%、

4.8%、4.7%。农村居民恩格尔系数为31.5%，比上年提高1.5个百分点，主要原因是居家时间较多，主要用于基本生活必要支出，增加了食品烟酒类消费支出。

（六）坚持农业绿色发展，农村人居环境不断改善

2022年，进一步推进化肥农药减量增效和农业绿色防控，农药、化肥利用率稳定在40%以上，主要农作物病虫害绿色防控覆盖率达到50%，比上一年提高4个百分点。进一步加强农产品质量安全体系建设，农产品质量安全监测总体合格率保持在98%以上。进一步推进农业废弃物资源化利用和回收处置，畜禽粪污综合利用率达到83.5%，秸秆综合利用率达到91%，废旧农膜回收率达到88.2%。深入实施农村人居环境整治提升五年行动，创建美丽宜居村1119个。在178个村实施生活污水处理设施建设，以美丽宜居创建村为重点，实施生活污水资源化治理。以"抓分类、促运行、补短板"为重点加大农村生活垃圾治理力度，95%的行政村开展了农村生活垃圾分类。

（七）持续深化改革，提升农村经济发展新动力

持续推进农村土地制度改革，稳妥推进第二轮土地承包到期后再延长30年试点工作。深入推进农村产权制度改革，全面启用农村集体"三资"管理平台，推动实现全省农村集体资产全流程在线交易。深入开展"集体经济千村示范建设"工作，加强政策资金支持，扶持600个村发展壮大集体经济。稳妥推进农村宅基地改革试点工作，沈阳市沈北新区、沈阳市于洪区、大连市旅顺口区三个宅基地制度改革试点区出台政策91项。进一步加强新型农业经营主体培育，积极做好农民合作社示范社、示范家庭农场"三级联创"工作，新增县级以上农民合作社示范社361个，示范家庭农场640个。加快发展农业生产社会化服务，全省各类服务组织达到3万余个。

二 2022年辽宁农业农村经济发展存在的主要问题

(一)粮食安全重要性凸显,种植业结构调整冲突依旧存在

在复杂的国际形势下,粮食安全的重要性不断凸显。国家加大了对粮食作物种植的指导,尤其是进一步增加玉米、水稻、大豆三大重要作物的种植。2022年辽宁响应国家号召,大力实施大豆油料扩种行动,结合实际,以扩大种植面积、挖掘科技潜力、提升单产和品质、促进增产增效为目标,筛选推广高产优质品种,集成推广绿色高产高效栽培技术模式,推行玉米、大豆合理轮作,示范推广玉米、大豆带状复合种植,大豆种植面积有所增长。但辽宁这三大作物在种植方面长期存在着争地的现象。受比较效益的影响,近几年辽宁农业种植结构发生明显变化。主要表现为玉米种植面积不断增长,而水稻种植面积则有所下滑,大豆种植面积虽然随政策支持力度的不断加大而有所增长,但农民种植大豆的意愿并不强烈。农民种植玉米的意愿明显高于种植其他作物,主要原因是玉米的种植易于管理,而且比较收益相对较高。大豆种植田间管理强度较大,人工成本相对较高,且对地力、气候条件等要求较高,所以农民种植大豆意愿不强。2022年辽宁谷物播种面积同比增加0.4%,其中玉米播种面积同比增加1.2%,水稻、其他谷物、薯类播种面积则分别下降0.8%、12.4%、4.8%。

(二)生产成本不断上涨,农业收益空间受到挤压

长期以来,我国农产品市场价格远远高于国际农产品市场价格的现象一直存在。近几年,国内农业生产成本不断上升,更加挤压了农民增收空间。从2022年的农业生产来看,不论是种植业还是畜牧养殖业都普遍面临着成本上涨的问题。种子成本、人工成本、饲料成本、水电成本都存在着不同程度的上涨,进一步挤压了农民增收空间。尤其是畜牧养殖业表现更加突出,由于肉类市场价格在2022年上半年的低迷表现,养殖成本反而不断增长,

导致养殖户尤其是一些中小型养殖户亏损严重。农业生产资料价格逐年增长，农业生产人工成本不断提高，导致农业生产成本不断提高。只有不断提高农产品价格才能实现农民稳定增收，但农产品供给直接关系民生保障，保持农产品价格相对稳定是社会发展的需要。同时，粮食安全的重要性不断凸显，未来阶段粮食增产的压力日趋加大，作为粮食基地，辽宁要确保粮食播种面积稳定，粮食单产稳步提升，但粮食播种面积增长空间有限、单产提高难度较大，依靠粮食增产来拉动农民增收的空间也极为有限。

（三）收入增速放缓，农民持续增收面临挑战

2022 年，辽宁省农村居民人均可支配收入比上年增长 3.60%，这是近十年来的最慢增速，农村居民收入增长放缓趋势明显（见表3）。2022 年辽宁农村居民人均可支配收入增速低于全国平均水平 2.7 个百分点，在全国各省（区、市）中位居第 29，仅高于上海和吉林。从收入总量来看，低于全国平均水平 225 元，全国位次由 2021 年的第 9 位后移至第 10 位，被江西省超越。

表3　2012~2022 年辽宁农村居民人均可支配收入增速情况

单位：元，%

年份	农村居民人均可支配收入	比上年增长
2012	9383.7	—
2013	10522.7	12.14
2014	11191.5	6.36
2015	12056.9	7.73
2016	12880.7	6.83
2017	13746.8	6.72
2018	14656.3	6.62
2019	16108.3	9.91
2020	17450.3	8.33
2021	19216.6	10.12
2022	19908	3.60

资料来源：根据历年辽宁统计年鉴及辽宁省统计局网站资料整理。

从 2022 年农村居民人均可支配收入构成来看（见表4），经营净收入依旧排在首位，比重约为 44.4%，近几年所占比重较"十三五"时期略有回升，可以看出辽宁农民收入主要还是来自经营净收入，可见辽宁农民增收对农业生产的依赖性较强，但目前辽宁农业生产规模化水平仍然不高，容易受气候、价格等外界因素影响，其持续增收的稳定性不强。其次是工资性收入，约占 37.4%，工资性收入总量和增速分别低于全国平均水平 1007 元和 1.5 个百分点，占可支配收入的比重低于全国平均水平 2.6 个百分点。从占可支配收入的比重来看，近几年也有所下降。工资性收入是农民增收的重要途径，近几年农民工大多选择就近就业，或者外出农民工返乡就业。同时，受经济下行压力增大的影响，传统制造业、建筑业等劳动密集型行业发展不景气，用工需求增长趋缓。2022 年辽宁省农民工总量为 467 万人，比上年减少了 11 万人，下降了 2.3%。财产净收入和转移净收入占比近几年保持相对稳定，主要是近几年加大了惠农政策支持和提高了农村社会保障水平，但财产净收入来源狭窄，转移净收入短时间大幅增长的可能性也不大。要实现农民保持持续增收还是要立足于工资性收入和经营净收入。

表4　2012~2022 年辽宁农村居民人均可支配收入构成

单位：%

年份	总计	工资性收入	经营净收入	财产净收入	转移净收入
2012	100.0	38.7	51.0	2.6	7.7
2013	100.0	40.0	49.0	2.7	8.3
2014	100.0	39.0	46.9	2.1	12.0
2015	100.0	39.2	46.2	1.9	12.6
2016	100.0	39.4	43.8	2.0	14.9
2017	100.0	39.4	42.3	2.2	16.1
2018	100.0	38.5	42.7	2.3	16.5
2019	100.0	38.6	43.5	1.8	16.1

续表

年份	总计	工资性收入	经营净收入	财产净收入	转移净收入
2020	100.0	37.3	45.1	1.7	15.9
2021	100.0	37.0	45.1	2.1	15.8
2022	100.0	37.4	44.4	2.1	16.1

资料来源：根据历年辽宁统计年鉴及辽宁省统计局网站资料整理。

（四）消费明显不足，建设农村大市场还需努力

2022年辽宁农村居民人均消费支出为14326元，同比下降1.9%，总量和增速分别低于全国平均水平2306元和6.4个百分点，在全国各省（区、市）中分别位居第21和第26，而2022年辽宁农村居民收入总量位居全国第10，说明辽宁农村居民消费能力明显不足。近几年农村居民消费倾向明显下降，消费需求明显不足。导致农村居民消费不足的原因，主要有以下几点。一是对未来养老的担忧。农民把收入握在手中，主要用于未来养老，目前来看，农村社会保障体系并不健全，农村养老问题主要靠个人积蓄。二是农民的财产净收入较少。很多地区农村集体经济发展仍然不强，集体经济红利很少。同时，农村金融市场发展缓慢，农民投资收益较少。

（五）县域经济发展滞缓，短板急需补足

县域是农村经济发展的重要区域，是城乡融合发展的衔接点。在构建"以国内大循环为主体，国内国际双循环相互促进"的新发展格局下，县域经济是城乡融合发展的重要载体和平台，推动县域经济高质量发展是实现全面乡村振兴的现实需要和必然选择。近几年，辽宁县域经济整体发展呈现下降趋势。县域经济占全省经济总量的比重也由2013年的46.5%下降到2022年的26.7%。从历年全国百强县榜单来看，近几年变化较大。2012年辽宁有11个县进入全国百强县榜单，近几年辽宁县域经济板块逐渐淡化，只剩下瓦房店、海城、庄河还在榜且排名位次也一直徘徊在中下游。从县域经济

总量上来看，与发达省份的差距不断拉大。2022 年只有 8 个县（市）GDP 总量超过了 200 亿元。

（六）产业处于初步发展阶段，农产品加工业需进一步加强

近几年，辽宁努力提升乡村产业发展水平，积极推进农产品加工项目、农产品加工集聚区、农业现代化示范区、现代农业产业园以及农业产业强镇建设。重点围绕粮油、畜禽、饲料、果蔬、水产 5 大产业加快推进农业全产业链建设。乡村特色产业也取得了一定的发展。但整个农业产业化发展仍处于起步阶段。农产品加工业在规模以上工业增加值行业构成中占比较低。2022 年全省农产品加工业增加值比上年下降 2.3%，占规模以上工业增加值的比重仅为 7.9%。其中，烟草制品业增加值增长 10.6%，农副食品加工业增加值下降 0.1%，食品制造业增加值下降 4.3%。[1] 辽宁省建设食品工业大省还有一段很长的路要走。

三 当前农业农村经济发展面临的形势分析

（一）国际形势

当前，国际形势复杂多变，西方国家面临严重的通货膨胀、世界经济复苏乏力、国际农产品市场的不稳定性增强，这些因素会严重影响我国农产品贸易、国内市场供给结构与价格运行。近几年粮油等重要农产品价格在国际市场上较长时间保持高位运行，一些重要粮食产地种植规模不断扩大，粮食和重要农产品供给增加是普遍预期。[2] 但由于复杂的国际环境，一些出口国家有可能限制重要农产品的出口，加剧国际农产品市场的不稳定性和不确定性。

---

[1] 《2022 年辽宁省国民经济和社会发展统计公报》，辽宁省统计局官网，2023 年 3 月 30 日。
[2] 《2022 年中国农业农村经济形势分析及 2023 年展望与预测》，社会科学文献出版社，2023 年 4 月。

（二）国内形势

2023 年我国经济发展呈现恢复性增长，促进经济高质量发展的一系列政策出台，经济向好的趋势已经明显显现，但现实的压力依旧存在。部分企业生产经营困难，用工计划缩减，甚至出现停产停业，这都需要一定的恢复期，国内经济下行压力依旧存在，稳就业、稳经营难度依旧较大，经济与社会发展的不确定性因素依旧在一定程度上存在，这将对农业农村发展和农民收入增长产生较大影响。

（三）省内形势

辽宁作为老工业基地，长期积累的结构性矛盾也在经济增速减缓的过程中逐渐显露，制造业领域产能相对过剩、国内大市场的构建也在进行中，虽然正积极采取措施扩大内需、拉动投资、拓展外贸引领等，但形成新动能拉动经济发展还需时间累积。同时，作为辽宁农业农村发展重要载体的县域经济近几年发展相对滞缓，势必影响到整个农业农村的发展。

四　促进辽宁农业农村经济高质量发展的对策建议

（一）加强农业基础设施建设，提升粮食综合生产能力

辽宁是产粮大省之一，粮食安全是"三农"工作中的重中之重。一是进一步强化耕地保护，要坚决遏制耕地"非粮化"，严守耕地红线，巩固永久基本农田特殊保护制度，加强和改进耕地占补平衡管理，全面落实"进出平衡"制度，严格控制非农建设占用耕地，尤其要加强黑土地保护，分类实施黑土地保护工程，确保优先保护类耕地面积不减少、质量不下降，着力提升耕地质量。二是充分利用 2022 年启动的土壤三普工作[1]，摸清辽宁

---

[1]　第三次全国土壤普查，辽宁省农业农村厅网站。

当前耕地、园地、林地、草地等农用地土壤质量家底，采取科学措施改良土壤状况、提高耕地质量和加强生态环境保护，进一步优化辽宁省农业生产布局，提高耕地地力和粮食单产水平，推进粮食产业高质量发展。三是结合国家新一轮千亿斤粮食产能提升行动，继续完善农业基础设施建设，加强粮食主产区中低产田改造和高标准农田建设，提升耕地质量和产出效能。四是进一步加强农田水利工程建设，有效衔接相关灌区骨干工程，提升抗灾减灾能力，切实做到旱能灌、涝能排，确保粮食稳产高产。辽宁长期以来大多关注旱情，但近几年多次出现了内涝的情况，需要进一步做好农田排涝风险隐患排查，进一步加强农田排涝设施的建设，提前做好应对防范工作。

（二）降低生产成本，扩大农民增收空间

采取有效措施，降低农业生产成本。一是加强市场管理，保障农业生产物资，尤其是保障种子、化肥等与生产直接相关的物资供应，确保平稳的价格。同时要加强市场打假，防止假种子、假化肥坑害农民。二是加快农业社会化服务组织发展，实现农业生产规模化发展，从组织建设上有效降低农业生产成本。三是推进畜牧种养结合发展，降低养殖成本。大力推进粮改饲试点和振兴奶业苜蓿发展行动，积极推广农作物秸秆青贮、微贮、氨化、粉碎等加工技术，提高秸秆在地化、饲料化利用率，降低养殖业的饲料成本。四是进一步完善粮食生产扶持政策，健全产粮大县支持政策体系，落实好产粮大县奖励资金，弥补产粮大县为粮食安全的付出。落实好国家稻谷最低收购价、生产者补贴、耕地地力保护补贴等惠农政策，切实保障种粮的合理收益。

（三）加强技能培训，提高农民就业创业能力

加强对广大农民多形式的技能培训，提高其就业创业能力。一是充分利用现有的网络、手机等平台加强农业领域专业技能培训，加大从事农业经营的农户对新科技的推广使用力度，提高农民的农业经营收入。二是积极了解农民的创新创业需求，积极开展创新创业技能培养计划，针对不同创业阶段的特点、需求和地域经济特色，结合县域经济发展，注重围绕市场急需紧缺

岗位，大力开展家政、餐饮、保安、物流等服务行业就业技能培训，科学引导农民工转型到各种岗位，引领农民积极开展创新创业。三是积极建立企业用工信息渠道，拓宽就业渠道。充分利用线上线下就业服务平台，拓宽农民工获取就业信息的渠道。尤其要注重线下就业岗位信息发布渠道，解决大龄农民工不太会用网络平台错失信息的问题。积极支持企业组织农民工开展以工代训，不断适应新环境下不断提升的用工技能需求，提高农民工的专业技能。四是积极转变就业方式，积极发挥村级组织和龙头企业作用，鼓励采取以工代赈的方式创造更多就地就近就业机会，推动更多农民工实现就近就业。五是加强政府监管，督导用工企业改善农民工工作环境、做好劳动保障，确保农民工合法权益。

（四）挖掘消费潜力，激活省内农村大市场

积极扩大消费需求，恢复和扩大农村消费。一是大力推进农村县域商业体系建设，构建县、乡、村三级商业消费服务设施网络体系，积极拓展餐饮、休闲养生、美容美发等生活性服务业功能，方便农民日常生活需要，促进农村消费。二是加快推进农村电子商务发展。围绕"全国电子商务进农村综合示范县"工作，以综合示范县项目为引领，积极探索农村电商发展模式，进一步完善农村电子商务公共服务和仓储配送体系，实现工业品下乡和农产品进城双向流通。三是培育健全农村消费市场环境，加强消费者权益保护，探索适合农民的消费补贴形式，挖掘新的消费增长点，加快消费提质升级，激发消费活力。四是进一步完善农村社会保障体系建设，加快健全多层级农村社会保障体系，及时调整农村低保、特困人员救助、养老金等标准，减轻农民养老负担，积极推进农村土地及集体产权制度改革，激活农村现存的资产资源，探索农户持股的股份合作制，扩大农民财产净收入，增强农民消费底气。

（五）大力发展县域经济，夯实农村经济发展引擎

县域经济是农村经济发展的重要引擎。近几年，大力推进县域经济高质

量发展是辽宁各级政府的重要工作内容。一是大力构建县域产业体系。从全国县域经济百强县的发展经验来看，产业发展是县域经济的重要抓手。要立足县域传统产业和资源禀赋，明确各个县域产业发展方向，挖掘传统产业优势，积极培育在县域大有可为的新兴产业和新兴业态，提升"新字号"产业对县域经济发展的支撑作用，激发增长新动力，实现产业振兴。二是加大县域项目招商和储备力度。各县域要突出现有产业特色、优化资源配置、壮大主导产业，加大县域重大项目的引进力度，加快形成产业新的增长点。同时，当好项目管家，做好项目推进过程中的要素保障和协调服务。三是大力发展乡村特色产业。立足乡村农业资源，大力发展特色农业，实现规模化发展，逐渐形成特色产业链条。同时各县域要以特色农业资源为载体，推动农业发展向绿色有机转型，适应人们日益增长的消费升级需求。四是大力发展县域服务业。服务业在一定程度上决定县域经济的繁荣程度。要把服务业作为县域经济发展的重要内容重视起来，坚持把大力发展现代服务业作为调结构、稳增长、保就业的重要支撑，全力推动服务业发展提速、比重提高、质量提升。各个县域要稳步发展传统服务业，着力提升旅游产业、现代物流业、金融服务业、通航低空游览、研学旅游、自然康养服务、生态旅游、休闲观光旅游等新型生活性服务业发展。进一步发挥县城的集聚效应，在县城形成交通便利，批发零售业态集中，住宿、餐饮娱乐等生活性服务业配套齐全，物流配送、金融等生产性服务业功能完备的服务业集聚区，大力提升第三产业对县域经济增长的贡献率。

（六）加快推进农产品精深加工，促进三产融合发展

产业振兴是全面推进乡村振兴的重要内容，构建高质量的乡村产业体系是农村经济发展的基础。一是大力发展特色农业。进一步优化特色农业布局，推动盘锦大米、阜新花生等特色种植业发展，加快提升水果、食用菌、花卉等特色农产品产业化发展，加快建设现代化畜牧种养结合产业基地，实现特色畜牧产业规模化发展。积极推动特色农业进行标准化生产、全程化管控，全面提升农产品的品质。二是拉长产业链条。围绕粮油、畜禽、水产

品、果蔬、饲料五大产业，加强"建链、补链、强链"，促进第一产业向第二、第三产业延伸。三是加快载体建设。积极推进农业产业强镇、特色优势产业集群区、现代农业产业园等产业融合载体建设，加快推进农村一二三产业融合发展。四是加快龙头企业培育，加强现有农产品加工企业改造升级，积极引入一批农产品精深加工的龙头企业。五是大力发展预制菜加工，积极推动农产品加工新业态、新模式发展。

参考文献

2020~2022 年辽宁统计年鉴。

《2023 年辽宁省政府工作报告》，《辽宁日报》2023 年 1 月 8 日。

《2022 年辽宁省国民经济和社会发展统计公报》，辽宁省统计局网站，2023 年 3 月 16 日。

《2022 年全省经济运行情况综述》，辽宁省统计局网站，2023 年 1 月 20 日。

B.16
沈阳市发展壮大县域经济的思路与对策

辽宁社会科学院课题组*

摘　要： 县域经济是辽宁经济发展的短板之一，沈阳作为省会城市，其县域经济发展在全省有一定的代表性。最近几年沈阳在县域经济发展方面已经取得了较为明显的成效，积累了一定的实践经验，但与先进地区相比，发展中也存在着一些现实问题，比如县域经济发展滞后、县域工业经济规模小、县域开发区（园区）承载力不高、农业发展质量效益不高等。针对这些存在的问题，本文提出加大县域项目招商和储备力度，做强工业经济；大力发展现代服务业，提高第三产业占比；大力发展都市现代农业，实现农村三产融合发展；大力发展科技创新，实现县域跨越式发展；推进园区体制机制改革，提高园区的引领作用；加强县城功能建设，增强对县域经济引领和集聚作用等发展壮大沈阳市县域经济的对策建议。

关键词： 县域经济　沈阳　产业园区　城乡融合

县域一头连接城市，一头接续乡村，是实现城乡融合发展的载体和平台。最近几年沈阳在县域经济发展方面已经取得了较为明显的成效，积累了一定的实践经验，但与先进地区相比，发展中依旧存在着一些现实问题。"十四五"时期，沈阳围绕新时代全面振兴全方位振兴取得了新突破，提出了全面推进乡村振兴四大建设任务，即"提高农业质量效益和竞争力、深化农村综合改革、发展壮大县域经济、全面实施乡村建设行动"，其中县域

---

*　课题组成员：王仕刚、王丹、李志国、董丽娟、侯荣娜、范忠宏、于彬、马琳。

是实施乡村振兴的主阵地。同时，沈阳正在加快国家中心城市建设，加快发展壮大县域经济为建设国家中心城市奠定坚实基础成为现实选择。

一 沈阳市县域经济发展现状

沈阳市县域包括两县一市，即法库县、康平县、新民市。① 县域总面积为 7745 平方公里，占全市国土总面积的 60.2%，常住人口达到 1184951 人（第七次人口普查数据），占全市总人口的 13.1%。

（一）县域经济持续增长，在全市经济中的地位不断加强

2021 年沈阳县域地区生产总值达到 613.4 亿元，总量占全市 GDP 的 8.5%，比 2018 年增长 0.6 个百分点。其中，第一产业占全市的 54.3%，比 2018 年增长 2 个百分点；第二产业占全市的 5.7%，比 2018 年增长 0.4 个百分点；第三产业占全市的 6.6%，比 2018 年增长 0.3 个百分点。一般公共预算收入占全市比重为 5.7%，固定资产投资占全市比重为 6.3%。2018~2021 年沈阳县域地区生产总值年均增长 8.3%（见表 1、表 2）。由以上数据可以看出，沈阳县域经济在全市经济中的比重不断增长。

表 1　2021 年沈阳市县域经济主要指标

单位：亿元，%

指标	全市	比上年增长	县域	比上年增长	比重
地区生产总值	7249.7	7.0	613.4	6.0	8.5
第一产业	326.3	4.2	177.3	5.3	54.3
第二产业	2570.3	7.8	147.2	3.0	5.7
第三产业	4353.0	6.7	288.9	7.9	6.6
固定资产投资	—	—	—	-3.7	6.3

---

① 本课题研究只选取法库县、康平县、新民市，在以前的相关研究中把辽中区纳入沈阳县域范畴，但随着辽中区逐渐融入市区经济，在统计口径上也被归入市区经济，故本课题研究不再包括辽中区。

指标	全市	比上年增长	县域	比上年增长	比重
社会消费品零售总额	3985.1	9.6	211.8	13.9	5.3
实际利用外资	8.2	90.3	1	44.8	11.6
一般公共预算收入	773	5.0	39.3	5.5	5.7
税收收入	612.4	1.9	27.6	-2.9	4.5

资料来源：根据 2022 年沈阳统计年鉴整理。

表 2 2018~2021 年沈阳市县域地区生产总值情况

单位：万元，%

地区	2018 年	2019 年	2020 年	2021 年
地区生产总值				
康平	—	1116196	114645	1243769
法库	—	1845785	1833187	2078573
新民	—	2380742	2578576	2811332
以上合计	4825000	5342723	4526408	6133674
全市	61018248	64645019	65715509	72496777
县域占全市比重	7.9	8.3	6.9	8.5
第一产业				
康平	—	349481	356190	391323
法库	—	401362	435495	482047
新民	—	760833	836392	899392
以上合计	1360000	1511676	1628077	1772762
全市	2601105	2840872	3036049	3263404
县域占全市比重	52.3	53.2	53.6	54.3
第二产业				
康平	—	289633	290404	323019
法库	—	430682	408339	522156
新民	—	512041	571689	627189
以上合计	1104000	1232356	1270432	1472364
全市	20855263	21555285	21690087	25703198
县域占全市比重	5.3	5.7	5.9	5.7

续表

地区	2018 年	2019 年	2020 年	2021 年
第三产业				
康平	—	477082	499856	529427
法库	—	1013741	989353	1074370
新民	—	1107868	1170495	1284751
以上合计	2361000	2598691	2659704	2888548
全市	37562880	40248862	40989373	43530175
县域占全市比重	6.3	6.5	6.5	6.6

资料来源：根据 2019~2022 年沈阳统计年鉴整理。

（二）县域第一产业在全市占比较大，第二、第三产业发展相对偏弱

从 3 个县（市）的地区生产总值来看，2021 年第一产业完成 177.3 亿元，占全市的 54.3%。而第二、第三产业占全市的比重分别为 5.7%、6.6%。从县域的农林牧渔业总产值来看，2021 年 3 个县（市）完成 429.9 亿元，约占全市的 65.4%。从 2021 年 3 个县（市）三次产业结构来看，除法库第二产业略高于其第一产业外，康平、新民的第二产业占比都低于第一、第三产业。从县域整体的三次产业结构来看，第二产业也明显滞后。

（三）县域开发区（园区）不断发展，主导产业发展格局初步显现

近年来，沈阳市在政策、资金、技术、信息等方面不断加大对县域产业集聚区的扶持力度，促进资源要素向重点园区、主导产业和战略性新兴产业集聚，各个县域聚焦农产品精深加工、塑编制品、陶瓷建材产业、造纸包印产业、医药健康产业等，已经形成各具特色的产业园，主导产业发展格局初步形成（见表 3）。

表3　沈阳市县域产业集聚区基本情况

单位：平方公里

序号	县域	特色产业园	主要产业	规划面积
1	康平	朝阳工业园	农副产品深加工产业、塑编纺织产业、汽车零部件产业	15.34
2		东关工业园	新材料产业、清洁能源产业	3.6
3		陆港经济园	商贸物流、市场集散等生产性服务产业	2.34
4		八家子产业园	城市固体废物处理、资源循环产业	0.59
5	法库	陶瓷产业园	陶瓷材料、陶瓷建材产业	30
6		通航产业园	通用航空产业、生态旅游、现代观光农业	19.21
7		辽河产业园	谷物磨制、菌类加工、休闲豆制品、饲料等农产品精深加工产业及新型建材、电力设备、机械加工等工业产业	14
8		孟家绿色食品产业园	绿色休闲食品、生物制品和基础原料酒业等农产品精深加工产业	20
9	新民	造纸包印及文化创意产业园（东大营A园/胡台B园）	造纸包印产业	6
10		医药食品产业园	中医药、原料药、医疗器械、食品加工等产业	6
11		胡台汽车零部件产业园	汽车动力总成、电子电气、内部装饰及特种车和农机车整车改装等配套产业	1
12		胡台智能制造产业园	智能家居制造、建材智能生产、智能穿戴等配套产业	2

资料来源：根据沈阳市政协相关调研资料整理。

二　沈阳市县域经济发展中存在的主要问题

近几年，沈阳市不断加大对县域经济发展的支持力度，取得了一些成效。但作为辽宁省会和沈阳现代都市圈的核心城市，其县域经济发展依然存在一些短板。

（一）县域经济发展滞后，对国家中心城市建设支撑作用不强

沈阳市县域经济总量仍然偏低，大城小县现象依然较为突出。2021 年县域地区生产总值为 613.4 亿元，占全市的 8.5%，而大连市这两个指标分别为 1576.8 亿元、33.7%。2022 年全国县域经济综合竞争力百强县榜单①中，辽宁瓦房店市（排名 68 位）、庄河市（排名 93 位）2 个县（市）入围。2023 年 7 月 25 日发布的《2023 中国县域经济百强研究》②中，只有瓦房店市（排名 60 位）上榜。沈阳市县域经济发展排在首位的新民市 2021 年地区生产总值为 281.1 亿元，仅为瓦房店的 30%。根据统计资料，2021 年沈阳市县域固定资产投资比上年下降了 3.7 个百分点，仅占全市固定资产投资的 6.3%。虽然近几年整个经济发展面临着需求收缩、供给冲击、预期转弱三重压力，但相关县域经济发展报告研究结果却显示，2021 年我国县域经济整体增速明显回升，特别是千亿 GDP 的县域经济体，经济增速更高，呈现强者恒强的发展态势，尤其是苏浙鲁三省百强县（市）数目更是达到了 61 席。所以沈阳县域经济要加快发展的步伐。

（二）县域工业经济规模小，发展前景也不容乐观

2021 年沈阳市县域工业企业资产总额为 9430.7 亿元，占全市的 4.26%。2021 年 3 个县（市）有工业企业 251 家③，其中亏损 45 家，在全市占比达到 17.93%。其营业利润总额为 5.1 亿元，仅占全市的 0.1%。县级财力对科技创新投入不足，企业创新缺乏后劲，从企业未来发展的潜力来看，缺乏动力支持。从固定资产投资来看，2018 年县域固定资产投资占全市的比重为 7.5%，而 2021 年县域固定资产投资比重有所下降，仅占全市的 6.3%。从企业的科技创新潜力来看，投入明显不足。2021 年县域企业研发

① 榜单由稷夏智库授权根据中国社会科学院财经战略研究院《中国县域经济发展报告》指标体系编制而成。
② 由赛迪顾问发布。
③ 主要指企业主营业收入 2000 万元及以上的工业企业。

费用为 3.0 亿元，仅占全市的 2.56%，与其资产占比（4.28%）明显不匹配（见表 4）。

表 4　2021 年沈阳县域工业企业主要经济指标

指标	康平	法库	新民	县域合计	全市	县域占全市比重（%）
企业单位数（个）	47	89	115	251	1774	14.15
亏损企业数（个）	13	8	24	45	396	11.36
资产总计（万元）	1309389	1242257	1481710	4033356	94306715	4.28
负债合计（万元）	1051167	870009	760316	2681492	60808870	4.41
营业收入（万元）	552634	1070710	1418811	3042155	68324236	4.45
主营业务收入（万元）	524113	1033719	1402089	2959921	66832525	4.43
研发费用（万元）	1806	5836	22852	30494	1192080	2.56
营业利润（万元）	-39186	45835	44578	51227	52662019	0.10

资料来源：根据 2022 年沈阳统计年鉴整理。

（三）县域开发区（园区）承载力不高，没有形成核心引领作用

开发区（园区）作为县域经济发展和项目建设的主战场，是县域经济发展的基础。从当前沈阳县域开发区（园区）的整体发展水平来看，承载力不强，创新能力不足。从 2021 年县域开发区（园区）主要经济指标来看，开发区（园区）规模以上工业总产值在各县占比较高，其中康平占83.5%、法库占 80.67%、新民占 73.72%（见表 5）。县域开发区（园区）基础设施建设需要进一步加强。部分园区道路、给排水、电力等设施陈旧、老化、建设滞后问题凸显。与产业发展匹配的科技、研发、商务、金融、商业等配套设施和服务水平不高。一些园区用地存在"土地碎片化"现象，无法满足大项目的选址要求，还有一些园区存在不同程度的土地闲置现象。园区管理权限需要进一步梳理。县域经济开发区（园区）作为派出机构，县级管理权限特别是经济管理权限没有得到完全落实，如国土、规划、财税等重要管理权限授权不充分，导致开发区（园区）行政审批职能权限缺位。

表5 2021年沈阳县域开发区（园区）主要经济指标

单位：亿元，%

指标		康平	法库	新民
地区生产总值	绝对额	17.2	—	109.51
	增长	15.49	—	22.8
	占全县域比重	13.8	—	38.96
一般公共预算收入	绝对额	1.05	3.75	5.52
	增长	-4.75	5.9	15
	占全县域比重	9.63	41.12	36.56
规模以上工业总产值	绝对额	43.72	112.8	95.4
	增长	27.49	7.35	21.1
	占全县域比重	83.5	80.67	73.72
固定资产投资	绝对额	5.81	—	20.68
	增长	-41.3	—	84.1
	占全县域比重	19.24	—	36.67

资料来源：根据沈阳市政协相关调研资料整理。

（四）农业发展质量效益不高，都市现代农业未形成规模

从已经建成国家中心城市的发展经验来看，其都市现代农业发展都比较好，形成对中心城市发展的强有力支撑。从目前沈阳的农业发展来看，农业基础设施水平仍然无法满足都市现代农业发展需要，相关投资和金融支持体系还没有完全建立起来，不能对农业基础设施建设形成长期有效的支持。设施农业规模化基地较少，设施农业面积仅占耕地面积的3%（2020年数据）。农业新产业新业态特色不明显，而且发展模式相对单一，缺少休闲元素与文化内涵的深度融合，难以满足市民对休闲旅游养生消费不断升级的多元化需求。同时，电商发展不充分，交易额、经营主体数量与其他先进地区仍有一定差距。

（五）县域人均生产总值差别较大，实现共同富裕还需努力

从人均地区生产总值来看，3个县（市）发展明显不平衡。2021年沈阳市人均GDP为79706元，康平县人均GDP为44951元，是全市的56.4%，法库县

人均 GDP 为 61411 元，是全市的 77.0%，新民市人均 GDP 为 50040 元，是全市的 62.8%（见图 1）。由此可以看出县域发展不平衡，城乡差距依旧存在。

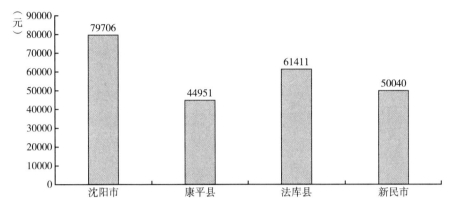

图 1　2021 年沈阳市县域人均地区生产总值

三　加快推进沈阳市县域经济发展的思路

作为加快国家中心城市建设的重要支撑，沈阳市县域经济要实现高质量发展，就要立足新发展理念和新发展格局，进一步转变发展思路。

（一）立足县域农业资源禀赋，大力发展乡村产业

从县域经济的内涵来看，县域经济是以县级行政区所管辖的区域为地理空间，县级政府作为经济调控主体，通过优化县域内的资源配置，对市场进行导向，以其区域内的产业为龙头，以农产品为重点，而形成的具有一定区域性的特色经济。它主要以县城为中心，以乡镇为纽带，以广大农村为腹地，实现城乡兼容发展。与城市经济相比，虽然都是区域经济，但县域经济的基础主要是县域内的资源禀赋，而城市经济发展则主要靠资金、人才和技术。因此，沈阳县域经济发展的重点是要立足自身的资源禀赋，尤其是农业优势资源，大力发展乡村产业，在规划制定和重大项目建设上向乡村产业倾斜，尤其是要大力发展农产品精深加工业。

（二）围绕国家中心城市建设，大力发展都市现代农业

国家中心城市建设必然带来人口的集聚。东北地区近些年出现了人口外流的现象，但 2022 年沈阳市以 914.7 万常住人口数量实现逆势增长，较 2021 年年末增加 2.9 万人，较 2020 年 11 月 1 日第七次全国人口普查数据增加 7.7 万人。而且数据显示，沈阳市常住人口实现持续稳定增长，主要得益于外来人口流入带来的增量，并且流入人口主要以青壮年人口为主。作为加快建设国家中心城市的重要支撑，县域经济要做好国家中心城市的"米袋子""菜篮子"，保障新增人口带来的新增农产品需求。同时，随着消费结构不断升级，市民对绿色有机农产品、周末短距离休闲乡村游有了更加高品质的需求，要大力发展高质量的都市现代农业，积极推动农业向高端化、精品化、高效化、特色化、高产化、生态化和多功能化方向发展，实现农业深度开发，促进农业比较效益提升，提供具有鲜明地域特点、能满足城市需求的产品和服务。

（三）在新发展格局下，走城乡融合发展之路

县域经济是城市经济和乡村经济的结合体，既有城市经济的产业属性，也有乡村经济的区域属性，加快城乡融合发展是未来县域经济发展的必然路径。2023 年中央一号文件中把"推进县域城乡融合发展"作为"强化政策保障和体制机制创新"的重要内容提出来，并提出了相关具体要求，要进一步健全城乡融合发展体制机制和政策体系，畅通城乡要素流动。在加快国家中心城市建设的大背景下，沈阳市县域经济要紧紧围绕国家中心城市建设，把城市的资金、人才、技术要素引进来，把乡村的土地要素、自然环境要素充分调动起来，实现城乡融合发展。

（四）坚持生态环保优先，打造绿色经济发展新模式

要牢固树立和践行"绿水青山就是金山银山、冰天雪地也是金山银山"的理念，进一步处理好县域经济发展与生态安全的关系，坚持尊重自

然、顺应自然、保护自然，坚持节约优先、保护优先、以自然恢复为主，实施生态保护与修复，推动绿色发展、循环发展和低碳发展，促进经济社会发展全面向绿色转型，严守生态保护红线。实施绿色发展战略，提升生态系统质量和稳定性，创新绿色发展体制机制，促进经济发展与生态保护相协调，健全完善绿色发展制度体系，努力走出一条生产发展、生态良好的发展道路，打造绿色标杆的县域经济发展新模式。

四　发展壮大沈阳市县域经济的对策建议

（一）加大县域项目招商和储备力度，做强工业经济

从百强县的发展经验来看，工业经济是县域经济发展的重要支撑。首先，各县域要突出现有产业特色、优化资源配置、壮大主导产业，积极培育新兴产业和新兴业态，提升"新字号"产业对县域经济发展的支撑作用，激发增长新动力，加快形成产业新的增长点。重点培育壮大循环节能环保、新能源、新一代信息技术和现代服务业等产业链。其次，针对目前县域项目支撑能力不强、大项目数量少的问题，紧密结合各县域发展实际，紧紧围绕国家中心城市建设，加强基础设施、产业发展等关键领域重大项目储备。围绕做强工业经济，强化精准招商和产业链招商，主动对接各类企业，努力招引更多科技含量高、附加值高、前瞻性好、带动性强的重大项目，为经济发展注入动力。重点围绕通用航空高技术、军民融合发展、陶瓷基材料、包装新材料等相关项目，加大上下游产业项目引进力度，重点扶持现有龙头企业发展壮大，不断拓展高性能材料在高端技术、军工应用领域的技术创新，进一步增强新材料产业集群的辐射带动能力。最后，要当好项目管家，做好项目推进过程中的要素保障和协调服务。

（二）大力发展现代服务业，提高第三产业占比

服务业在一定程度上决定县域经济繁荣程度和人民生活便利程度。要

把服务业作为县域经济发展的重要内容重视起来，坚持把大力发展现代服务业作为调结构、稳增长、保就业的重要支撑，努力构建与国家中心城市建设相配套的现代服务业体系。首先，各县域要稳步发展传统服务业，着力提升旅游产业、现代物流业、金融服务业、通航低空游览、研学旅游、自然康养服务、生态旅游、休闲观光旅游等相关新型生活性服务业的发展，其中尤为重要的是加强现代物流业的发展。加快国家中心城市建设，大力发展现代物流业是实现城乡物资畅通的重要一环。其次，进一步发挥县城的集聚效应，在县城形成交通便利、生活性服务配套齐全、生产性服务业功能完备的服务业集聚区，大力提升第三产业对县域经济增长的贡献率。

（三）大力发展都市现代农业，实现农村三产融合发展

沈阳县域三次产业结构中，第一产业占明显优势。县域作为国家中心城市建设的"后花园""后厨房"，大力发展现代都市农业是产业结构扬长避短的最佳选择。首先，在新发展阶段，要转变发展方式适应新发展趋势，各县域要以特色农业资源为载体，推动农业发展向绿色有机转型，同时以郊区休闲旅游促进农村一二三产业融合发展。要因地制宜、突出沈阳都市农业特色。都市农业是对城市提供保障和服务的农业，在农业资源丰富的县域，要加快推动高效设施农业和养殖业发展，建设蔬菜、畜牧、渔业生产保供基地。在法库县和康平县要重点建设生猪、花生、红薯、杂粮生产基地，在新民市要建设蔬菜生产基地。其次，要加快农业产业化和企业化建设，并使其互相补充，实现对城市的物资保障。要按照农业产业化与郊区工业化相结合、农业现代化与郊区城市化相融合的思路，进一步科学调整产业结构和布局，大力发展设施农业、加工农业、生态农业、观光农业，实现生产方式工厂化、集约化和现代化。进一步加大招商引资力度，重点引进科技含量高、市场潜力大、品牌竞争力强、节能环保的优势农产品精深加工项目和生产企业。要依托新民市的胡台农产品加工集聚区和大民屯酸菜现代产业园，法库县的依牛堡农产品加工集聚区和孟家果蔬

有机绿色食品产业园，康平县的农副产品加工集聚区和杂粮现代农业产业园，加快农产品加工集聚区发展，同时积极探索预制菜产业发展。再次，进一步完善体验功能、开拓农业发展空间。在新发展阶段，要紧紧抓住消费结构升级的关键期，大力推进沈阳周边自驾、露营、冰雪、生态旅游和康养等新兴文旅产业发展，大力发展具有农业耕作和休闲功能的体验产品，让市民亲自参与农业生产，借鉴国内外成功的案例，积极探索各种体验式营销模式，有效实现都市农业与城市餐桌的直接对接。最后，进一步完善网络基础设施建设，深入实施"互联网＋"农产品出村进城工程。推动建立覆盖市、县、乡、村的包含农产品现代流通体系和电子商务的运营网络，带动农产品交易市场、农民合作社、城乡零售店等共建网上销售渠道，促进都市现代农业创新发展。

（四）大力发展科技创新，实现县域跨越式发展

科技是实现跨越式发展的根本动力，提高科技应用水平将有力推动县域经济发展。首先，县域经济必须加强对科技价值的重视，要将科技创新摆在县域经济发展的核心位置。各县域要积极扶持企业开展科技创新，推动传统工业由要素驱动向创新驱动转变、由低中端生产向中高端制造转变，实现产品升级、产业升级、服务升级。政府要积极协助有关企业争取国家、省、市科技类项目，制定扶持政策为科技类企业提供财政、贷款、融资、贴息、补助等，为县域企业科技创新提供动力，推动产业转型升级。其次，推动县域企业与有关高校、科研院所开展合作，提升企业科技创新能力和科技成果转化能力。此外，也应积极支持有条件的企业建立自主研发基地，推动科技中介服务发展等。最后，推动"互联网＋"平台在工业领域广泛应用，促进传统制造业数字化、网络化、智能化、绿色化、低碳化发展，实现产品创新、绿色创新、产业创新、商业模式创新。

（五）推进园区体制机制改革，提高园区的引领作用

县域各开发区（园区）是县域经济的核心区域。首先，要进一步提

升县域产业园区基础设施建设水平，加强园区硬件建设，强化园区和企业水、电、气、路、暖、通信等基础保障，搭建科技创新平台，为企业落地、发展提供便捷、舒适的环境。进一步整合产业发展空间，提升土地集约利用效率，做好产业发展的土地要素保障。进一步盘活存量、闲置资产。其次，各园区围绕主导产业，加快应用高新技术、信息技术改造传统产业，推进产业向中高端迈进。大力发展康平的农产品精深加工和塑料纺织及新材料产业，新民的包装印刷产业和农产品精深加工产业，法库的陶瓷建材产业。制定完善企业退出机制，集中力量培育优势产业。再次，探索设立县域产业园区发展专项资金，重点支持园区交通、电力等基础设施建设和中小企业孵化器等公共服务配套设施建设，建立面向园区企业和项目服务的信息发布、技术研发等公共服务平台，提高园区的产业承接能力。建设智能化标准厂房，提升园区仓储物流、金融、法律等生产服务配套能力，强化项目建设要素保障。最后，进一步深化园区管理体制改革，广泛吸引各类市场主体参与园区建设管理。积极探索行政审批、公共服务等事项集中入驻园区，形成一种精干高效的管理体制和运行机制。

（六）加强县城功能建设，增强对县域经济引领和集聚作用

在国家中心城市建设中，充分利用县域地区的生态环境，满足城市居民追求绿色生活的新需求，在保持自然生态环境优质的前提下，逐步提高城镇功能性，提高县域地区综合承载能力。首先，要加快推动县城的基础设施建设，坚持统筹规划和市场配置资源的原则，加快推进交通、能源、水利、信息等重大基础设施建设，构建功能完善、安全高效、互联互通的现代化基础设施体系，进一步加强城乡公共交通运输一体化建设。其次，加强城市管理数字化建设，进一步推进智慧县城建设，以新技术加快数字化城镇管理平台建设，进一步完善县城的城市功能，全面夯实县域发展基础。最后，要把县城作为完善城镇体系的切入点，充分发挥其在国家中心城市建设中的支撑作用，形成与沈阳市国家中心城市建设梯度相适应的城镇建设规模体系，使其成为辐射和拉动县域经济的支点。

（七）加大人才引进，为县域经济发展提供人才支撑

对于县域而言，引进高端人才的难度不小，但是县域经济发展又需要大量高水平人才，因此要创新人才引进、培养、使用机制，充分挖掘自身优势，建设县域人才体系。首先，要围绕地方经济发展方向和产业布局，对特色产业、优势产业、重点产业，在人才引进、平台建设等方面给予重点扶持。集聚招商、人才政策资源、扶持激励资金，聚力引进带资金、带项目、带团队到本地创新创业的高层次人才。其次，建立在外优秀人才信息库，充分挖掘在外优秀人才资源，引导本土人才回乡创业发展。采取挂职、兼职、特聘、合作研究、技术交流等方式，柔性引进"周末型""候鸟型"专家。最后，推动政学研企合作，以合作共建产业研究院、创业孵化平台等为载体，解决技术和人才瓶颈。

参考文献

《2016～2021年沈阳市统计年鉴》，沈阳市统计局网站。

罗玉荣、刘毅华：《"生态、绿色"农业特色产业助推县域经济快速发展——以华曦牧业集团为例》，《时代金融》2018年第23期。

陈文胜：《疫情之下全面小康与乡村振兴如何突围》，《论道三农》2020年2月15日。

段文卫：《改革生产方式发展绿色产业推动县域经济可持续健康发展》，中央国家党外干部和归侨侨眷第二届"智库论坛"获奖发言材料。

周业欢：《厚植农业特色产业助推县域经济发展》，《湖南农业》2017年第11期。

周森葭、潘兴扬：《绿色化+有机特色农业县域经济高质量发展的蒲江实践》，《当代县域经济》2018年第9期。

柴亚梅：《培育农业特色优势产业壮大县域经济实体》，《农业工程技术》2019年第14期。

陈池波、孟权、潘经韬：《乡村振兴背景下农产品加工业集聚对县域经济增长的影响：湖北例证》，《改革》2019年第8期。

谭鑫：《云南"十三五"县域经济发展纵深研究——基于互联网+云南高原特色农业视角》，《新丝路》（下旬）2016年第3期。

B.17
辽宁乡村旅游发展现状、问题与对策*

董丽娟　付　冰**

摘　要：　党的十八大以来，辽宁通过深入实施乡村旅游精品工程，积极探索、不断推进乡村旅游发展模式创新、产品升级、服务优化，培育了一批生态美、生产美、生活美的乡村旅游目的地，呈现良好的发展态势。同时，辽宁乡村旅游也存在着文旅融合不够深入的问题，如产品定位不鲜明、文化内涵挖掘不深入、产品定位不鲜明、文创产品开发不充足、遗产旅游起步慢、乡村旅游专业人才缺口大等。随着乡村旅游走向全域化、旅居化与品牌化，做好顶层规划大文章、聚焦长期发展，优化产品结构、增加融合深度，开发农业文化遗产旅游、延长农业文化价值链，建立人才保障机制、强化服务高质量引领等将成为辽宁乡村旅游发展的重要举措。

关键词：　乡村旅游　乡村振兴　文旅融合

　　近年来，辽宁通过深入实施乡村旅游精品工程，积极探索、不断推进乡村旅游发展模式创新、产品升级、服务优化，培育了一批生态美、生产美、生活美的乡村旅游目的地，越来越多的旅游村、旅游小镇不断涌现，越来越多的农民在家门口吃上了旅游饭，而乡村旅游也成为人们放松身心、寻觅乡愁的重要选择。

---

　　*　本文是辽宁省社会科学规划基金一般项目"基于'三生融合'的辽宁省乡村振兴时序布局共性与差异研究"（L22BJY047）的阶段性研究成果。
　**　董丽娟，辽宁社会科学院农村发展研究所副研究员，主要研究方向为农村社会学；付冰，沈阳城市学院绿岛酒店管理学院教授，主要研究方向为地域经济和旅游经济。

一 辽宁省乡村旅游发展现状

（一）发展环境持续优化

党的十八大以来，习近平总书记在考察调研中多次就乡村旅游发展作出重要指示。党中央和国务院将乡村旅游纳入"三农"工作和乡村振兴战略总体布局之中，历年"中央一号文件"均对乡村旅游发展做出安排。文化和旅游部联合有关部门出台了一系列政策规划、务实举措，推动新时代乡村旅游发展迈上快车道。

2010 年中央一号文件首次提出发展休闲农业、乡村旅游、森林旅游，这标志着乡村旅游正式被纳入国家顶层设计。2014 年 11 月，国家发改委、原国家旅游局等 7 部门发布《关于实施乡村旅游富民工程推进旅游扶贫工作的通知》。2015 年中央一号文件首次提出推进农村一二三产业融合发展，打造形式多样、特色鲜明的乡村旅游休闲产品。2016 年中央一号文件提出"大力发展休闲农业和乡村旅游"，将乡村旅游的发展放至重要地位。2016 年 8 月，原国家旅游局、国家发改委等 12 部门发布《乡村旅游扶贫工程行动方案》。2017 年中央一号文件首次从"旅游+""生态+"等产业融合、培育新型业态产品、创新乡村旅游机制等方面提出发展乡村休闲旅游产业，乡村旅游发展环境得到进一步优化。2018 年 1 月，《中共中央 国务院关于实施乡村振兴战略的意见》正式发布，指出"乡村旅游是旅游业的重要组成部分，是实施乡村振兴战略的重要力量，在加快推进农业农村现代化、城乡融合发展、贫困地区脱贫攻坚等方面发挥着重要作用"，乡村旅游作为实现乡村振兴战略的重要领域被写入中央一号文件。2018 年 5 月印发的《乡村振兴战略规划（2018—2022 年）》和《关于打赢脱贫攻坚战三年行动的指导意见》，明确提出"大力发展乡村旅游"，把"休闲农业和乡村旅游接待人次"作为乡村产业兴旺的主要指标。2018 年 12 月，文化和旅游部、国家发改委等 17 部门发布《关于促进乡村旅游可持续发展的指导意见》。2020 年 7 月，文化和旅游

部办公厅发布《关于统筹做好乡村旅游常态化疫情防控和加快市场复苏有关工作的通知》，推动乡村旅游市场持续复苏发展。2021 年中央一号文件重点强调了"休闲农业"、"乡村旅游精品线路"和"实施数字乡村建设发展工程"三项内容。2021 年 6 月，《中华人民共和国乡村振兴促进法》明确规定各级政府应当发挥农村资源和生态优势，支持红色旅游、乡村旅游、休闲农业等乡村产业发展，支持休闲农业和乡村旅游重点村镇等建设。加强乡村优秀传统文化保护和公共文化服务体系建设，繁荣发展乡村文化。2022 年 4 月，文旅部等 6 部门印发了《关于推动文化产业赋能乡村振兴的意见》……一系列政策措施为乡村旅游发展提供了政策保障和支撑。①

（二）发展潜力巨大，发展基础雄厚

1. 乡村旅游发展基础设施日趋完善

在乡村旅游的带动下，辽宁省乡村旅游基础设施和旅游公共服务设施得到了全面提升，实现建制村文化广场全覆盖，实施"旅游厕所"新三年行动计划，推动旅游厕所向旅游资源丰富的贫困地区倾斜，建设旅游厕所 2000 余座。推进文化和旅游公共服务机构融合试点建设，目前建成 5 个国家级、57 个省级试点单位。

2. 乡村旅游人数占比逐年攀升，展示出巨大的发展潜力

2023 年第一季度，辽宁省旅游业接待总人数为 6193.4 万人次。其中，乡村旅游接待总人数 623.1 万人次，占接待总人数的 10%。②

3. 乡村旅游发展所需的基础雄厚

截至 2020 年底，全省 1169 个乡镇中，涉旅乡镇 280 个，具备发展乡村旅游基础且已形成一定规模的行政村共计 1311 个，全省乡村旅游经营单位（业户）近 1 万家（户），其中，农（渔）家乐 7481 家，农业观光、农事体验区点共计 300 余处，休闲农庄、乡村综合体 200 余处。已建成国家级乡村

---

① 数据来源：辽宁省文化和旅游厅微信公众号发布。
② 数据来源：辽宁省新闻办 2023 年一季度经济"开门红"主题系列新闻会（第 2 场）。

旅游重点村 41 个、国家级乡村旅游重点镇（乡）6 个、省级乡村旅游重点村镇 163 个，打造乡村旅游精品线路 52 条。全省乡村民宿入库数量达 600 余家，年接待人次 5200 万以上，乡村旅游日益成为人民美好生活的新供给和全面推进乡村振兴的新生力量。[①]

（三）带动作用增强，品牌效应初具

近年来，辽宁省委、省政府高度重视乡村旅游高质量发展，通过出台《关于促进乡村旅游可持续发展的实施方案》等一系列政策和措施，发挥乡村旅游的综合带动作用，乡村旅游、乡村民宿蓬勃兴起，涌现出一批在北方具有示范意义的优秀品牌和成功案例，成为辽宁旅游新名片。本溪满族自治县小市镇、凤城市大梨树村、东港市獐岛村和葫芦岛市葫芦山庄乡村旅游区 4 地入选全国乡村旅游发展典型案例。一批乡村旅游品牌脱颖而出，涌现出凤城大梨树生态旅游观光、沈北新区稻梦空间、大连金州新区紫云花汐、鞍山老院子等一批省内外知名乡村旅游品牌，以及沈阳浑南王士兰村、大连旅顺小南村和金州区向应街道土门子村、盘锦大洼区王家镇等一批知名乡村旅游目的地。乡村旅游的发展也成为带动区域发展的助推器，有利于该区域形成良性循环的生态经济圈。

（四）新业态不断涌现，产品日益多元化

"以文塑旅、以旅彰文"的文旅融合发展理念在辽宁省乡村旅游产业发展中的引领作用更加凸显，将乡土文化、乡俗文化和乡村旅游资源深度融合，以文化乡，乡村旅游发展更具韧性和可持续性，乡村旅游产业核心竞争能力进一步提升，提质升级、高质量发展成为辽宁省乡村旅游产业发展的主旋律。实施休闲农业和乡村旅游精品工程，开发家庭农场和休闲现代农庄等新业态，丰富"旅游+"产品供给。突出"旅游+文化"品牌建设，充分发挥岫玉、紫

---

① 数据来源：辽宁省文化和旅游厅对省十三届人大五次会议《关于推动辽宁省乡村休闲生态旅游发展的建议》的答复。

砂、玛瑙、辽砚、满绣和剪纸等传统技艺传承，创新二人转、满族皮影、高跷、地秧歌等优秀民间戏曲曲艺表现形式，大力开发乡村文化旅游产品，让地域特色文化可触摸、可体验。支持发展乡村旅游"后备箱工程"和开发旅游商品，本着"一村一品、一村一特色"的发展理念，打造以农业认养、果蔬采摘、特色美食为主题的特色小镇，乡村旅游引领旅游新风尚。最美旅游重点村打卡游、乡村旅游精准扶贫游、春季赏花摄影游、夏季赶海避暑游、秋季赏枫徒步游、冬季冰雪温泉游、民俗文化体验游、乡村民俗乐享游、温泉民宿康养游、乡村特色采摘游10条乡村旅游精品线路入选全国300条乡村旅游精品线路。辽宁省乡村旅游从乡村观光转向乡村生活，从简单建设转向特色化、精品化建设，从乡村旅游点转向乡村旅游集聚区（带），从单一链条转向全产业链，从经济效益转向综合效益，推动乡村旅游健康快速发展。

二　辽宁省乡村旅游发展存在的问题

（一）产品定位不鲜明，文化内涵挖掘不深入

辽宁乡村旅游不乏高品质资源，但乡村旅游组织形式还是以传统的"农家乐"为主，往往只能满足基本的"吃"与"住"，在"游、娱、购"等方面游客体验感较差，缺乏对休闲度假需求的有效响应，缺乏对乡土、地域等文化元素的提炼，文旅融合开发多是"应景式"照搬照抄，文化资源深度开发和运用不够，与周边产业要素融合不够。比如，新宾满族文化底蕴深厚，满族风情浓厚，能够吸引旅游者的建筑、旗袍、饮食等文化元素非常多，但游客在旅游中往往难以深度体验这些文化元素。

（二）文创产品开发不充分

目前辽宁省乡村旅游中多重视"土特产"资源的应用，而忽略了优质文创产品的开发。比如，岫玉、紫砂、玛瑙、辽砚、满绣、剪纸等传统技艺蕴含着深厚的文化底蕴，但有关地区在文旅产品挖掘上做得不够，旅游者在

感受商品以外蕴含的审美、情感、个性、价值观等内在价值方面体验不足，难以激发消费热情。

（三）农业文化遗产旅游起步不迅速

农业文化遗产旅游通过旅游项目、旅游线路和旅游产品的开发，可提升利益相关者的资源保护意识，实现传统农业文化传承和农业知识传播。目前，辽宁省鞍山南果梨栽培系统、宽甸柱参传统栽培系统、桓仁京租稻栽培系统、阜蒙旱作农业系统四个项目入选全国重要农业文化遗产名录，但相关遗产旅游开发起步缓慢，农业文化遗产价值未能有效转化为旅游经济效益。

（四）乡村旅游专业人才不充足

截至 2022 年底，全省乡村旅游经营单位每年吸纳农民就业人数超过 30 万人，带动农民直接就业超过 100 万人。乡村旅游从业人数众多，但由于乡村远离城市的特殊区位与条件等因素，对高校创意人才、专业人才的吸引力不足，乡村旅游的服务人员大部分以缺乏培训、管理松散的当地农民为主，这些服务人员的服务意识不强、服务技能不高，造成服务水平较低。此外，乡村旅游领域内熟悉农业、旅游和文化产业特点，懂经营，善创新的复合型人才严重短缺。

三　辽宁省推进乡村旅游发展的对策和建议

（一）做好顶层规划大文章，聚焦长期发展

一是辽宁省乡村旅游要更好发挥"以文融旅"的作用，要重视旅游规划。要对文化旅游资源和历史遗存的禀赋状况进行摸查、梳理，深入挖掘特色鲜明、富有旅游吸引力和竞争力的特色农业文化价值和历史遗存价值，科学合理整理规划，主动做好顶层设计，深入挖掘乡村农耕文化、渔业文化、美食文化、民俗文化等特色文化。二是各地政府应整合旅游、文化、资金、物资、人才等要素，使文化和乡村旅游深度融合，推动人才、资金、项目、

消费下乡，促进创意、设计、美术、动漫、科技等元素融入乡村旅游，重视地域文化元素的植入。三是把乡村文旅融合发展作为乡村振兴重要抓手，把乡村旅游产业规划纳入新一轮乡村振兴整体规划，推进"多规划合一"，实现"一张蓝图"统筹推进，以点带面、合纵连横、协作推进全省乡村旅游连片开发，增强乡村文旅融合产业带动能力，打造"温泉休闲文化""满清民俗文化""数字创意文化""沟峪寻踪文化""海岛垂钓文化"等乡村文旅融合品牌，实现乡村旅游功能完善、布局优化、产业提升和品牌增值。

（二）优化产品结构，增加融合深度

乡村振兴背景下推动乡村文旅融合发展，要优化产品结构。一是做精乡村文旅融合基础产品，加大文化在民宿、餐饮、乡村景观等基础旅游产品中的渗透力度，民宿外部设计尽量保留传统民居特色，内部装饰融入更多当地特色元素；使用带有当地文化符号的餐具，宣传当地风味美食；加大乡村文化景观设计与改造力度，通过墙绘、户外展览等方式，在乡村建筑、乡村景观中融入文化元素。二是乡村振兴项目适当向有特点的古镇、古村、地标性产品村镇倾斜，提升乡村文化内涵，逐步补齐基础设施短板，通过项目推动，让乡村成为城乡融合发展的纽带、乡村振兴的龙头。三是提高文旅体验产品比重，在原有产品体系的基础上，增设主题博物馆、文化艺术中心、会议中心、度假酒店等乡村体验性项目，同时建设集娱、游、购于一体的大型商业中心，面向儿童开放的沙滩乐园、火车乐园、水上乐园、运动公园等体验性项目，增强景区体验性。提升游客参与度，优化乡村产品供给结构。四是创新乡村旅游业态，通过强 IP 属性的星空游、直播游、打卡游驻留辽宁"乡间"，记住辽宁"乡愁"。充分发挥微信、微博、抖音等新媒体的传播力量，扩大推广平台，充分利用现代信息技术，吸引更多人关注乡村文化与旅游资源，提高知名度与美誉度。五是强化文旅品牌建设，寻找有代表性、内涵丰厚、特色鲜明的资源载体，提炼主题，丰富表现形式，将文化符号、文化记忆、文化遗址等资源转化为游客可以感知或观看的文旅产品。

（三）开发农业文化遗产旅游，延长农业文化价值链

农业文化遗产是古人以勤劳和智慧留下的农耕文化课堂，是赋予游客丰富文化体验的旅游资源。据统计，重要农业文化遗产保护与利用对当地居民的直接收入贡献率接近40%。[①] 一是加强对农业文化遗产资源的系统梳理，寻找其中蕴含的文化差异和文化内涵，以"特色"吸引关注，以"共情"激发认同。二是围绕"高质量"做文章。组织高校学者、乡村旅游从业者、乡村文化传承者联合开展系统普查资源、深度提炼特色元素行动，整理出具有区域特色的乡村文旅故事，传承创新乡村文化资源。三是从相关地方志书、乡土教材、口述故事等资料中，搜集记录乡村特色历史故事、传统民俗等乡村行为文化资源与乡村精神文化资源。四是精准提炼符合时代要求的乡村文化特色元素，选择包含民族精神和时代精神的乡村文化优质内容，提炼整合体现社会主义核心价值观的乡村文化故事，打造高质量文旅融合产品。五是打造独有特色的乡村文旅融合品牌，形成有生命力和竞争力的高质量旅游产品，提升区域竞争力，带动其他相关产业良性发展，构建乡村文旅融合产业链。如在传统文化观光游的基础上，深度开发农耕体验游，大力开发鞍山南果梨、宽甸柱参、桓仁京租稻、阜蒙旱作小米等相关旅游产品，深度挖掘相关农业文化遗产蕴含的农耕文化内涵，促进遗产地居民增收致富，带动遗产地经济发展、提升遗产地品牌价值。

（四）建立人才保障机制，强化服务高质量引领

人才是乡村振兴的第一资源，也是乡村旅游的突出短板。一是各级文化和旅游行政部门要制定政策举措，引导文化产业从业人员、企业家、文化工作者、艺术类专业院校师生等深入乡村对接帮扶和投资兴业，带动文化下乡、资本下乡、产业下乡，让更多专家学者参与到乡村文旅融合产品创意设

---

① 数据来源：中国农业科学院农业经济与发展研究所研究员、联合国粮农组织全球重要农业文化遗产科学咨询小组委员李先德在解读2023年中央一号文件时提及。

计、管理机制建立、服务标准制定和人才培养工作中，邀请旅游领域专家学者、高校教师到乡村旅游示范点挂职实践，为乡村文旅融合发展提供智力帮扶。二是营造良好的创新创业环境，支持文旅从业者、艺术院校毕业生、返乡创业人员、乡土人才等创新创业。注重发挥乡村文化和旅游能人、产业带头人、工艺美术师、民间艺人等的领头作用，挖掘培养乡土文化人才，加大人才培训力度，培育新型职业农民，使乡村旅游成为优秀人才发挥作用的热土、创新创业的热土。三是强化乡村人才有效供给，将乡村旅游产业技能融入乡村振兴人才培训体系，为全面推进乡村振兴提供有力的人才支撑。

参考文献

郑毅等：《做好四篇文章 以乡村旅游促进共同富裕》，《中国旅游报》2023年2月17日。

王莎莎：《农业文化遗产保护的有益探索》，《光明日报》2020年1月28日。

杨彦峰等：《乡村旅游：乡村振兴的路径与实践》，中国旅游出版社，2020。

刘曙霞：《乡村旅游创新发展研究》，中国经济出版社，2017。

李涛：《新旧动能转换下乡村旅游研究：基于山东省的调研》，中国经济出版社，2020。

B.18
辽宁省乡村特色产业高质量发展对策研究

辽宁社会科学院农村发展研究所课题组*

摘　要： 党的二十大报告针对乡村产业振兴提出"发展乡村特色产业，拓宽农民增收致富渠道"。辽宁作为农业资源丰富的大省，在发展乡村特色产业方面有一定的优势，但在发展中依然存在着乡村一二三产业融合处于初级阶段，新型农业经营主体带动能力不强，产业特色化发展潜力有待深掘，农产品加工业仍是发展"短板"，农业科技投入效益不高等现实问题。未来要从构建高质高效的特色产业体系，加强新型农业经营主体的培育，提升战略地位走差异化发展道路，大力提升农产品加工水平，加强特色农业发展的科技保障，加强打造和保护特色农业品牌，加强特色农业各类专业人才支持以及打造宜居宜业的产业发展环境等方面促进辽宁乡村特色产业的高质量发展。

关键词： 产业融合　特色产业　科技创新　农业品牌

党的二十大报告指出，"全面建设社会主义现代化国家，最艰巨最繁重的任务仍然在农村。加快建设农业强国，扎实推动乡村产业、人才、文化、生态、组织振兴"。其中，在乡村产业振兴方面提出要"发展乡村特色产业，拓宽农民增收致富渠道"。2023年中央一号文件指出"强国必先强农，农强方能国强。要立足国情农情，体现中国特色，建设供给保障强、科技装备强、经营体系强、产业韧性强、竞争能力强的农业强国"，并对乡村产

---

* 课题组成员：范忠宏、王丹、李志国、侯荣娜、董丽娟、于彬、马琳、王仕刚、潘敏。

高质量发展做出具体部署，确定其为 2023 年全面推进乡村振兴重点工作的重要内容之一。

2023 年是全面贯彻落实党的二十大精神的开局之年，辽宁省出台了《辽宁全面振兴新突破三年行动方案（2023—2025 年）》，总目标之一是区域发展要形成新格局，其中乡村振兴要取得明显成效。并把"坚持农业农村优先发展，在全面推进乡村振兴上实现新突破"作为十大新突破之一，提出了加快建设农业强省的具体要求。辽宁只有立足自身的农业资源禀赋，加快"辽字号"特色产业高质量发展才能真正夯实乡村产业发展的根基。课题组多次深入乡村基层调研，与基层干部座谈，与农民面对面交流，了解辽宁乡村特色产业发展的现状和存在的现实问题，提出了辽宁乡村特色产业高质量发展的对策建议。

一 辽宁省乡村特色产业发展现状分析

（一）立足资源禀赋已经形成"东西南北中"各具特色的产业发展格局

辽宁省是全国 13 个粮食主产省之一，是畜牧业、渔业、蔬菜、优质水果的重点产区和重要的特色优势农产品生产基地。通过多年的发展，已经形成"东西南北中"各具特色的产业发展格局（见图 1）。辽东地区植被茂密，山区资源丰富，主要发展食用菌、山野菜、中药材等特色产业；辽西地区属于半干旱地区，具有农牧皆宜的自然环境，主要发展玉米、花生、杂粮、水果、畜禽、设施农业等产业；辽南地区毗邻渤海和黄海，海洋资源丰富，主要发展海洋渔业、水稻、蔬菜、水果、园艺等产业；辽北地区地处世界黄金玉米带，是国家玉米最优产区之一，主要发展玉米、水稻、花生、畜禽等产业；中部地区处于松辽平原南端，主要发展水稻、蔬菜、畜禽、淡水鱼等产业。

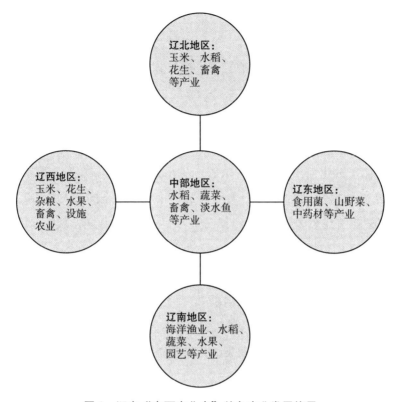

图1 辽宁"东西南北中"特色产业发展格局

（二）形成一批具有代表性的"辽字号"特色农产品

经过近几年大力推进"一乡一业""一村一品"建设，辽宁形成了一批具有代表性的"辽字号"特色农产品。

从果蔬产业来看，培育了新民西瓜、大连樱桃、庄河蓝莓、东港草莓、北镇葡萄、凌源花卉、北票番茄、凌源黄瓜、盘锦碱地柿子等一批优质特色产品。北镇葡萄、鞍山南果梨、大连大樱桃、盘锦大米、新民小梁山西瓜、铁岭榛子先后被认定为中国特色农产品优势区。从花卉产业来看，辽宁是全国主要种球繁育和鲜切花生产基地，其中，凌源百合占全国百合市场1/4的份额。鞍山君子兰、凌源百合、丹东杜鹃、辽中玫瑰等花卉为地理标志产品。从中药材产业来看，辽宁是全国重要的道地药材产区之一，辽细辛、辽

五味、龙胆草、石柱参等道地药材产量稳居全国首位，拥有清原龙胆、新宾辽细辛、本溪辽五味、宽甸石柱参等地理标志中药材产品。

从畜牧产业来看，辽宁绒山羊、辽育白牛、黑山褐壳鸡蛋、北镇闾山鸡蛋、营口蚕蛹鸡蛋、大洼肉鸭、台安肉鸭、北票荆条蜜、本溪蜂蜜、兴城蜂蜜、辽西驴11个畜产品获得了国家农产品地理标志登记保护。

从渔业产业来看，刺参、海蜇、蛤、扇贝等优势特色品种在全国占有重要地位，水产品出口占辽宁省大宗农产品出口额的60%左右。刺参是辽宁渔业优势产业之一，以高品质主导全国海参市场。在全国三大主产区中位居第2。河蟹养殖在全国起步最早，在全国五大主产区中位居第4。海蜇在全国三大主产区中位居第1，占全国总养殖量的84%。营口地区是全省海蜇加工主要区域和全国海蜇贸易集散中心，加工产品出口到33个国家和地区。蛤仔类养殖规模和产量均位居全国第1，产量占全国总产量的35%。

目前辽宁省入选国家级优势特色产业集群5个，即白羽肉鸡、小粒花生、良种奶牛、大豆、稻米产业集群，培育省级产业集群9个。

（三）全省41个县域形成"百舸争流"的特色农业发展态势

课题组对全省41个县的特色产业发展基本情况进行了梳理，可以看出每个县都立足自身的农业资源优势积极进行特色产业发展潜力的挖掘和培育，很多县打造了具有地方特色的乡村特色农产品品牌，建设了一批国家级、省级、市级的农业产业园区，形成了一批具有代表性的农产品加工企业，很多县正在不断延长特色农产品的产业链条，初步构建自己的乡村优势特色产业体系。全省各县正在积极努力推进乡村特色产业的发展。

二 辽宁省乡村特色产业发展存在的问题

课题组在下基层调研和对全省41个县乡村特色产业发展现状的梳理过程中，发现辽宁省乡村特色产业发展依旧存在很多现实问题。

（一）乡村一二三产业融合处于初级阶段

乡村特色产业融合发展水平，包括农产品加工业的发展水平、乡村旅游发展水平和农村电商发展水平等多个维度。随着农村电商、乡村旅游等产业的快速发展，新产业、新业态大量涌现，但是辽宁乡村产业发展依旧面临融合层次较浅等问题，导致乡村特色产业内生动力不足、质量不高。从现状来看，辽宁农村一二三产业融合发展主要集中在农业示范区、农业产业园及农产品加工集聚区，总体上处于初级阶段。乡村旅游、民俗文化、健康养生等深度融合明显不足，创意农业、观光农业、体验农业等新业态发展状态不够好，发展形式单一重复，主要表现为农家乐、采摘、赏花等初级形式。以乡村旅游为例，自 2023 年 4 月下旬起，调研组走访了辽宁省一部分被国家认定的乡村旅游重点村，发现虽然辽宁目前正在大力推动乡村旅游发展，但辽宁省基层的乡村旅游发展尚处于起步阶段，大部分民族文化资源都处于原始的未开发状态，也没有形成集中的旅游产品体系，更未形成与乡村特色产业融合发展的产业链条。

（二）新型农业经营主体整体带动能力不强

辽宁新型经营主体，比如农民合作社、家庭农场、种养大户和农业企业，普遍存在发展规模较小、运营管理不规范、对周边农户带动能力不强等问题。辽宁省已有注册登记的农民合作社 6.9 万个，但发展质量不高，具有较强引领带动能力的农民合作社不足，而且合作社管理制度不完善，运行缺乏规范性。农业生产组织化程度偏低，"农户+基地+龙头企业"的良性发展机制还未形成，生产规模普遍较小，许多农业企业虽然有好的产品，但是没有足够大的规模和生产能力，开拓市场能力不足。很多企业尚未与农民、合作社、生产基地等建立长期稳定的利益联结机制，对农民增收的辐射带动能力不够强。由于大多数企业无法监控农户的生产经营活动，加上一些农户不具备必要的法律知识，企业和农户之间只是一种松散、半松散的衔接，企业与农户经常性地出现违约或毁约现象。

在农产品加工集聚区内，企业仍以单一的生产行为为主，未能形成企业自身的产业链，对原材料的需求和对成品的销售仍然依赖供货商和销售商。集聚区内的企业很多只是空间上的集聚，多依赖自身条件，与市场直接对接，企业之间缺乏有效的沟通和互补，集聚区集聚效益不高、辐射带动能力不强，没有形成产业联动机制。

（三）产业特色化发展潜力有待深掘

首先，从目前来看，辽宁很多乡村特色产业集中在一些资源禀赋、地理位置、特色资源相近的地方，作为主导产业的农产品存在同质化现象，创新能力不足，乡村特色产业同质竞争在一定范围内存在。

其次，辽宁省在提升乡村特色产业方面制定的政策主要从"一村一品"、特色文化、乡村旅游等方面进行了规范。但各个产业的发展仍然存在重复性和趋同性等问题，辽宁省14个地级市的不同特点没有充分体现在产业发展上，加之部分乡村在特色产业建设上存在急于求成、盲目跟风，从而把乡村特色产业发展演变为"任务工程"，致使乡村产业发展的特色不足。

最后，辽宁的宜居宜业发展仍处于较低水平。根据中国社会科学院农村发展研究所对2010~2018年全国31个省乡村宜居宜业水平评价分析报告结果，全国四大区域（东部、中部、西部、东北地区）按乡村宜居宜业水平来看，东北三省全部处于低水平，其中辽宁列22位，得分远远低于江苏、浙江、山东等乡村产业发展较好的省份。①

（四）农产品加工业仍是发展"短板"

近年来辽宁省农产品加工业取得了长足的发展，带动经济发展能力逐年增强，但整体发展仍然较弱。

辽宁省农产品加工重点龙头企业发展总体表现为缺乏示范引领作用，各

---

① 李劢、年猛、于法稳：《促进乡村宜居宜业的思路与对策》，《中国农村发展报告2021》，中国社会科学出版社，2021。

地区龙头企业集中度不高，能够走特色发展路线的企业更是凤毛麟角，多数企业发展趋同，带动能力明显不足。辽宁省拥有丰富的农产品资源，具有地域特性的农产品很多，但辽宁省农产品加工业的发展还不足以支撑特色农产品的生产，在全国的排名逐年靠后，发展形势不容乐观。

辽宁农产品加工业以初加工和粗加工为主，缺少高层次、精深加工。近些年，虽然全省加工业处于不断地提档升级、转型发展中，但加工业的总体形势未有根本转变，缺乏高精端的设备与技术，科技含量高、附加值大的农产品加工极其稀缺。

辽宁缺乏具有国内国际影响力的大型加工企业集团。辽宁省现有从事农产品加工工业的企业多数为中小型企业，少数的大型企业发展缓慢。以清原县为例，其特色农业如中药材、食用菌发展已经初具规模，但相关领域的深加工企业不多，持续扩大特色产业缺少龙头企业带动。

辽宁农产品加工创新能力不足，能够创造的产业产值相对较低。由于乡村特色产业附加值较低，无法有效激发农民增收的潜力与活力，反过来制约了乡村特色产业的发展。

（五）农业科技投入效益不高

首先，基层农业科技推广机构不适应特色农业发展需求。全省基层农业科技推广机构普遍存在人员力量薄弱、队伍青黄不接、专业能力不强、主动服务不够、经费保障不足等问题，导致在特色农业发展过程中，基层农业科技推广机构发挥作用非常有限。

其次，科技示范的力度和广度有待提升。农业科研院所、涉农高校及有关部门在特色农业示范推广方面的力度和广度，与特色农业发展的科技需求仍有差距，与先进省份相比也有差距。

最后，农业科技服务的社会化、市场化供给水平不高。特色农业生产主体遇到技术问题经常无处咨询，因此蒙受不必要损失的情况时有发生。还有大量不良科技、问题科技应用于特色农业生产。为了短期增加产量和收益，各类特色农业生产者使用了很多明显有害和未经验证的农业科技，给产业发

展埋下隐患，给消费者健康造成损害。在课题组下基层调研中，就存在农户在购买种苗时，种苗技术不过关影响收益的情况。还有一些设施农业的农户在种植过程中存在有技术需求，却不知向谁求助的问题。

（六）品牌建设仍然存在一定程度滞后

各地市发展农业和农产品品牌建设情况不尽相同。以全国地理标志农产品为例，沈阳市拥有 1 个农产品地理标志，盘锦市、葫芦岛市分别拥有 2 个，而大连市拥有 36 个。

在创建农业特色品牌过程中协同性不足。农业品牌的推进涉及财政、农业、工商、质检、旅游等多个管理部门，各个部门缺乏农业品牌发展的整体思维，加剧了品牌发展面临的认证难、推广难等问题。

农产品品牌缺乏龙头性经营主体。以得利寺大樱桃为例，其生产主体多为小农户或家庭农场，缺乏龙头主体牵动，小农户在标准化生产、农产品质量安全、延长产业链、品牌营销等方面很难取得较大进展。

在品牌维护方面下的功夫不够。很多农产品区域公用品牌缺乏发展规划、质量控制、市场管理等系统性建设方案，导致品牌很难叫得响、立得住。在新宾响水河子乡调研其大米产业时，发现新宾县大米有自己的品牌，"响水河子"大米是乡里的品牌，而且商标注册人是个人注册，此人非响水河子本地人，因此未来如何推进"响水河子"大米品牌存在诸多障碍。很多县的特色农产品品牌建设都存在类似问题。

（七）人才支撑力度明显不足

多数农村特色产业仍难以吸引和留住人才。由于多数农村生产生活条件仍然欠佳，多数特色农业发展仍未步入良性轨道，各类适用人才更多因为"情怀"而非"理性"而选择留下。

管理类、综合类人才更加匮乏和不易培养。发展壮大特色农业亟须具备管理和营销能力的人才，而具备相关能力人才的培养和引入更具难度。

很多人才培养计划的实用性和持续性不足。有关单位和部门开展的人才培养工作或工程，要么根据需求供给缺乏针对性，要么过于表面化重形式数字轻目标效果。对各类人才从事特色农业的政策支持力度不大，全省缺少专门鼓励扶持各类人才从事特色农业的指导性文件。

三 促进辽宁乡村特色产业高质量发展的对策建议

（一）构建高质高效的特色产业体系

通过推动农业产业链条纵向延伸和一体化全产业链条打造，构建现代化的乡村特色产业体系。首先，促进农村一二三产深度融合。以"农业+"推动多业态融合发展，以"智能+"推动数字化融合发展，以"龙头企业+"推动全产业链融合发展，加快构建高质高效的乡村特色产业体系。其次，通过全产业链拓展产业增值增效空间，推动特色产业迈向产业化。不断延伸产业链、打造供应链、提升价值链，推进特色产业全产业链发展、打造特色产业发展集聚平台、促进融合发展、推进乡村特色产业创业创新。推动种养业向前后端延伸、向上下游拓展，"原字号"农产品更多向制成品转变，实现产业增效。按照生产、加工、仓储、物流、销售、研发、体验、品牌、消费、服务等主要环节，做强全产业链。最后，创造适合特色产业在空间范围内集聚发展的环境。不断优化区域内要素禀赋、交通条件、产业基础和创新环境，依托资源优势和产业基础，建设特色产业集群，突出串珠成线、连块成带、集群成链，培育品种品质优良、规模体量较大、融合程度较深的优势特色产业集群。

（二）加强新型农业经营主体的培育

乡村特色产业的发展与组织化水平息息相关，新型经营主体是特色产业实现规模化发展的组织基础。

首先，加强种植大户、养殖大户、农民专业合作社、家庭农场、龙头企业等新型农业经营主体的培育，尤其要进一步发展壮大家庭农场、农民专业

合作社和龙头企业。加快培育一批规模适度、生产集约、管理先进、效益明显的家庭农场。以县域为重点建立健全家庭农场名录管理制度，把符合家庭农场条件的种养大户纳入名录管理。开展家庭农场示范县创建和省、市、县三级示范家庭农场评选行动。组建家庭农场协会或联盟，逐步构建家庭农场协会或联盟体系。目前乡村特色产业组织化水平主要看农民专业合作社发展水平，在农民农业合作社培育中重点抓好合作社规范化建设，开展省、市、县示范社三级联创。实施农民农业合作社质量提升行动，实现全覆盖，增强农民农业合作社经济实力、发展活力和带动能力。进一步落实支持农民农业合作社发展的项目资金。

其次，正确处理新型农业经营主体和小农户的关系。推动小农户与新型农业经营主体建立利益联结机制，促进其与现代农业有机衔接。引导县域农业产业化龙头企业牵头组建农业产业化联合体，与小农户产业链联结，让农产品增值、让农民受益。总之通过多种合作方式，鼓励农民参与到乡村特色产业发展中，从根本上提高乡村特色产业发展的可持续性和农民增收的内生动力。

（三）提升战略地位走差异化发展道路

进入新发展阶段，作为具有农业比较优势的大省，应该鼓励探索因地制宜、特色化的发展路径，辽宁省委、省政府应该把乡村特色产业发展上升到全省经济振兴的战略高度，并制定出科学稳妥的近、中、远三期乡村特色产业发展规划，在政策和制度的层面给予省内乡村特色产业以最大力度的扶持和引导。

鼓励地方政府、企业、村集体、农民多方参与规划与建设，进一步挖掘乡村具备的独特文化内涵，充分拓展农业的生产、生态、休闲、景观和文化传承等功能。

加大力度扶持辽宁省传统的粮油、蔬菜、水果、畜牧、水产等优势特色产业发展。积极培育龙头企业，通过合理配置资源和产业整合，引导龙头企业充分发挥带动作用，将本地资源优势转化成乡村经济发展的产业优势。将发展比较好的优势产业作为全省乡村经济振兴的突破口，深度发掘有潜力的新型乡村特色产业。在全省范围内广泛开展"一乡一业""一村一品"，同时打造"一域一带""一县一园"，通过打造农业产业强镇的"小圈"、现代农业产业园的"中圈"、优势特色产业集群的"大圈"，构建乡村产业"圈"状发展格局。

从发展产业重点上，要立足乡村特色产业资源优势。借助辽宁振兴三年新突破的建设机遇，紧紧依托资源优势和产业基础，促进农业产业链条多方位延伸，突出串珠成线、连块成带、集群成链，培育品种品质优良、规模体量较大、融合程度较深的产业集群。围绕大米、特色蔬菜、食用菌、小粒花生等，打造种植业产业集群；围绕生猪、蛋鸡、肉鸡、牛、羊等，打造畜牧产业集群；围绕辽参、杂色蛤、扇贝、河蟹、多宝鱼等，打造水产类产业集群等。突出辽宁省农产品优势特色资源，引导特色产业的深度发展，通过深加工、延伸产业链等增加农产品附加值，开发冷链食品、休闲食品、特色功能性食品和预制化食品，促进农产品加工产业转型升级。

（四）大力提升农产品加工水平

农产品加工业是辽宁省四大支柱产业之一。要不断提升辽宁省的农产品加工水平，实现农产品加工的提档升级，需要在"三个维度"上下功夫。

首先，发展农产品初加工，加强专用原料基地建设，重点加大粮食、果蔬、畜禽、水产品等产业整合力度，建设一批符合国家食品安全标准的加工原料基地。大力推广良种良法，为农产品加工提供安全、优质的加工原料。优化初加工各环节设施配套，积极推动加工设施利用，建设粮食烘储加工中心、果蔬加工中心等，提升初加工全链条发展水平。其次，发展农产品精深加工。依托各地优势农产品资源，结合"一乡一业""一村一品"的发展，以粮油、畜禽产品、果蔬、水产品、林特产品等产业为重点，努力延伸产业链条。粮油加工业重点发展主食加工，积极开发副产品综合利用，开发终端产品；畜禽产品加工业重点发展肉、蛋、奶产品加工，大力发展用现代工艺生产传统风味制品；果蔬产品加工业重点发展绿色、有机产品加工，提高清

洗、分级、预冷、保鲜、杀菌和包装等商品化后处理能力，开发果蔬特色产品；水产品加工业大力发展系列鱼制品、风味食品、速冷制品、保健方便制品等产品加工，不断提高水产品附加值。最后，培育一批代表辽宁的特色农产品精深加工企业，并依托其发展精品农业。

（五）加强特色农业发展的科技支撑

加强特色农业科技推广体系建设。理顺农业科技推广机构管理体制，县级以上统一归由各级农业农村部门管理，乡镇农业技术推广站可在县级农业科技推广部门业务指导体制下由乡镇管理，并确保有专门岗位和专门人员负责。切实加强农业科技推广队伍建设，支持基层农业科技人员脱产进修、在职研修以提升服务能力，择优选拔水平和能力符合岗位要求的人员，探索以"定向招生、定向培养、定向就业"的方式吸引青年人才加入基层农业科技推广队伍。完善业绩考评与激励机制，对工作实绩显见和服务对象满意度靠前，尤其是扎根一线、做出突出贡献的农业科技人员，在职称评聘、评先评优、绩效激励、职务晋升等方面予以倾斜。

搭建特色农业科技服务供需信息化平台。依托"中国农业科技推广信息平台"等全国性平台，宣传引导农业科技服务需求方在平台发布求助信息，动员鼓励省内农业科技服务供给机构、专家、工作人员在平台为本地求助方答疑解惑，乃至提供跟踪接续服务。建设"辽宁省农业科技服务综合平台"之类的省级平台，在明确目标的基础上科学设计平台内容、模块，把农业科技供需对接和信息互动作为重要建设内容。建设维护好官方网站、微信公众号和微信群等平台，展示农业科技供给机构的服务能力，畅通农业科技需求方的求助渠道，可以考虑在乡镇、村屯发展农业科技信息网格员。

加强特色农业科技服务供给社会化市场化建设。应着力整合农业科技服务供给资源，可以考虑在机制层面建立农业科技服务联席会议制度，在政策层面出台全省农业科技社会化服务体系建设指导性文件，在载体层面增强农业科技园区、农业科技示范展示基地对区域的示范带动效应，在主体层面加强农业科技推广机构人员与科技特派员等的交流合作，在工具层面建设全省农业科技服务信息化平台或完善相关机构信息发布沟通机制，以实现农业科技服务的信息互通、资源共享、项目互补、基地共建。应着力加强农业科技服务市场化建设，在政策和典型方面营造环境，建立完善农业科技推广服务后补助机制，开展农业科技服务企业建设试点示范，鼓励更多有条件的龙头企业等新型农业经营和服务主体，在技术源头环节联系农业科技研发推广机构，在技术应用环节带动更多小农户等农业主体，成为农业科技服务供给的生力军。

加强对特色农业科技服务供给的政策和资金支持。健全农业科技服务供给的政策支持，整合各类现有扶持政策，破旧立新、查缺补漏，把公益性服务与经营性服务融合发展，专项服务与综合服务有机结合，构建开放竞争、多元互补、部门联动、协同高效的农业科技社会化服务体系，促进政产学研用深度融合作为政策导向。加强农业科技服务供给的资金支持，除争取和用好国家农业科技服务各渠道扶持资金外，建议设立省级重点农业技术推广专项和乡村振兴科技示范专项资金，建立长期稳定的财政资金支持体系。

对明显有害和未经验证的农业科技强化监管。全面排查区域性、行业性、系统性农业生产风险隐患和"潜规则"，集中力量解决农兽药残留超标、非法添加有毒有害物质、产地重金属污染、假劣农资等突出问题。

（六）加强打造和保护特色农业品牌

完善顶层设计，提升品牌农业综合管理效能。完善农业行政管理协调机制，调整部门之间的职责权限，划清部门的职能边界，在职能交叉、矛盾突出的领域，尤其是在农业投入、农产品加工、农产品质量安全、农业执法等领域，建立起制度化磋商机制，减少体制摩擦，增强政策的有效性和一致性。组建专门的农业品牌建设推进机构，成立农业品牌工作领导小组，统筹协调全省农产品品牌工作，明确全省农业品牌的发展方向、工作重点和实现路径，并在此基础上开展以品牌为纽带的资产重组和生产要素整合，努力形

成农业品牌发展合力。

集中力量打造一批有竞争力的区域公用品牌。省、市、县政府和农业部门应把区域公用品牌建设纳入工作重点，充分发挥政府公共服务职能，加大品牌整合力度，提升产品价值。各县市要立足优势资源和区域特色，培育地方特色品牌，支持龙头企业申报和推介驰名商标、名牌产品。

推动农业规模化、标准化生产，夯实特色农业品牌建设的发展基础。扶持龙头企业、合作社、家庭农场等新型农业经营主体开展适度规模经营。支持发展社会化服务组织，构建以公共服务机构、合作经济组织、龙头企业为骨干，以其他社会力量为补充的新型多元化农业社会化服务体系，实现"小农户"的规模发展。拓展拉长"品牌农业"产业链，引导龙头企业与上游农户和下游中小企业有效对接，促进产业融合发展。

强化对农业品牌创建的激励与保护，提高农产品品牌建设的积极性。制定出台促进农业品牌发展的奖励和保护政策，充分调动农业生产者在"品牌农业"创建中的积极性。引导有条件的企业、农民专业合作社开展"两品一标"认证，提供认证指导，简化认证程序，对认证成功的企业给予宣传、奖补、税收等方面的支持，并进行定期抽查监管。鼓励企业创建名牌，对首次获得中国驰名商标、国家地理标志保护产品以及省著名商标和省名牌产品的农产品的经营者，按照标准给予相应奖励。将品牌的培育和保护纳入法制化轨道，严厉打击假冒伪劣产品，保护品牌形象和利益，为品牌农产品的生存和发展创造良好的秩序和环境。

（七）加强特色农业各类专业人才支持

积极培养新型职业农民。按照产业化要求，以电大、技校、高职院校、实践网点等为载体，构建职业教育、继续教育、终身教育、农村社区教育四位一体的教育体系，重点从生产技能、经营管理、科技运用等方面对有志于从事农业生产的农民开展培训指导，培养一批爱农业、懂技术、善经营的特色农业产业化人才。

鼓励农民返乡创业。加大创业服务力度，在贷款、补贴、保险、生产指导等方面对返乡创业的从业人员给予实质性的政策支持，并提供相应的社会保障，在合适的地区推进返乡创业园建设，搭建返乡农民工创业与就业平台。

加强对农业科技人才的激励。公益性推广服务要加强绩效评估，实施补助经费与评价结论紧密关联的支持机制，建立实际贡献与收入分配相互匹配的激励机制，将服务成效作为农业科技人才职称评聘和工作考核的重要参考。经营性市场化服务要明晰科技贡献率，并将其作为农业科技人才利益分配的重要依据。

加大对乡村振兴人才的引进和培养力度。积极吸引辽宁籍各类人才回归乡村，鼓励城市人才下乡兴村强业，自主培养与人才引进相结合，鼓励高等院校、中等职业学校和技工院校开设涉农专业，助力乡村产业发展。依托省内农大、农科院、医大、林校、中医中药学院等科研院所培养乡村特色产业专业人才，建立乡村特色产业人才培养基地。发挥各种工会、协会、工商联、农户互助组等社会团体联系广泛的优势，加强对农民及乡村特色产业经营主体的实用专业技术知识指导，建立乡村特色产业技术培训推广体系，通过不断的学习和素质提升，掌握扎实的知识、技能，从而更好地提高农民服务乡村产业发展的能力。

（八）打造宜居宜业的产业发展环境

加快农业农村基础设施建设。加快交通、供水、供电等基础设施建设。完善农村公共服务体系。进一步完善教育、医疗、养老等公共服务设施，创造良好的生活环境。加大资金和政策支持力度。进一步加强对乡村产业发展的资金优先保障。完善土地政策保障，确保乡村产业发展有足够的土地资源支撑。

参考文献

《中共中央　国务院关于做好 2023 年全面推进乡村振兴重点工作的意见》，新华社网站，2023 年 2 月 13 日。

李玠、年猛、于法稳：《促进乡村宜居宜业的思路与对策》，《中国农村发展报告（2021）》，中国社会科学出版社，2021。

《国家乡村振兴局关于落实党中央国务院2023年全面推进乡村振兴重点工作部署的实施意见》，国家乡村振兴局网站，2023年3月3日。

梅雪艳：《乡村特色产业发展中的政府行为研究——以L县为例》，河南大学硕士学位论文，2021。

阚莹莹：《川字号"土特产"文章如何做深做优》，《中国食品安全报》2023年3月18日。

王轶、刘蕾：《从"效率"到"公平"：乡村产业振兴与农民共同富裕》，《中国农村观察》2023年第2期。

万俊毅：《发展乡村特色产业，拓宽农民增收致富渠道》，《农业经济与管理》2022年第6期。

丁杨、王晓娥：《共同富裕视域下陕南乡村特色产业发展困境与路径》，《安徽农业科学》2022年第24期。

梁俊芬、蔡勋、刘序、周灿芳：《广东省乡村产业发展水平测度及区域差异研究》，《科技管理研究》2022年第23期。

高崇敏等：《广西乡村特色产业高质量发展评价指标体系构建》，《南方农业学报》2022年第8期。

专题篇

B.19
辽宁科技创新能力评价研究

耿殿贺*

摘 要： 科技创新能力是衡量一个区域综合科技实力和科技创新水平的重要指标，对推动区域经济社会发展、促进产业转型升级、提高生产效率具有重要作用。本文通过分析科技创新能力的主要影响因素，构建评价科技创新能力的指标体系，从而对辽宁科技创新能力进行全面、系统的评价，指出辽宁科技创新存在的问题，提出提升辽宁科技创新能力的具体对策，为辽宁全面振兴新突破提供科技支撑。

关键词： 科技创新能力 全面振兴新突破 熵权法

当前，辽宁面临着全面振兴新突破和做好"三篇大文章"的重要任务，构建现代产业体系，实现产业结构优化和升级成为未来一段时期辽宁经济社

---

* 耿殿贺，辽宁社会科学院产业经济研究所助理研究员，主要研究方向为产业经济。

会发展的核心。其中，科技创新作为重要支撑，是构成现代产业体系的关键要素，也是推动产业结构优化和升级的基础。因此，有必要系统评价辽宁的整体科技创新能力，并与全国其他省份进行比较，通过数据分析辽宁科技创新能力存在的问题，从而有针对性地提出提升辽宁科技创新能力的对策建议。

一 辽宁科技创新能力建设面临的形势

（一）全面振兴新突破对辽宁科技创新提出了新的要求

实施全面振兴新突破三年行动，是辽宁更好服务和融入新发展格局、实现高质量发展的必然需求，是在新时代东北振兴上展现更大担当和作为的现实需求。辽宁科技教育资源丰富，是传统的科教大省，但科技与产业结合的程度有待进一步加深，科技资源和科技人才存在外流情况。全面振兴新突破需要辽宁不断提升内生发展动力，对辽宁科技创新提出了更高要求。辽宁应充分利用现有的科技资源和基础优势，构建以企业为主体、以市场为导向、产学研相结合的创新体系，重点聚焦新材料、精细化工、高端装备制造、新能源等优势领域，整合力量，形成攻关合力，解决一批关键共性技术。同时，还应专注于科技人才队伍建设，把人才工作摆到关系辽宁振兴发展全局的高度来统筹推进。

（二）提升科技创新能力是促进辽宁转变经济增长方式的主要路径

新中国成立以来，辽宁经济发展的动力机制包含了依赖资源投入拉动经济增长、投资驱动经济增长和创新驱动经济增长等几个阶段。

新中国成立以后很长一段时期，辽宁经济主要是依靠自然资源特别是矿产资源的比较优势，通过对资源的开采、初级加工形成初级产品的发展模式。这个时期，辽宁主导产业依赖相关资源而发展，产业结构单一，资金投入集中于资源开采。同时，这种发展模式不具有可持续性，阜新、抚顺等地的发展实践就证明了这一点。由于矿产资源的有限性和不可再生性，随着资源被不断开采利用，可开发利用的资源逐渐减少并最终耗尽，依资源而形成的产业链条就会断裂。资源投入驱动经济增长对生态环境破坏严重。各种矿床的开采，严重破坏了地下结构，造成大片沉陷区；而对地表资源的开采剥离了地表植被，使生态环境恶化并难以逆转。矿产品的初加工造成的大量粉尘和有害气体，更加剧了环境恶化。

改革开放以后，中国经济增长主要依赖投资、消费和出口"三驾马车"。在这三种驱动要素中，投资对辽宁经济增长贡献率最大，辽宁经济也表现出较强的投资拉动增长趋势。投资作为未来生产的要素投入，存在边际效益递减效应。如果技术水平不变，随着投资额的不断扩大，单位资本的产出效率是逐渐递减的，这种递减效应在投资积累的早期表现得不是很明显，但随着资本累积量的增加而逐渐突出。不断扩大的投资将大量增加未来的产能，必将造成供大于求和产品价格、生产效益的降低。这种增长模式实际上是增量粗放型发展模式，不具备长期可持续性。

创新驱动型发展模式是通过科技创新加快实现比较优势的动态转换，并根据发展阶段和发展水平的提高，通过强化创新，提升产业和产品的技术含量和附加价值，从而构筑新的比较优势和竞争优势。与以投资驱动为特征的传统经济增长相比较，创新驱动型的经济增长是一种结构性增长，它消除了经济长期发展中普遍存在的要素报酬递减、资源稀缺以及负外部性等制约因素，从而为经济持续稳定增长提供了可能。这也许正是创新驱动型发展模式成为当今世界特别是经济发达国家主流发展模式的关键所在。在辽宁经济发展由资源依赖与投资拉动向创新驱动转变的进程中，要将工作的着力点放在科技创新上，努力实现经济发展方式向以创新驱动型为主的模式转变。

（三）科技创新能力是构建辽宁产业竞争力的主要手段

如果一个地区具备较强的科技创新能力，就具备了科技上的比较优势，应用现代先进技术的直接成果是提高了劳动生产率，使得用于生产的活劳动

和物化劳动消耗减少，提高了区域的产业竞争力。另外，高技术的使用，直接提高了产品的技术含量和性能，提高了产品的竞争力。

从辽宁主导产业来看，辽宁传统产业竞争优势比较大，尤其是冶金和石化行业，技术壁垒不高，产业竞争力主要体现在规模和管理效率上。随着外资进入中国市场之后，辽宁依靠资本和规模形成的竞争优势逐渐消失，一些行业也纷纷被其他省份赶超。辽宁装备制造业企业大多是计划经济时期建设的国有大型企业，与其他省份相比，其技术创新能力基础扎实，通用设备领域的机床、轴承、压缩机、燃气轮机，专用设备领域的盾构机、石化装备、冶金装备、石油装备，电器机械领域的输变电设备、风电设备，交通运输领域的汽车、船舶、航空器，这些装备制造业产品在国内具备较强的竞争力。但从国际经济一体化的角度看，今天辽宁面对的市场已经不是过去封闭的市场，产品要面向全球市场，参与全球的市场竞争，与国外主要发达国家相比，辽宁装备制造业内各个行业的技术能力还处于竞争劣势。

与传统产业相比，新兴产业技术壁垒较高，尤其是电子信息、新材料和新能源等领域。辽宁新兴产业起步虽然较晚，但已经孕育出一批具备一定竞争力的企业和行业，在 IC 装备、高技术船舶和海工装备、医疗装备、新能源、生物医药等领域已经占据了行业制高点。在这些新兴产业崛起的背后，科技创新都扮演了最核心的角色，成为代表辽宁产业竞争力的重要体现。

二 辽宁科技创新能力评价指标体系

（一）科技创新能力的界定及影响因素

科技创新能力包括知识创新能力和技术创新能力。知识创新能力是指通过科学研究，包括基础研究和应用，获得新的基础科学和技术科学知识的能力。知识创新的目的是追求新发现、探索新规律、创立新学说、创造新方法、积累新知识。知识创新能力的主体主要是高等学校和科研院所，其创新成果主要表现为发表的论文、出版的著作和获得的科研奖励。技术创新包括新产品和新工艺，以及原有产品和工艺的显著技术变化。技术创新的主体主要是企业，其创新成果主要表现为专利、新产品和新工艺。

通常一个区域的科技创新活动是由企业、科研机构和大学组成的创新主体和创新环境交叉作用的系统组成的，主要包含科技创新环境、科技创新投入、科技创新产出和科技成果转化四个关键要素（见图1）。

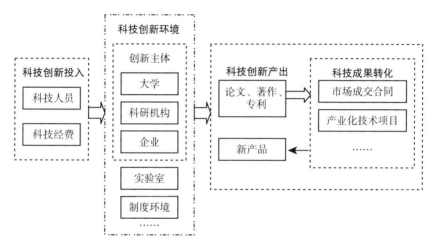

图1　区域科技创新活动

站在全国的角度来评价辽宁整体科技创新能力，可以从科技创新环境、科技创新投入、科技创新产出和科技成果转化四个维度来分析。其中科技创新环境为科技创新活动的基础，科技创新投入和科技创新产出用来衡量科技活动的效率，科技成果转化是科技创新活动的最终体现形式。

1. 科技创新环境

科技创新环境由影响科技创新的公共和私有部门及机构组成，通过各创新行为主体的制度安排及相互作用，为科技创新活动提供物质条件和基础保障。科技创新环境在增强技术创新活力，推动科技进步中有着至关重要的作用。创新是一种复杂的知识学习和创造实践活动，其活力来自创新要素及其

相互协调能力，这些要素只有在创新环境中才能有效地培育和展现出创新活力。科技创新环境主要包括实验室、国家技术中心、基础实验设备、高新技术产业园区、科技孵化器和科技政策等。

2. 科技创新投入

科技创新投入要素主要是科技人员投入和科技经费投入。科技人员是区域自主创新的核心，科技人员的素质和能力越强，区域自主创新能力越强。科技人员的素质可以从"量"和"质"两个方面衡量："量"主要表现在科技活动人员、R&D 人员折合全时当量方面；"质"表现在科学家和工程师占 R&D 人员的比重、基础研究人员占 R&D 全时人员的比重、科研机构中博士硕士占单位在职科技活动人员的比重等方面。

科技创新活动的另一个投入要素是资金，包括购买仪器设备、技术引进、设备改造和消化吸收等研发活动的经费支出。科技经费筹集的主要来源有企业资金、政府资金、国外资金、社会资金和金融机构贷款等，其中企业资金和政府资金是目前科技创新投入的主体。科技创新资金投入也可以从"量"和"质"两个方面衡量："量"表现在科技经费筹集金额、R&D 经费内部支出等方面；"质"表现在基础研究和应用研究经费占课题经费内部支出比例、R&D 经费支出占主营业务收入比例、引进技术的消化吸收经费支出占技术获取经费支出的比例等方面。

3. 科技创新产出

科技创新产出是科技创新活动的最终目的，是科技创新能力的主要衡量指标。科技创新产出表现在企业新产品产值、专利授权数、发表的论文和出版的著作，高校和科研院所的专利授权数、发表的论文和出版的著作等。

4. 科技成果转化

科技创新能力分为知识创新能力和技术创新能力，因此，科技成果同样可以分为知识创新成果和技术创新成果。知识创新成果主要是发表的论文和出版的著作；技术创新成果主要是专利授权数和新产品产值。对于知识创新成果而言，要实现其价值创造的能力，必须在技术市场和产品市场上进行成果转化，成为现实中可以应用的技术成果。因此，科技成果转化是区域科技创新的一个重要衡量指标。科技成果转化主要表现在市场成交合同金额、国家产业化技术项目等。

（二）指标选取原则

科技创新能力的评价指标选择应遵循以下几个原则：指标的系统性、数据的稳定性、数据的可获取性和创新投入的效率。

1.指标的系统性

在评价辽宁科技创新能力时，需要考虑到科技创新能力是一个完整的体系，几个创新主体之间相互联系、互相促进。因此，在指标中要能够反映出不同创新主体对自主创新能力的影响。同时，还要注意不同创新主体之间的指标具有独立性和不可替代性。

2.数据的稳定性

科技创新能力的评价指标需要考虑数据的稳定性，由于统计对象具有复杂性的特点，某些统计数据中存在数据不连贯、波动较大的现象。因此，在选取指标中，需要选择一些比较平稳的数据，这样才能真实反映科技创新能力的强弱。

3.数据的可获取性

有些科技创新能力指标很难获取，或者获取数据的成本太高。在建立辽宁科技创新能力的评价指标时，尽可能地通过查阅统计年鉴和统计报告来获得数据，通过对数据进行加工处理，得到需要的指标。

4.创新投入的效率

科技创新能力作为一种经济效益指标，反映的是创新活动的产出与投入之比。在指标体系中，不但要反映科技创新的投入，还要反映科技创新的产出。

为了反映指标的系统性，将科技创新能力评价指标分为一级指标和二级指标。其中一级指标包括科技创新环境指标、科技创新投入指标、科技创新产出指标和科技成果转化指标（见表1）。

表 1　科技创新能力评价指标体系

一级指标	二级指标
科技创新环境	研究与开发机构数(个)
	高技术产业中的企业数(个)
	高等院校属研究及试验发展机构数(个)
	规模以上工业企业科技项目数(个)
科技创新投入	R&D 经费内部支出(亿元)
	R&D 人员(人)
	规模以上工业企业开发新产品经费(%)
	规模以上工业企业技术引进及购买国内技术经费(%)
科技创新产出	规模以上工业企业新产品主营业务收入(万元)
	高技术产业工业总产值(亿元)
	国外主要检索工具收录科技论文数(篇)
	国内两种专利申请授权数(件)
科技成果转化	技术市场成交合同数(个)
	国家产业化计划项目落实资金(万元)
	技术市场技术流向地域合同金额(万元)

注：科技项目数包括研究与开发机构的课题数、高校的课题数与规模以上工业企业的科技项目数。

三　辽宁科技创新能力评价及结果分析

(一)评价方法

本文采用客观赋值熵权法进行评价，熵是应用于不同决策过程的评价或案例的效果评价工具，熵可以度量获取的数据所提供的有用信息量，从而能够确定该信息在评价过程中所占的比重。因此，熵权法非常适合用来评价辽宁省科技创新能力，在充分考虑科技创新环境、科技创新投入、科技创新产出和科技成果转化的基础上，得出一个全面、客观的评价结果。

信息熵定义为 $H(x) = -\sum p(x_i)\ln p(x_i)$，其中，$p(x_i) \in [0, 1]$，

$\sum p(x_i) = 1$。信息熵可用于反映指标的变异程度，并用于进行综合测度，设有 m 个测度对象，n 项测度指标，形成原始指标数据矩阵 $X = (x_{ij})_{m \times n}$，对于某项指标 x_j，指标值 x_{ij} 的差距越大，该指标提供的信息量越大，其在综合测度中所起的作用越大。

熵权法的步骤如下：

1. 将原始数据进行标准化处理（m 是省份，n 是指标）：

$$x_{ij} = \frac{a_{ij} - \min(a_j)}{\max(a_j) - \min(a_j)}, i = 1,2,\cdots,m; j = 1,2,\cdots,n$$

2. 将 x_{ij} 转化为比重形式 p_{ij}：

$$p_{ij} = \frac{x_{ij}}{\sum_{i=1}^{m} x_{ij}}, i = 1,2,\cdots,m; j = 1,2,\cdots,n$$

3. 定义第 j 个指标的熵：

$$H_j = -k \sum_{i=1}^{m} p_{ij} \ln p_{ij}, i = 1,2,\cdots,m; j = 1,2,\cdots,n$$

其中 $k = \frac{1}{\ln m}$，公式中加上常数项 k 是为了保证第 j 个指标的各比重 p_{ij} 都相等时，即 $p_{ij} = 1/m$，满足 $H_j = 1$，这时该项指标不能提供任何信息，对综合测度不起任何作用。当 $p_{ij} = 0$ 时，$p_{ij} \ln p_{ij} = 0$，从而保证 $H_j \in [0, 1]$。

4. 定义第 j 个指标的熵权 $\omega_{\sigma j}$：

$$\omega_{\sigma j} = \frac{1 - H_j}{\sum_{j=1}^{n} (1 - H_j)} = \frac{1 - H_j}{n - \sum_{j=1}^{n} H_j}, j = 1,2,\cdots,n$$

其中，$\omega_{\sigma j} \in [0, 1]$，且 $\sum_{j=1}^{n} w_{\sigma j} = 1$。

5. 第 i 个评价对象的综合评价值：

$$V_i = \sum_{j=1}^{n} \omega_{\sigma j} p_{ij}$$

对于综合评价结果而言，V_i 值越大，评价对象的效果越好。

本文数据来源于《中国科技统计年鉴 2022 年》和《企业研发活动统计年鉴 2022 年》。经测算，各指标权重如表 2 所示。

表 2　各指标权重

一级指标	二级指标	H_j	W_j
科技创新环境	研究与开发机构数(个)	0.925659	0.028354
	高技术产业中的企业数(个)	0.770264	0.086655
	高等院校属研究及试验发展机构数(个)	0.920058	0.031516
	规模以上工业企业科技项目数(个)	0.867531	0.050927
科技创新投入	R&D 经费内部支出(亿元)	0.862571	0.057211
	R&D 人员(人)	0.887456	0.048677
	规模以上工业企业开发新产品经费(%)	0.810645	0.079243
	规模以上工业企业技术引进及购买国内技术经费(%)	0.845048	0.060107
科技创新产出	规模以上工业企业新产品主营业务收入(万元)	0.829007	0.065009
	高技术产业工业总产值(亿元)	0.684622	0.122003
	国外主要检索工具收录科技论文数(篇)	0.828570	0.069503
	国内两种专利申请授权数(件)	0.832415	0.065784
科技成果转化	技术市场成交合同数(个)	0.800451	0.079866
	国家产业化计划项目落实资金(万元)	0.725277	0.106301
	技术市场技术流向地域合同金额(万元)	0.847210	0.066432

评价结果如表 3 所示。

表 3　评价结果

省(区、市)	综合评价值	排名
广东	13.17	1
北京	12.56	2
江苏	9.87	3
上海	8.64	4
浙江	8.51	5
山东	7.94	6

省(区、市)	综合评价值	排名
湖北	4.34	7
安徽	3.86	8
四川	3.52	9
湖南	3.17	10
福建	2.72	11
天津	2.56	12
陕西	2.39	13
河南	2.39	14
辽宁	2.38	15
重庆	1.98	16
江西	1.68	17
河北	1.67	18
吉林	1.52	19
贵州	1.30	20
广西	1.30	21
云南	0.86	22
山西	0.80	23
黑龙江	0.79	24
甘肃	0.68	25
内蒙古	0.57	26
宁夏	0.50	27
海南	0.39	28
新疆	0.25	29
青海	0.17	30
西藏	0.00	31

（二）评价结果及主要指标分析

从科技创新能力综合评价结果看，辽宁整体科技创新能力居全国中游。从科技人员投入指标看，2022 年，辽宁研究与试验发展（R&D）人员为 19.5 万人，在全国排名第 16 位；R&D 人员全时当量为 124163 人年，居全国第 17 位；其中研究人员全时当量为 67123 人年，占 R&D 人员全时

当量的比重为54%，占比居全国第9位（见图2）。从数据可以看出，辽宁R&D人员投入总量居全国中游，但人才结构相对合理。截止到2023年年底，辽宁有两院院士61人，其中，中国科学院院士24人，中国工程院院士37人。

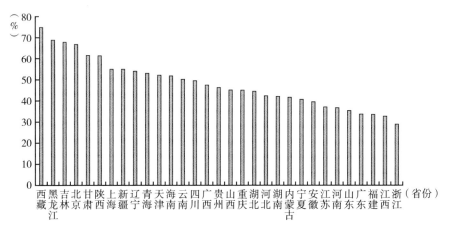

图2　2022年全国各省（区、市）研究人员占R&D人员全时当量的比重情况

从研究与试验发展研究经费投入指标看，2022年，辽宁R&D经费投入强度为2.14，居全国第13位。2022年，辽宁R&D内部经费支出为621亿元，居全国第16位，其中基础研究经费支出为41.4亿元，居全国第12位；应用研究经费支出为102亿元，居全国第11位；试验发展经费支出为477.6亿元，居全国第17位（见图3）。可以看出，辽宁在科技资金方面的投入居全国中游水平，其中基础研究和应用研究经费支出排名比较靠前，辽宁在这两个领域的基础实力较强。辽宁正在全力推进和强化企业创新主体地位，构建企业梯度培育体系，促进创新要素不断向企业集聚，2022年，辽宁科技型中小企业、高新技术企业增速达到46.7%、22.7%，全国排名跃居第13位和第12位。这些创新主体的不断涌现，将带动创新投入持续增强。

从高等学校科技活动情况看，2022年，辽宁高等学校114所，居全国第10位（见图4）；高等学校中R&D人员合计5.06万人，居全国第13位，

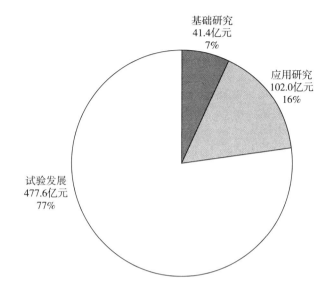

基础研究
41.4亿元
7%

应用研究
102.0亿元
16%

试验发展
477.6亿元
77%

图3　辽宁R&D经费内部支出结构

其中博士毕业生2.04万人，居全国第11位；高等学校R&D经费内部支出为76.2亿元，居全国第14位；R&D课题数为4.2万项，居全国第14位。可以看出，辽宁高等学校无论是R&D人员投入还是经费投入，都处于全国中上游水平。

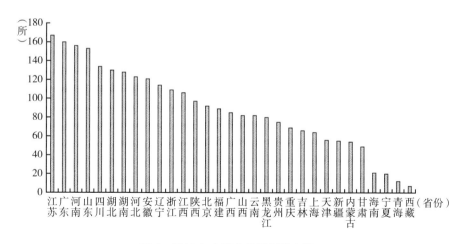

图4　2022年全国高校数量排名情况

从规模以上工业企业新产品开发和销售情况看，2022年，辽宁新产品开发项目数为1.7万项，居全国第15位；新产品开发经费支出为430.3亿元，居全国第16位；新产品销售收入为5012.6亿元，居全国第16位；规模以上工业企业专利申请数为2.16万件，居全国第16位；有效发明专利数为3.82件，居全国第14位。

从高校科技成果产出情况来看，2022年，辽宁高等学校发表科技论文5.7万篇，居全国第11位；出版科技著作1475种，居全国第13位；专利申请数为1.06万件，居全国第13位；有效发明专利数为2.4万件，居全国第11位；专利所有权转让及许可数为499件，居全国第17位；专利所有权转让及许可收入为1.4亿元，居全国第10位。从高校和企业科技创新成果在全国中的排名对比来看，辽宁高校科技创新实力较强，但企业科技创新能力表现一般。

从技术市场技术输出地域的合同数来看，2022年，辽宁技术市场技术输出地域合同数为1.84万项，居全国第13位；技术市场技术输出地域合同金额为971.3亿元，居全国第15位；技术市场技术流向地域合同数为1.75万项，居全国第15位；技术市场技术流向地域合同金额为747亿元，居全国第17位。2022年，辽宁国外技术引进合同数为108项，居全国第10位；国外技术引进合同金额为6.36亿美元，居全国第13位。从数据中可以看出，辽宁技术市场流向合同数的排名要低于输出合同数的排名，且差距较大，说明辽宁科技创新成果向省外转化的情况比较严重，科技成果在省内转化的力度应进一步加大。

为加大科技创新成果转化力度，近些年辽宁依托高新区和科技园等创新载体，建立了"众创空间—孵化器—加速器—产业园"创业孵化链条，通过举办创新创业大赛、科技金融活动月、各种创新发展峰会等活动，营造科技成果转化的良好生态。2022年，辽宁新建省级中试基地14家，累计达到36家，向创新主体精准靶向推送，引导各类创新主体与中试基地开展合作，累计开展中试项目300余个，解决技术难题300余个。辽宁支持企业做盟主，牵头组建省级典型实质性产学研联盟400个，汇聚了1200余家骨干企业、1100余家高校和科研机构开展产学研协同创新。

四　提升辽宁科技创新能力的建议

（一）完善科技创新环境和创新机制

深化科技体制改革，加快建设区域创新体系。加快建立以企业为主题、以市场为导向、产学研相结合的技术创新体系。深化科研机构管理体制改革，加快建设现代科研院所制度，加快大学重点学科和科技创新平台建设。促进科技资源优化配置和高效利用，健全科技资源社会共享机制，提高全省动员和整合科技资源的能力，健全辽宁省科技决策机制，改革完善科技评审与评估制度、科技成果评价和奖励制度，加强基础性和战略性产业的统一规划，形成统一的战略部署。

加强"政产学研金介"等科技创新主体协调，形成科技创新的政策体系。增加财政直接投入，强化企业投入主体地位，明确加大科技经费投入的法律和制度保障力度。调整和优化投入结构，加强对基础研究、前沿技术研究、社会公益研究以及科技基础条件等的支持。实施促进科技创新创业的金融政策，建立和完善科技创新风险投资机制，建立健全鼓励中小企业技术创新的知识产权信用担保制度和其他信用担保制度。制定有利于科技创新的税收政策，加大企业研究开发投入的税前扣除等激励政策的实施力度，扩大税收优惠范围。允许高技术企业将实际发放的工资总额计入应纳税所得额扣除，简化自主知识产权高技术产品出口纳税程序。建立健全鼓励创新的政府采购制度，增加政府采购自主科技创新产品与技术的规定，对具有国内外自主知识产权的省内重大首台（套）装备实施优惠政策；明确规定政府对产品、工程和服务采购中自主高技术产品的比例，对于省内具有自主知识产权的企业产品和技术给予价格优惠。

加强科技基础条件平台建设，营造良好的科技创新环境。围绕辽宁主导产业和重大专项技术，建设若干队伍强、水平高、学科综合交叉的重点实验室和其他科学研究实验基地。建设若干大型科学工程和基于科技条件

资源信息化的数字科技平台。建立完善的自然科技资源保护与利用体系。完善检测实验室体系、科技认证服务体系及技术性贸易措施体系。优化高新技术产业化环境,对科技中介服务机构开展的技术开发与服务活动给予政策扶持。建立有效的技术转移机制,加快科技成果转移步伐。支持面向行业的关键共性技术的推广应用。加强技术工程化平台、产业化示范基地和中试基地建设。

(二)引导加大科技创新投入力度

强化企业科技创新投入的主体地位。企业在区域科技创新中具有无可替代的作用,只有使企业真正成为科技创新的投资主体、研发开发主体和科技成果应用的主体,才能坚持科技创新的市场导向,有效整合产学研的力量,加快科技创新成果的产业化。在装备制造、新材料、新能源等领域,选择一批重点骨干企业,加大支持力度,建设一批国家级和省级科技创新平台。

鼓励和支持多种形式的产学研合作。创新体制机制,支持企业采取适合自身特点的分配制度,实行技术、知识、管理等生产要素参与分配,使企业真正成为创新利益的分配主体和科技成果转化的主体。鼓励和支持科研人员以技术入股、知识与管理能力折股等方式获得股权、期权。企业要充分利用国内国外两种资源开展产学研合作,同科研院所、高等院校联合建立研发机构、产业技术联盟等技术创新组织,提高重点产业、支柱产业的技术自给率,建立和完善产学研各方优势互补、风险共担、利益共享、共同发展的良性机制。鼓励和支持企业与高等院校、科研院所联合培养企业急需的创新人才,联合申报国家、省、市级科技攻关项目和产业化项目。

充分发挥科技型中小企业在科技创新中的生力军作用。增加对科技型中小企业技术创新的资金投入,重点支持中小企业技术创新活动和为承担国家科技型中小企业创新基金项目提供一定比例的资金配套。加强创新创业服务体系建设,不断完善风险投资和信用担保机制,拓宽融资渠道,通过基金支持、创业投资、贷款贴息等方式,支持企业特别是科技型中小企业和民营科技企业加快发展，对已经进入中试阶段且成长性好的科技项目，给予资金支持和政策倾斜。

（三）不断加强科技创新人才队伍建设

建立人才需求预测预报系统。构建辽宁人才需求预测预报网络体系，根据经济社会发展对各类人才的需求情况及其变动趋势进行阶段性、滚动式科学分析预测，搞好预测预报网络体系建设和人才需求信息数据库建设。有效解决人才需求变动性大与教育资源配置和教育结构刚性强的矛盾，使人才生产过程和周期与教育结构调整基本保持一致。

建立鼓励创新的人才评价和激励机制。积极探索和完善学术自律与学术监督相结合，学术自由与学术责任相结合的科技管理和学术评价有效机制，改进专家、职称等各种荣誉称号的评审和聘用方法，拥有发明专利、取得显著经济社会效益的，优先评聘为相应技术职称。

更新人才引进观念，确立新的人才布局观念。对于有特殊贡献的科技人才，可适当放松录用标准或延长聘用期限，使得人尽其才。将人才工作的成效列入考核单位领导班子实绩的重要内容，以作为今后职务升迁的依据。建立与国际接轨的人才引进和自主用人机制，在符合辽宁产业政策的行业，优先引进一批海外高精尖人才到辽宁工作。确立新的人才布局观念，从振兴老工业基地、沈阳经济区和沿海经济带的大视野来布局辽宁创新人才与创新团队建设。通过共建科研机构、成果转化实验基地、课题合作研究等，实现对人才资源大规模有效开发利用。

（四）加大科技创新成果转化力度

坚持以市场为导向，推动经济与科技的紧密结合。重视市场信息，关注市场变化，以市场需求引领创新、驱动创新，实现企业创新面向市场、向社会需求延伸。充分发挥政府的主导作用，进一步完善适应社会主义市场经济发展要求的政府管理科技事业的体制机制，建立健全政策制度，完善科技开发项目，促进科技创新要素和其他社会要素有机结合，形成科技不断促进经

济社会发展、社会不断增加科技投入的良好机制。

鼓励和支持企业成为创新成果的应用主体。设立省级科技成果转化专项资金，对企业应用科技成果项目给予一定的资助和贷款贴息，并对成果所有者和转化实施者给予奖励。对经认定的科技成果转化项目所需进口设备及其关键零部件，按国家有关规定减免进口关税和进口环节增值税。对经认定的使用科技成果转化项目所组建的企业，在土地使用、人员工资、贷款贴息和融资等方面给予优惠。鼓励和支持企业运用高新技术改造提升传统产业，突破产业发展的关键技术解决企业在技术装备改造、工艺改进创新、产品水平提高、减少能耗及环境污染等方面的技术问题。对研究解决企业生产和研发中重大技术问题的项目以及企业建立的博士后科研工作站，政府各类计划及省风险投资资金和贷款担保资金给予优先支持。鼓励和支持企业在引进技术的基础上消化吸收再创新，对关键技术和重大装备的消化吸收和再创新给予引导性资金支持；对消化吸收再创新形成的先进装备和产品，纳入政府优先采购的范围；对订购和使用国产首台（套）重大装备的国家和省重点工程，要优先予以安排。鼓励企业开发名牌产品，对已获国家驰名商标，省著名商标和国家、省名牌产品称号的企业产品，优先列入技术改造、新产品开发等计划。对新创国家驰名商标和国家名牌产品称号的企业，按照有关规定予以奖励。

大力支持科技成果转化。健全激励机制，调动科技人员的积极性，使有突出贡献的科研骨干和科研成果得到应有的丰厚报酬。职务科技成果以股权投入方式进行转化的，成果完成人可享有一定的股权；以技术转让方式将成果提供给他人实施转化的，成果完成人可享有一定的收益；自行实施转化或以合作方式实施转化的，自项目盈利之日可从税后利润中提取一定比例奖励成果完成人。科技人员转化职务科技成果做出的贡献在职称评定、政府奖励中予以承认。支持科研机构、高等院校的科技人员兼职从事科技成果转化和产业化工作，所在单位应继续为科技人员从事应用研究开发提供科研实验条件。对外省市和中央各部委所属单位的科技人员带科技成果来辽宁实施转化的，可享受科技成果转化项目的资金支持、贷款贴息和融资担保，其产品优先列入政府采购目录；对其中要求来辽宁落户者及其配偶和未成年子女，有关市应准予调入并妥善安排。

建立和完善科技创新服务体系。依托高校和科研机构，结合辽宁支柱产业发展需求，建设一批重点学科和重点实验室，初步形成具有辽宁特色的装备制造、精细化工、电子信息、航空航天、海工装备、生物医药、新材料、新能源等研发创新体系。以"三网一库"为载体，建立科技信息共享平台。鼓励设立各类科技风险投资资金，拓宽风险投资的资金渠道，大力发展各类风险投资中介机构。建立知识产权交易中心、科技成果转化中心、技术转移和推广中心等，发展专业化、社会化和多层次的中介服务机构。鼓励企业、科研机构、高等院校、有关行业协会等单位建立行业性、专业性科技信息网络和网上技术市场。鼓励和支持社会力量兴办各类科技服务机构，支持海内外人士到辽宁设立科技中介机构，全面加强对企业科技创新能力的支撑。不断完善创业服务中心、创业园、大学科技园、产业化基地等各类企业孵化器，形成集群孵化、产业链孵化的新格局。

参考文献

陈德权、李博、王术光：《推进辽宁科技创新人才政策执行模型研究》，《科技管理研究》2009 年第 12 期。

孙洪敏、椰永华、齐炘：《辽宁科技创新发展战略研究》，黑龙江人民出版社，2009。

孙冀、韩红、李伟：《进步与创新：辽宁科技经济发展策论》，辽宁大学出版社，2010。

原毅军、耿殿贺：《中国装备制造业技术研发效率的实证研究》，《中国软科学》2010 年第 3 期。

孙艳姣、王莹：《辽宁科技创新高地建设现状及思考》，《科技与创新》2021 年第 24 期。

B.20
辽宁省推进法治化营商环境的现状、问题及对策研究[*]

尹云龙[**]

摘　要： 近年来，辽宁高度重视营商环境建设，按照省委要求部署，致力于打造办事方便、法治良好、成本竞争力强、生态宜居的营商环境，不断推动全省经济高质量发展。通过一系列改革措施，在一定程度上激发了经济活力，提升了群众创业办事的幸福感与获得感。但是，辽宁法治化营商环境仍存在较大优化空间，如法治化营商环境建设意识不强、司法服务不精准不精细、涉企业及其经营者刑事犯罪办案不规范以及平等保护原则的贯彻不力等。辽宁在推进法治化营商环境过程中在谋深做实增效上持续发力，应进一步强化服务市场主体意识，解决突出问题、规范窗口服务标准，健全完善对涉企案件实行生产经营影响评估的工作机制，努力维护涉企案件平等保护原则，为辽宁全面振兴、全方位振兴取得新突破提供坚实司法保障。

关键词： 社会治理　法治化　营商环境

2023年3月，辽宁全省优化营商环境建设大会在沈阳召开。会议指出，近年来，省委、省政府把营商环境作为事关振兴发展全局的重大问题来抓，

---

* 辽宁省社科联青年人才项目"关于加强我省城乡基层社会治理制度创新的对策研究"（项目编号：2024lslqnrckt-037）的阶段性成果。

** 尹云龙，管理学博士，中共辽宁省委党校社会建设与生态文明教研部副教授，研究方向为社会治理。

对标市场化、法治化、国际化，不断加强营商环境建设，以政治生态的持续净化、法治环境的持续改善来促进和保障营商环境的根本好转，人民群众和经营主体对营商环境的满意度持续提升，外界对辽宁的预期不断改善。当前，辽宁正处于振兴发展的关键时期，优化营商环境是实施全面振兴新突破三年行动必须下好的先手棋，是打好新时代"辽沈战役"必须拿下的关键仗。

一 辽宁构建良好法治化营商环境主要举措及成效

2023 年以来，辽宁省认真贯彻党中央决策部署和省委工作要求，紧紧围绕"法治是最好的营商环境"的目标定位，把优化营商环境工作特别是打造法治化营商环境作为当前最要紧、最紧迫的政治任务，以法治环境、诚信环境建设为抓手，积极打造一流法治化营商环境，法治建设取得了新成绩，为辽宁全面振兴全方位振兴实现新突破提供了法治保障。

（一）坚持问题导向，构建全方位司法保护体系

精准对接市场主体需求。以满足企业需求为目标，充分发挥司法职能作用，体系化谋划涉市场主体司法保护工作。组织召开企业家座谈会 687 场、走访企业 2114 家，与工商联建立法律服务站，与营商局建立沟通、反馈、会商制度，精准查找企业发展的堵点、痛点、难点，对征集到的 13 个方面615 条意见建议，认真细致梳理，建立工作台账，逐一落实反馈；完善司法服务保障工作体系。站位法治辽宁发展大局，从自身职责出发，以超审限案件等三个专项整治为切入，以知识产权司法保护等五个专项活动为载体，以《涉企案件生产经营影响评估办法》为牵引，形成服务保障"5+5+5+1"工作体系。采取"专、精、实"的工作方法，突出专项活动的"专"、护企措施的"精"、保护效果的"实"，精确定位、精准破题、精深推进，以企业的实际感受和指标数据检验工作成效，为企业的发展壮大提供精准有力的司法服务和保障。

（二）坚持制度创新，建设高水平法治化营商环境

辽宁省委常委会议通过了一系列重要文件和措施，包括《辽宁省贯彻法治中国建设规划实施方案（2020—2025年）》《辽宁省贯彻落实〈法治社会建设实施纲要（2020—2025年）〉具体举措》《关于解决法治领域突出问题为辽宁振兴发展实现新突破提供法治保障的意见》。同时，出台了《关于加强法治乡村建设的实施意见》，并对16件地方性法规和省政府规章草案进行了审核。此外，还全面开展了法规、规章和规范性文件的清理工作，修改、废止了12件地方性法规、20件省政府规章及规范性文件。出台了《辽宁省行政规范性文件合法性审核办法》，全面推行行政执法三项制度，实现了省市县各部门全覆盖。

（三）坚持便企利民导向，补齐公共法律服务短板

印发了《关于进一步深化公共法律服务体系建设的实施意见》。对全省公证、法律援助机构进行了3次明察暗访，发现问题257个，已整改236个；开展人民调解"抓源头、大调解、防风险、促振兴"专项活动，调解各类矛盾纠纷157410件；全省共建立"村民评理说事点"11763个，实现行政村全覆盖，"居民评理说事点"3922个，社区覆盖率86%；组织1100名律师成立民法典宣讲团，开办《金牌律师团》普法节目，全国卫视同期收视率排名最高第3；实现了市、县（区）、乡（镇）公共法律服务中心（站）有效运行率100%；对30个重点民营企业开展了法治体检；行政审批时限减少50%，提交材料减少30%，精减办事环节10项。

（四）坚持智慧管理，规范监所执法行为

在全国率先实现新收押罪犯电脑分配，累计随机分配37批次、8071名新收押罪犯；制定了《罪犯监舍铺位调换办法》，定期调整罪犯监舍和铺位；推进智慧监狱建设，11所监狱达到国家标准，7所通过司法部验收；开通罪犯电子购物系统，从根本上解决了"捎、买、带"等违规问

题；开通可视亲情电话系统；开展减刑、假释案件专项复查、暂予监外执行案件自检自查，案件倒查 15 年，审核案件 22 万余卷，梳理问题 3600 余条。

（五）坚持大数据应用，积极推进"一网通办"

所有已申请的政务服务事项全部进入省政务服务网，并与各市实现联通；14 项行政审批事项全部实现"最多跑一次"和一个机构集中审批；升级改造了 12348 辽宁法网，已完成与省一体化政务在线服务平台的对接。全省政法机关依托 12345 服务平台打造省市两级法治化营商环境投诉举报渠道，规范问题发现、筛选、移交、办理、反馈、评价机制，推动问题依法及时就地解决，畅通企业群众反映解决政法单位和政法干警违反"十个严禁"问题渠道。2022 年以来，共接收法治化营商环境举报线索 358 件，经审核，交办 353 件，其中办结 294 件，满意度 71%。拓展辽宁长安网平台功能，建立法治化营商环境投诉举报窗口，广辟线索来源渠道；开发上线集办理、统计、分析于一体的智能化"辽宁省损害法治化营商环境问题查处信息化管理系统"，进一步规范线索受理登记、研判移送、核查处置、督办反馈等程序，强化科学管理，提高核查质效。2023 年以来，全省核查法治化营商环境问题共计 146 件，已解决问题 42 件，处理处分政法干警 56 人，其中，组织处理 23 人，党纪政务处分 33 人。

（六）坚持通报考评，树立"人人都是营商环境、个个都是开放形象"理念

省委政法委建立"月报送"制度，定期对各地区、各部门法治化营商环境建设工作情况进行通报排名，切实督促推动各级政法机关扎实开展法治化营商环境建设，定期刊发法治化营商环境建设工作专刊，每月通报法治化营商环境建设成效，在辽宁政法公众号设立"每周案例通报——损害法治化营商环境问题查处"版块，定期通报干警损害法治化营商环境建设负面案例。将法治化营商环境建设工作纳入考核范围，并赋予较高权重分值；对

责任心不强、工作不到位、成效不显著的地区和单位，采取约谈主要负责同志、下发法治化营商环境建设抄告单等措施，督促整改落实；对敷衍塞责、弄虚作假的，严肃追究相关人员责任。组织开展全省法治化营商环境建设专项督查，对全省工作情况进行督导考核，并对问题整改情况进行"回头看"。组织15677名司法行政干警职工签订落实法治化营商环境建设责任承诺书；开展警务督察，发现并认真解决了30个狱务、所务公开问题，处理处分政法干警和法律服务人员48人。

二 目前辽宁省构建良好法治化营商环境存在的问题

虽然辽宁在法治化营商环境建设上取得了积极进展，但是对标省委、省政府工作要求，当前仍存在一定的问题和差距，主要表现在以下几方面。

（一）法治化营商环境建设意识不强

对贯彻落实党中央和省委关于法治化营商环境建设相关指示精神和工作要求不重视，学习理解不系统、不深入，政治站位不高；贯彻落实《辽宁省优化营商环境条例》不到位，工作缺乏主观能动性，没有把法治化营商环境建设工作纳入重要议事日程，理论转化成果不足，指导司法实践不明显。同时，也存在对加强产权和企业家权益司法保护工作的重要性认识不到位，对可能存在问题的涉产权或企业家的民事案件、行政案件、执行案件、国家赔偿等案件未排查或排查工作不力，对可能存在问题的案件审理或纠正不及时、不到位，对宣传引导工作重视程度不够，亮点不突出。

（二）司法服务不精准不精细，不注意市场主体的实际感受

诉讼服务窗口管理不正规，导诉、立案等程序混乱，对待当事人"生冷硬横推托"，工作态度不佳；庭审管理不到位，未按规定着装、开庭期间

玩手机、举止不端庄、语言不文明、态度不严肃等；机关管理不严格，上班时间无故中途离岗、玩电脑游戏、玩手机、睡觉、闲聊、办公秩序混乱等；司法形象不佳，接待群众态度不热情，程序不规范，"门难进、脸难看、话难听、事难办"，言语生硬、不文明等。

（三）涉企业及其经营者刑事犯罪办案不规范

办理涉民营企业及其经营者刑事案件工作流程、办案时限、证据标准不规范，以刑事案件名义插手民事纠纷、经济纠纷，企业家违法所得和合法财产、个人财产和企业法人财产界定不准确，合法财产权和人身权保护不力。对办理涉企案件生产经营影响评估不到位。未按规定将办案对企业生产经营影响的评估工作纳入必经程序，在立案、保全、审理、执行全过程，司法公开、审限管理等各环节，对办案可能对企业生产经营带来的影响未进行全面分析、评估并做出有效防范和处置，判后答疑、风险处置不到位，没有形成协调联动、监督问效的工作机制，实施司法行为对企业产生不利影响，造成严重后果。

（四）平等保护原则的贯彻不力

对民营企业和国有企业、小企业和大企业等不同市场主体区别对待，因民营企业量小质弱而忽略其正当权益保护，单纯以国有资产流失或维护公共利益为由，损害民营企业和民营企业家的合法权益、正当诉求。对涉企案件机械司法、就案办案。服务发展、保障大局意识不强，简单办案、孤立办案，存在"法院工作与营商环境无关"的错误观念，不能客观看待中小民营企业经营中的不规范问题，不能科学处理债权人利益保护与维护企业正常经营秩序的关系，不注重三个效果统一问题，办理一个案件毁掉一个企业。产权和企业家权益司法保护不力。未建立或实体运行营商环境办理投诉机制。对涉企案件没有建立投诉"绿色通道"、专门窗口和投诉信箱，或投诉渠道不畅通，转办营商环境投诉案件办理不及时，办理流程不规范，没有记录、评价和反馈。

三 提升辽宁省法治化营商环境的对策建议

（一）进一步强化服务市场主体意识

各级党委政法委要充分发挥牵头抓总作用，统筹推进本地区法治化营商环境建设工作。定期组织政法各单位研究解决制约工作发展的体制机制问题。督促各级政法单位履行主体责任，确保政法各部门各司其职、各负其责，树立"一盘棋"思想，强化营商局、工商联等部门间的密切配合、通力协作，不断完善法治化营商环境建设工作体系，形成工作合力，确保各级法治化营商环境工作专班实体化、高效运作，配齐配强人员队伍，强化谋划部署、督办落实、服务保障职能，切实做好统筹部署和督导推动工作。

深入开展宣传教育和警示教育，组织开展专题培训，进一步解放思想，不断增强"主人翁"意识，明确"主力军"职责定位，增强服务振兴发展能力水平，主动把"谦抑、审慎、善意、文明、规范"的现代司法理念贯穿到每一起案件办理、每一件事情处理上。督促各级政法部门项目化、清单化、工程化推动"六抓六促"工程，狠抓政策落实，不能把"说了"当成"做了"、把"发文了"当成"落实了"、把"开会研究了"当成"问题解决了"、把"任务分解了"当成"工作完成了"，以实际成效取信于民。

（二）解决突出问题，规范窗口服务标准

以落实《辽宁法治化营商环境建设"六抓六促"工程》为着力点，统筹推进"损害法治化营商环境问题专项整治""破解涉企难题专项活动""安商惠企为企业办实事"等工作，畅通群众诉求反映渠道，加大问题线索查处力度，坚决破除"关系网"、斩断"利益链"，在政法系统坚决整治"走关系、请托人"的顽疾，坚决破除"插手经济纠纷、滥用强制措施、超标的查扣冻"等企业家最关心关切的问题，依法保护企业健康发展，增进企业在辽投资兴业信心。

全面优化公安政务服务模式，结合上级要求和本地实际情况，部署推进"一站通查""一网通办""一窗通办""家门口就近办""24小时自助办"等服务模式，拓展"身份证、驾驶证电子身份信息"应用场景，推进窗口服务标准化、规范化建设。针对法治化营商环境建设举报投诉问题及明察暗访情况，结合日常工作，对公安机关侦查执法办案、服务企业发展等方面存在的损害法治化营商环境建设问题开展全面梳理排查、落实整改。全力推进法治公安建设，健全完善执法标准体系，严格规范执法办案行为，持续整治执法突出问题，提升执法办案水平。

（三）健全完善对涉企案件实行生产经营影响评估的工作机制

严格按照《关于对办理涉企案件实行生产经营影响评估的工作指引（试行）》规定，将办案对企业生产经营影响的评估工作纳入必经程序，在立案、保全、审理、执行等全过程，在刑事、民事、行政、执行各部类，在司法公开、审限管理等各环节，检察机关在处理涉企案件时，应当对企业负责人、骨干经营技术人员涉嫌犯罪被逮捕、起诉对企业发展的影响进行全面分析和评估，并采取有效措施降低司法活动对企业生产经营的影响。为此，应坚持"少捕慎诉慎押"的原则，尽量减少逮捕和起诉的数量，提出适用缓刑量刑建议。同时，在逮捕后，根据案件进展情况及时进行羁押必要性审查，对符合条件的建议释放或变更强制措施。积极运用认罪认罚从宽制度办理涉企案件，最大限度释放法治红利；积极落实涉罪企业合规考察制度，切实有效在法律政策允许的范围内帮助企业规范运作，助力减少生产经营中的违规行为，促进民营经济的健康发展。

（四）努力维护涉企案件平等保护原则

保证外地企业与本地企业间的执法一致性。如果想要保证外地企业与本地企业拥有同样的执法公平，那么首先就要制定一个公平的竞争规制，从而保证各企业虽然所属地区不一样，但是所向的权益是平等的，不会因此具有竞争优势或劣势。我国市场体系仍存在政策措施排除、限制竞争等问题，一

些地方政府制定的破坏统一市场和公平竞争的产业、投资政策尚未得到及时清理。为了促进各省市的公平、规范竞争执法，应建立立法评估机制，定期评价政府的竞争效果。同时，应废除和清理辽宁各地方政府制定的限制竞争的政策文件，以维护市场公平。若企业存在跨地区的违法违规行为，企业所在地区和违法违规行为地的同级地方竞争执法机关应当进行联合执法，互相交换执法信息共享渠道，这样既能对企业进行一定的保护，防止重复处罚行为，同时也可以对行政机关的执法过程进行一定的监督，避免执法不规范、不公平。尤其重要的是行政机关在自身执法过程中应该保持中立性，不应针对不同所属地区的企业进行不平等的处罚，及时对处罚决定向违法违规企业予以说明。除此之外，负责协助执法的当地政府应当避免为本地企业通风报信或人为阻碍其他地区的执法行为。如有此类不正当行为，应在其内外部监督体系下承担相应的责任。

保证国有企业与民营企业间的执法一致性。《优化营商环境条例》中明确指出要坚持市场主体的规则平等。这就意味着，国家在干预经济时，必须确保所有市场主体在法律地位、竞争机会以及权利与义务关系上都是平等的，不能让任何一方拥有不正当的优势或劣势。因此，行政机关不能针对不同属性的企业进行不平等的执法，对于不同属性的企业应该做到执法过程不偏不倚，如果某一企业存在恶意违法违规行为都应依法严惩；如果企业不是主观意识导致违法行为或是技术落后等原因导致的轻微违法行为，执法机关应该以帮扶指导为主、处罚为辅，因为民营经济在发展起步阶段难免会有一些不足，执法机关应该持有包容审慎的态度对其一些不规范的行为进行纠正，促进辽宁民营经济的良好发展，这也是促进辽宁形成良好的法治营商环境和开放有序的统一大市场的重要一环。

虽然辽宁民营经济较国有经济占有量小，但无论是在国际贸易中还是在国内大循环中都有着重要作用，同时民营经济也是辽宁重要的税收来源，担负着推动辽宁科技创新的重要使命。辽宁经济是否能重新快速振兴，也有赖于民营企业是否能健康快速发展。因此，要完善并落实竞争执法"容错机制"，对于民营企业不能采取"一刀切"的执法方式，应该做到依法执法，法无禁止即可为，对于民营企业的一些不规范行为进行指导与纠正，同时还要做好监督工作，对于恶意违法行为做到零容忍，既不能"放任"也不能"管死"，在具体实施过程中，应该以人民群众的利益为衡量标准来制定不同程度的容错率。

参考文献

李宏伟：《黑龙江省法治化营商环境问题、成因及其建设路径》，《黑龙江工业学院学报》（综合版）2023 年第 11 期。

高泓：《营造法治化营商环境：内涵与路径》，《人民论坛·学术前沿》2023 年第 23 期。

邓超：《法治化营商环境建设的内在逻辑和深圳实践》，《特区实践与理论》2023 年第 5 期。

B.21
辽宁人口因素对房地产发展的
影响分析及对策研究

杨宏娟　沈忻昕*

摘　要：　从人口视角看，2015年辽宁已经进入了人口负增长阶段，人口数量呈现逐步减少趋势，少子高龄化趋势加剧。人口因素对房地产发展的影响深远而巨大，人口需要住房才能"安居乐业"，房地产发展的基础是人口有住房需求。本文首先分析辽宁人口现状对房地产发展的影响，主要从人口规模、人口年龄结构、人口流动、人口素质和家庭结构五个方面进行分析。其次分析辽宁人口问题对房地产的影响，主要从人口规模缩小、人口老龄化、净流入人口减少、婚育推迟和人口就业结构不合理五个方面进行分析，并据此预测了辽宁未来房地产需求量和价格变化。最后建议根据辽宁人口发展趋势和特征，促进人口高质量发展，制定合理的房地产市场发展战略，促进房地产业健康平稳发展。

关键词：　人口发展　房地产需求　房地产发展

2015年辽宁人口总量出现拐点，进入人口负增长时代。2022年辽宁总人口为4197万人，比2021年末减少32万人，同比下降0.76%，连续8年出现负增长。辽宁房地产开发多项指标如土地购置面积、竣工面积和销售面积也在2015年出现了拐点，呈现下行态势。2023年1~9月辽宁省房地产投资额为

---

* 杨宏娟，辽宁省卫生健康服务中心高级统计师，主要研究方向为人口老龄化、生育政策；沈忻昕，辽宁社会科学院城市发展研究所副所长、研究员。

1421.94亿元，较2022年同期减少了558.55亿元，同比下降28.2%。2023年辽宁省政府工作报告中指出，要"支持刚性和改善性住房需求"。从政策上看，国家、省、市已陆续出台保持房地产市场平稳健康发展的多项措施，如降低首套、二套房首付比例以及个人贷款利率等。2023年1月20日辽宁发布《辽宁省进一步稳经济若干政策举措》，提出"鼓励合理住房消费，鼓励二手房交易与新建商品房销售享受同等补贴支持政策"。政府调控在短期内对房地产市场能够起到一定的提振作用，但从长期来看，房地产主要受人口因素影响，要根据人口发展趋势和特征，确定未来房地产发展方向。

一 辽宁人口现状对房地产发展的影响

（一）人口规模对房地产市场的影响

一是人口增长率与商品房销售价格、销售额增长率存在正相关关系。通过对2021年全国31个省（区、市）的数据进行分析①，发现人口增长率和商品房销售价格增长率在0.01显著性水平上呈正相关，相关系数为0.58；人口增长率和商品房销售额在0.05显著性水平上呈正相关，相关系数为0.40。人口增长率越低，商品房销售价格和销售额也越低。从全国范围看，人口增长率排在前5位的省份分别是湖北、浙江、海南、福建和宁夏，其中浙江和海南商品房销售价格增长率分别为14.01%和7.0%，分别居全国第1位和第3位；湖北、浙江和宁夏的房地产投资增长率也排在全国前列。

二是辽宁房地产开发从快速发展到趋于平稳。2010~2014年辽宁房地产发展迅速，当年土地购置面积、竣工面积、商品房销售面积和商品房销售额均呈现增长态势，而且均出现了峰值；2015~2021年辽宁房地产开发各项指标均呈现下降或是波动下降的趋势。2021年辽宁当年土地购置面积仅为

---

① 依据《中国统计年鉴2022》相关数据通过SPSS软件进行分析，由于数据较多，未在文中列出。

699.0万平方米，仅相当于峰值年2011年（3446.3万平方米）的20.3%；2021年商品房销售面积为3433.9万平方米，是2010年以来的最低值，仅相当于峰值年2013年（9292.3万平方米）的37.0%（见表1）。

表1　2010~2021年辽宁商品房开发情况

年份	当年土地购置面积 （万平方米）	竣工面积 （万平方米）	商品房销售额 （万元）	商品房销售面积 （万平方米）	销售单价 （元）
2010	3134.6	4497.4	30633172	6800.5	4504.5
2011	3446.3	6322.8	35691155	7541.5	4732.6
2012	3199.5	6438.2	43627815	8827.9	4942.0
2013	2502.3	6152.0	47592106	9292.3	5121.7
2014	1670.8	6147.0	30920972	5754.8	5373.1
2015	957.0	3237.5	22549726	3916.2	5758.1
2016	654.5	2709.3	22569067	3711.9	6080.2
2017	510.6	2788.3	27716944	4148.5	6681.3
2018	809.9	2273.9	29673101	3934.6	7541.6
2019	825.5	1817.6	30490567	3696.3	8249.0
2020	718.7	1848.2	33662811	3743.2	8993.2
2021	699.0	2339.1	30663777	3433.9	8929.8

资料来源：《辽宁统计年鉴2022》。

（二）人口年龄结构对房地产的影响

一是不同年龄群体对住房需求差异较大。25~35岁年龄人群主要是住房的刚性需求，以小户型和经济适用房为主；35~45岁年龄人群主要是改善型住房需求，对户型、面积、居住环境、学区和生活配套等有一定要求；45~60岁年龄人群倾向于高品质、大户型的住房；而60岁及以上的老年人群对于医疗健康的需求更为强烈，倾向于养老型住房。

二是老龄化系数增长率和商品房销售面积增长率存在负相关关系。对2021年全国31个省（区、市）的数据进行分析，发现老龄化系数增长率和商品房销售面积增长率在0.05显著性水平上呈负相关，相关系数为

-0.35。说明老龄化系数增长率越快的地区，商品房销售面积增长率可能会越低。

（三）人口流动对房地产的影响

一是城镇人口显著增加，导致房地产需求增加。辽宁城镇化起步较早，发展速度较快，城镇化水平位居全国前列。2022年辽宁城镇化率达到了73.00%，比2010年提高了10.85个百分点。2020年辽宁城镇人口为3072.6万人，比2010年增加了355.7万人，增加了13.1%。在快速的城镇化进程中，大量农村人口向城镇流动迁移，产生了巨大的住房需求。

二是外来人口的涌入增加房地产需求。第七次全国人口普查数据显示，2020年辽宁省外流入人口250.4万人，主要来自黑龙江（35.48%）、吉林（17.28%）、内蒙古（10.41%）、山东（5.97%）、河南（5.89%），除山东外，其他地区商品房销售价格均为负增长，说明辽宁流动人口主要来自周边省（区、市）。省外人口的流入一定程度上增加了辽宁的住房需求。

三是人口流动性增加，沈阳和大连人口吸纳能力最强。2020年辽宁共有流动人口999.3万人，比2010年增加366.1万人，增长57.82%。从省内14个市人口流动情况来看，沈阳和大连流动人口数量最多，均在300万人以上，两个城市省外流动人口之和占全省的72%。2021年沈阳和大连商品房销售面积占全省的51.8%，[1] 沈阳和大连人口吸纳能力较强。

（四）人口素质对房地产的影响

一是人力资本和受教育程度提高，人均居住面积增加，居住条件逐步改善。辽宁劳动年龄人口平均受教育年限由2010年的10.5年增加到2020年的11年。2020年辽宁就业人口中仍以初中文化程度为主，初中及以上文化程度人口占87.7%。专科及以上文化程度人口占23.3%，比2010年提高了

---

① 根据《沈阳统计年鉴2022》《大连统计年鉴2022》《辽宁统计年鉴2022》计算得出。

9.73 个百分点。住房水平在一定程度上受到居民受教育程度的影响，并且受教育程度越高，其获得住房产权的机会越大，住房面积越宽敞。2020 年辽宁城镇人均住房面积为 30.9 平方米，与 2010 年的 24.15 平方米相比年均增加 0.68 平方米，增加了 28.0%。

二是人均预期寿命提高导致房地产周期延长。2020 年辽宁人口预期寿命为 78.68 岁，由高到低在全国排第 9 位。随着经济社会发展，人口预期寿命可能还有一定的上升空间。人均预期寿命的提高，预示着高龄老人数量的增加，房子使用和置换周期延长，导致房地产发展周期的延长。

（五）家庭结构对房地产的影响

家庭结构日益小型化，导致房地产需求增加。随着生活观念的转变和社会发展进步，家庭模式发生了重大变化。从以"核心家庭"为主转变为以独居和夫妻二人为主的模式。2020 年辽宁 1 人户占 26.61%，比 2010 年提高了 13.16 个百分点；一代户占 57.18%，比 2010 年提高了 19.66 个百分点。这充分说明三口之家并非主流家庭模式。2020 年辽宁城镇家庭户均规模为 2.2 人，较 2010 年减少 0.4 人。在假设总人口和户均住房面积不变的情况下，2020 年仅因家庭户均规模下降带来的城镇住房需求比 2010 年增加 18.2%。

二 辽宁人口问题对房地产业的影响

（一）人口规模持续减少将导致房地产需求大幅缩减

一是低生育水平下总人口呈减少趋势，导致房地产需求减少。从 2015 年开始，辽宁人口进入了负增长时代，标志着辽宁人口发展进入了新时代。2022 年末辽宁常住人口 4197 万人，比 2021 年末减少 32 万人，同比下降

0.76%，已经连续 8 年出现负增长。2021 年辽宁人口总量占全国总人口的 2.99%，在全国居第 14 位；年均增长率在全国居倒数第 5 位。从"六普"到"七普"的 10 年间，除沈阳和大连人口均增长了 11.4% 外，辽宁其他地区人口增长率均为负，其中排在后 3 位的分别是本溪、抚顺和辽阳，增速分别为 -22.4%、-19.0% 和 -13.7%。

二是未来总人口规模持续减少，房地产销售面积和销售额将逐渐下降。本文以辽宁第七次全国人口普查数据为基础数据，利用中国人口预测系统软件（CPPS 2020）进行预测。一方面，考虑到"全面三孩"及鼓励生育配套政策的实施，从长期来看生育水平将受到深远影响；另一方面，2020 年辽宁二孩率为 32.14%，比 2010 年提高了 11.41 个百分点，说明生育政策调整对二孩率提升有一定效果。假定 2023~2025 年总和生育率达到 1.1，2026~2030 年为 1.2，2031~2040 年为 1.3。辽宁总人口规模未来 20 年将呈持续减少趋势，预计 2040 年总人口将下降至 3553 万人（见表 2）。

表 2　辽宁城镇人口及住房需求

单位：万人，万平方米

年份	总人口	城镇人口	城镇住房需求增加
2022	4197	3064	—
2025	4141	3085	231
2030	3985	3068	-109
2040	3553	2842	-744

资料来源：笔者计算得出。

三是城镇人口数量减少，房地产需求量也将随之下降。2018 年辽宁城镇化率突破了 70%，之后年均增长速度呈递减态势。2018~2022 年年均增加 0.69 个百分点，远低于 1982~1990 年年均增加 1.06 个百分点的发展速度。据此预计，2023~2030 年、2030~2040 年城镇化率年均分别增加 0.5 个、0.3 个百分点，2030 年和 2040 年辽宁城镇化率分别达到 77% 和 81%，城镇人口数量将分别减少到 3068 万人和 2842 万人。按 2022 年辽宁城镇人

均居住面积 32.9 平方米计算①，2030 年和 2040 年辽宁城镇人口住房需求分别比 2022 年减少 109 万和 744 万平方米。

（二）人口老龄化将导致房地产需求和价格双降

一是辽宁人口老龄化趋势严峻，导致房地产需求减少。2021 年辽宁 65 岁及以上人口比重为 18.8%，位居全国第 1。2020 年辽宁 15~64 岁劳动年龄人口为 3043.6 万人，比 2010 年减少了 380.4 万人，减少了 11.1%；65 岁及以上老年人口 741.7 万人，比 2010 年增加了 290.8 万人，增加了 64.5%。从"七普"数据看，辽宁人口老龄化程度最高的地区是抚顺和丹东，分别为 20.27% 和 20%。购房主力群体是 25~45 岁人群，老龄化的到来造成购房主力人群数量减少。

二是未来人口老龄化趋势下，房地产价格将下降。2035 年左右，预计辽宁 65 岁及以上人口比重在 30% 以上。按生产者对消费者的比值每下滑 1%，实际房地产价格会下滑 0.55% 进行预测，到 2040 年，辽宁实际房地产价格将下降约 25.6%。

三是当前住房结构无法满足未来人口年龄结构下的住房需求。老城区和较早开发的小区住宅呈现面积小、房型不合理、以一房或二房为主、基础设施老化等特点，未来房地产市场上这种类型住宅具有较强刚性需求属性，而作为刚性需求群体即 35 岁以下年轻人数量大幅缩减，这种类型住宅在市场上出售难度较大，无法满足中年群体的改善性住房需求和老年群体的养老和康养需求。

（三）人口净流入减少将导致房地产发展空间缩小

一是辽宁净流入人口较少，省外人才吸引力不足。"七普"数据显示，2020 年省外流入人口 250.4 万人，流往省外人口 175.1 万人，净流入人口

---

① 根据《辽宁统计年鉴 2022》2021 年城镇人均居住面积为 31.9 平方米，推测 2022 年为 32.9 平方米。

约 75.3 万人①，属于人口净流入省份。辽宁人口主要流向一线发达城市以及山东和吉林，排在前 6 名的分别为北京（19.28%）、山东（8.74%）、吉林（8.13%）、河北（7.89%）、广东（7.43%）、上海（6.92%），这些省（市）除吉林外，其他地区商品房销售价格均呈正增长。

二是中小城市面临人口净流出的挑战。"七普"数据显示，除沈阳、大连是人口净流入城市外，辽宁其余城市均是人口净流出城市。与大城市相比，中小城市在人口流动上整体处于弱势地位，人口持续流出的城市将会面临经济增长乏力、产业升级放缓等问题，面临房地产去库存和房价下行压力。

（四）人口婚育推迟抑制房地产需求

婚育推迟导致房地产需求减少。"七普"数据显示，2020 年辽宁总和生育率只有 0.91，虽然比 2010 年的 0.78 有所提升，但依然处于极低生育水平。女性平均初育年龄为 29.11 岁，比 2010 年提高了 2.31 岁。随着当代年轻人受教育程度以及女性社会劳动参与率的提高，"先立业后成家"是当代年轻人的现实选择。"优生优育"的现代生育观念深入人心，生育和养育成本不断攀升，也是育龄群众不敢生、不想生的重要原因。现代婚育文化中的"婚恋焦虑、育儿焦虑"甚至导致部分年轻人"不婚不育"思想的形成。当前婚育推迟现象，抑制了年轻群体的购房需求。

（五）人口就业结构不合理导致房地产需求未完全释放

一是辽宁第一产业就业人口比重较高，产业转移人口有较大空间。2021 年辽宁第一产业就业人口占总人口的 27.4%，处于同一纬度的德国和波兰 2019 年仅为 1.2% 和 9.2%，日本为 3.4%。辽宁比国内城镇化水平与其接近的省份第一产业就业人口高出很多，江苏和浙江城镇化率为 73.94%、72.66%，第一产业就业人口比重分别为 12.95%、5.29%。

---

① 根据第七次全国人口普查数据计算得出。

二是辽宁人均生产总值增长率低于房价增长率。2010 年以来，除 2021 年外，辽宁商品房价格呈持续增长趋势，特别是 2017～2020 年增长率均在 9% 以上。2015～2020 年房价增长率与人均生产总值增长率的比值均在 1.5 以上，2015 年和 2020 年分别达到 5.8 和 8.6（见表 3）。说明辽宁房价增长高于人均地区生产总值增长，房价被高估。

表 3　2010～2021 年辽宁商品房价格与人均生产总值增长率

单位：元，%

年份	商品房价格增长率	人均生产总值	人均生产总值增长率	房价增长率/人均生产总值增长率
2010	—	31888	—	—
2011	5.1	37353	17.1	0.3
2012	4.4	40778	9.2	0.5
2013	3.6	43956	7.8	0.5
2014	4.9	45915	4.5	1.1
2015	7.2	46482	1.2	5.8
2016	5.6	47069	1.3	4.4
2017	9.9	50221	6.7	1.5
2018	12.9	54657	8.8	1.5
2019	9.4	58019	6.2	1.5
2020	9.0	58629	1.1	8.6
2021	-0.7	65026	10.9	-0.1

资料来源：根据《辽宁统计年鉴 2022》数据计算得出。

三　促进辽宁房地产健康发展的对策建议

（一）完善人口发展服务体系，促进人口高质量发展

人口发展是具有全局性、长期性、战略性的社会问题。要推进人口高质量发展，支撑辽宁全面振兴。以人为本逐步提高人口公共服务水平，重点聚焦完善生育支持政策、积极应对人口老龄化、全面提高人口素质、加大人才

资源开发和优化人口结构与分布等，切实提高人口服务水平。

一是逐步恢复适度生育水平。构建生育友好型社会，着力构建普惠优先的托育服务体系。政府可以给予示范性托育机构一次性奖励，或按托位给予普惠托育机构补贴；逐步全面发放育儿补贴和教育补贴，降低生育养育成本。宣传新型生育文化，倡导夫妻共担育儿责任。二是积极应对人口老龄化。以居家养老和社区养老为基本养老方式，同时发挥市场决定性作用，发展专业化、个性化、多层次的养老服务体系。三是充分开发和利用"人才红利"。要发挥科教资源优势，让人才资源成为辽宁核心竞争力的关键支撑。突出优质高效服务，做优做细人才服务。发挥主导产业优势，为人才搭建发展平台。

（二）推进新型城镇化建设，潜在的城镇转化率或将释放更多的购房需求

辽宁户籍人口城镇化率大大低于常住人口城镇化率。2020 年辽宁户籍人口城镇化率为 54.66%，而常住人口城镇化率为 72.14%，户籍人口城镇化率比常住人口城镇化率低 17.48 个百分点。这说明辽宁城镇化是不完全、不充分的城镇化，有一部分人虽然居住在城镇，但户口在农村，所享受的某些基本公共服务也在农村，其中有一部分人可能是在城镇租房子住，那么这部分人未来在城镇有住房需求。

一是推进以县城为重要载体的城镇化建设，因地制宜培育特色主导产业，确立发展方向和建设路径。不断增强县城综合承载力、宜居吸引力、辐射带动力。加强县城、小城镇和农村基础设施建设，提高人居环境水平，缩小城乡差距，统筹区域均衡发展，走城乡一体化的新型城镇化道路。二是促进农业转移人口市民化。一方面促进农业农村人口就地城镇化，发展中心镇和特色小镇，有效避免"城市病"问题发生；另一方面促进进城农民市民化，全面实施取消县城落户限制政策，同时保障进城落户农民的土地承包经营权、宅基地使用权、集体收益分配权。鼓励进城的流动人口回乡创业，给予制度和金融支持，促进农村地区经济发展，切实保障人口可以在城乡之间"双向流动"。三是严格落实节约集约用地政策，科学编制房地产开发用地

供应计划，从严确定新增商品住宅用地供应量，将有限的土地资源更多用于支持实体经济发展和民生事业发展，推动地方产业转型升级。

（三）促进产业优化升级，就业人口产业转移将产生新的购房需求

2023年上半年，辽宁城镇新增就业25.4万人，同比增长3.6%；18~45岁中青年群体新就业占比稳步上升，达到65.2%；农村劳动力转移就业52.8万人。预测2030年约90万人从第一产业转移到第二、第三产业就业，年均转移9万人，分别按照2025年、2030年城镇人均居住面积进行计算，房地产需求年均增加323.1万平方米和368.1万平方米，这将导致房地产需求有一定增加空间。

一是完善现代农业产业体系、培育壮大乡村产业新业态。对农产品主产区县城，要集聚发展农村第二、第三产业，做优做强农产品加工业和农业生产性服务业，要培育发展特色经济和支柱产业，提高就业吸纳能力。二是推进辽宁新型工业化建设，全力打造装备制造、石化、冶金产业基地和产业集群，实施产业基础再造工程和重大技术装备攻关工程，培育"专精特新"中小企业，形成以头部企业为主体、链条企业集聚的产业集群生态圈。积极提高科技企业增长率，大力发展数字经济，以工业化促进城镇化。三是发展第三产业和现代服务业，创造更多的就业岗位。利用技术进步和高新技术推进传统服务业结构升级，推进和支持服务业品牌化建设。针对辽宁人口形势，大力支持和发展养老服务、专业托育机构和养老产业，有效解决养老托育难题，促进产业发展，拓宽就业渠道。

（四）逐步实施老旧小区改造和更新，提高群众居住条件和配套水平

2022年8月，辽宁发布《关于推动城乡建设绿色发展的实施意见》，提出对2000年底前建成的老旧小区实施改造，到2025年需整修的老旧小区基本完成改造。2018~2022年辽宁改造老旧小区3802个，新建改造老旧管网2.1万公里；计划2023年辽宁改造城镇老旧小区1200个，更新改造老旧管网6600公里。"七普"数据显示，2020年辽宁城镇有40年及以上房龄的房

屋即 1979 年之前建成的房屋 1762 万平方米。假定 2023~2025 年对其完成改造，年均改造需求为 587 万平方米。2026~2040 年将对 1980~1989 年建成的房屋进行更新改造，约年均改造需求 528 万平方米。

一是对于老旧小区改造中的保护和改造类项目，要建立政府与居民、社会力量合理共担机制，鼓励和支持社会力量参与服务设施建设运营。引导地产开发企业、原产权单位、专业服务企业等社会资本参与老旧小区改造项目。社会资本通过提供专业化物业服务的方式参与老旧小区改造，获得小区公共空间和设施的经营权，提供物业服务和增值服务。二是在老旧小区更新改造过程中，提供养老、托育、家政等公共服务，提供此类服务可以获得税收减免政策；在居住社区配套设施和居住小区适老化、适幼化改造中，增加老年人休憩空间和儿童游乐设施，合理增设无障碍设施。三是对于房龄 50 年以上又不具备改造更新价值的老旧小区，可采取拆迁重建的方式，重新规划设计，建设高品质住宅，改善居住条件和城市面貌。对于原住户可以采取货币安置或异地置换的方式，切实解决其居住问题。

（五）释放和满足改善性住房需求，改善性需求将是房地产业新的增长点

根据"七普"数据计算得出，2020 年辽宁城镇人均住房面积仅为 30.9 平方米，比全国平均水平低 1.6 平方米。考虑到家庭规模缩小、居民住房条件改善、人力资本提高等因素，辽宁城镇人均住房建筑面积将呈现动态增长趋势。假定 2021~2030 年城镇人均住房面积年均增加 1 平方米，2030~2040 年年均增加 0.8 平方米。2030 年和 2040 年城镇人均居住面积分别为 40.9 平方米和 48.9 平方米。预计 2025 年、2030 年、2040 年辽宁城镇人口改善性需求面积分别为 3085 万平方米、3068 万平方米、2842 万平方米。辽宁 144 平方米以下住宅销售占比达到 88%，其中 90~144 平方米住宅销售占比达到 63%,[①] 说明改善性需求成为主要需求。

---

① https：//www.163.com/dy/article/HVVL1PBG0514R9NP.html。

一是结合多样化住房需求，从需求端给予政策支持，对有"以旧换新""以小换大"等改善性住房需求的家庭，实施购房优惠政策，对改善性自住房可按照首套房享受贷款优惠政策和住房补贴政策。二是从供给端推动提升房地产开发项目品质。要严格控制房地产开发结构，大力提升城市规划建设水平。逐步推行装配式建筑，推动超低能耗建筑、低碳建筑规模化发展，开展生态宜居的新型住宅小区建设。满足舒适性、功能性、合理性、私密性、美观性等改善性需求，从住宅建筑品质、小区环境、物业管理、生活配套、交通便利性等方面提升居住体验感。

（六）吸引省外人口来辽，促进省内人口流动，拉动住房需求

"七普"数据显示，2010~2020年辽宁年均省外流入8.35万人。未来省外流入辽宁人口规模仍按此估算，人均住房面积按改善后需求计算，2025年、2030年和2040年需求分别为300万平方米、342万平方米和408万平方米。城城流动、城乡流动均能拉动住房和租房市场需求。

一是吸引省外人口来辽宁工作、创业。深度推进区域联合招聘，给予来辽宁工作的人才创业补贴、创业担保贷款，给予落户便利条件。实施更加开放的户籍政策，除沈阳和大连外，建议取消户籍迁入的条件和要求，吸引更多人口来本地落户。对于中小城市，发挥其交通状况好、工作压力小、生活节奏慢、物价特别是房价水平低、幸福指数高、环境好等优势，提供优质基本公共服务和公共产品，发展特色产业，提高城市的生活质量和吸引力，增加外地人口的归属感和融入感。二是加快完善长租房政策，逐步使租购住房在享受公共服务上具有同等权利，规范发展长租房市场，有效解决大城市流动人口、新市民、刚毕业大学生等居住群体住房困难的问题。

（七）根据人口发展趋势和特征，制定房地产发展战略

辽宁人口呈现总人口、出生人口和劳动年龄人口数量下降，老龄化趋势加剧，家庭规模小型化，城乡人口流动性增强，城镇化进程趋缓等新特征和新趋势。房地产市场周期主要受人口因素影响，要根据人口发展形势，合理

确立房地产发展战略，制定发展规划，促进辽宁房地产健康平稳发展。

一是在总人口和城镇人口数量"双降"的背景下，住房总体需求下降，未来房地产不宜像以前一样粗放式大开发，否则容易造成商品房大量库存，进而造成一定金融风险以及资源的浪费。应该根据当地的人口数量和发展趋势，合理确定开发规模。二是根据人口结构确定房地产开发类型和发展方向，未来在老龄化趋势下，养老地产有较大发展空间，探索房地产开发与医疗、康养、家政等服务领域联合，开发和建设养老社区。三是按照不同群体的住房需求，提供多种供给机制、多种住房类型。首先是通过保障房、廉租房、经济适用房等有效供给，满足人民群众基本居住需求；其次是逐步提高改善性住房供给，提供高品质居住体验、高品质服务和良好居住环境，满足人民更高更好的居住需求。

参考文献

邵宇、赵宇、陈达飞：《人口与房地产：价格、配置的长期趋势》，《新金融》2021年第 12 期。

潘琴、陈多长：《可支配收入、收入差距与商品房价格的关系——以浙江为例的实证研究》，《建筑经济》（学术版）2013 年第 9 期。

邱晓东、吴福象：《外来人口、产业结构与房地产市场调控》，《经济与管理研究》2017 年第 2 期。

况伟大、李涛：《土地出让方式、地价与房价》，《金融研究》2012 年第 8 期。

刘志伟：《城市房价、劳动力流动与第三产业发展——基于全国性面板数据的实证分析》，《经济问题》2013 年第 8 期。

贾长霖：《养老地产 PPP 与 REITs 相结合的养老模式探索》，《投资与创业》2023年第 3 期。

B.22
辽宁省数字人才发展状况研究

许默焓　李沫*

摘　要：　辽宁省拥有大量的数据资源、雄厚的工业基础，大量的智能化应用场景，为产业数字化和数字产业化的发展打下了较好基础，但同时辽宁省也面临着经济结构调整和经济体制转型的双重困难。激发传统产业数字化转型活力，是实现老工业基地振兴的关键路径，而人才是数字经济的核心竞争力。但当前，辽宁省数字人才面临较大缺口，数字人才数量在近几年的增长近乎"停滞"，辽宁省的数字人才资源与数字人才发达省份的差距越来越大。对此，辽宁省要扩大数字人才供给规模、优化数字人才培养结构、强化数字人才配套保障，制定引培并举的多渠道、多层级人才政策，打造数字人才集聚"强磁场"。

关键词：　数字人才　人才聚集　发展机遇

2023 年 12 月在北京召开的中央经济工作会议提出："要大力推进新型工业化，发展数字经济，加快推动人工智能发展，广泛应用数智技术、绿色技术，加快传统产业转型升级。"数字经济已经成为影响全球资源分配、产业格局、国际分工的重要因素。我国数字经济呈现蓬勃发展态势，日益成为国民经济的重要增长极。辽宁省虽然是传统老工业基地，但数字经济起步很早，拥有大量的数据资源、雄厚的工业基础、大量的智能化应用场景，这就为产业数字化和数字产业化的发展打下了较好的基础。但辽宁省作为老工业基地，面临着经济结构重新调整和经济体制转型的双重困难，激发传统产业

---

* 许默焓，博士，辽宁社会科学院城市发展研究所助理研究员，主要研究方向为数字经济、劳动经济；李沫，博士，辽宁社会科学院产业经济研究所助理研究员，主要研究方向为数字经济。

数字化转型活力，为传统行业插上数字化"翅膀"，是实现老工业基地振兴的关键路径。2023 年 12 月在沈阳召开的辽宁省委经济工作会议指出："要加快推进优势产业创新升级，大力发展数字经济，打造一批优势产业集群。"数字经济的核心是创新，而创新归根结底要靠人才，人才是数字经济的核心竞争力。当前，数字经济对数字人才的需求量猛增。虽然辽宁省内各类高校和职业学校已经加强了数字人才的培养，辽宁省也在积极落实"兴辽英才计划"，但数字人才仍旧跟不上数字经济发展的需要，依然存在供需缺口。

一　辽宁省数字经济和数字人才发展现状

（一）辽宁省数字经济综合发展情况

随着各产业的数字化转型进入更深的阶段，大量数字化、智能化岗位相继涌现，相关行业对数字人才的需求与日俱增，而人才短缺已成为制约数字经济发展的重要因素。数字人才的分布和数字经济发展水平高度一致，数字经济发展将带动资本、技术、人才要素的全面集聚。

当前，辽宁省大力推动"数字辽宁、智造强省"建设，大力推动数字经济核心产业发展，在集成电路装备、软件、工业互联网、电商平台等数字产业建设上集中发力，不断推进"5G＋工业互联网"与制造业融合发展，推进制造业中小企业数字化转型，加快制造业产业整合。辽宁省数字经济发展呈现良好态势，2022 年辽宁数字经济规模超过 1.14 万亿元，同比增长 10.4%，数字经济在工业领域的渗透力达到 24%，高于全国平均水平。

从数字经济综合发展指数上看，辽宁省近 10 年来数字经济综合发展指数逐年上升，由 2011 年的 0.539 上升到 2020 年的 0.668，虽然在 2021 年略有下降，但仍然保持稳定的增长态势（见图 1）。

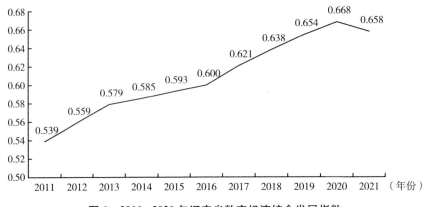

图1　2011~2021年辽宁省数字经济综合发展指数

注：数字经济发展综合指数通过主成分分析法，由以下五个指标的数据标准化后降维处理：数字普惠金融指数、每百人互联网用户数、计算机服务和软件从业人员占比、人均电信业务总量、每百人移动电话用户数。

资料来源：中国省级数据库3.2。

（二）辽宁省数字经济从业人员数量

信息传输、软件和信息技术服务业集技术密集、知识密集、人才密集和资本密集等特征于一身，是典型的高附加值行业。信息传输、软件和信息技术服务业从业人员数量在很大程度上体现了数字经济的发展程度和创新潜力。在信息传输、软件和信息技术服务业城镇单位就业人员数量上，辽宁省经历了快速上升、波动和趋于平稳的过程。在2011~2013年呈快速升高，3年里从8.5万人增长至12.7万人，增长率达到49.41%。但在2013~2021年的8年间，仅增长1.2万人，增长率仅为9.45%。其中，2015~2016年、2017~2018年甚至出现下降趋势（见图2）。虽然信息传输、软件和信息技术服务业城镇单位就业人员数量占城镇单位就业人员的比例在不断增长，从2011年的1.47%增长至2021年的3.03%，但这种增长是总量降低导致的，信息传输、软件和信息技术服务业城镇单位就业人员的绝对数量并没有过多增长。这表明，辽宁省对于信息传输、软件和信息技术服务业人才的吸引力存在一定的不足，并且城镇单位就业人员存在流失现象，一方面可能是引

图2 辽宁省信息传输、软件和信息技术服务业城镇单位就业人员数量及占比情况

资料来源：国家统计局。

才、育才、留才的力度缺少比较优势，另一方面可能是提供的就业岗位和就业机会不足。

（三）辽宁省数字经济从业人员薪酬情况

从辽宁省信息传输、软件和信息技术服务业城镇单位就业人员工资薪酬上看，信息传输、软件和信息技术服务业城镇单位就业人员平均工资逐年增长，增速较为稳定，均在6%~10%，平均增长率约为7.2%。2019年，信息传输、软件和信息技术服务业城镇单位就业人员年平均工资首次突破10万元大关，2021年月平均工资首次突破1万元大关（见图3）。

虽然2021年信息传输、软件和信息技术服务业从业人员的年平均工资居辽宁省各行业之首，比城镇单位就业人员平均工资和金融业城镇单位就业人员平均工资分别高出35885元和19334元。但在全国来看，仍然存在较大差距。2021年，信息传输、软件和信息技术服务业全国年平均工资达到220418元，仅从全国平均水平来看，辽宁省的薪酬水平便已经处于相对劣势的状态。

为了更加直观地认识辽宁省数字经济发展现状和更好地构建汇聚数字经

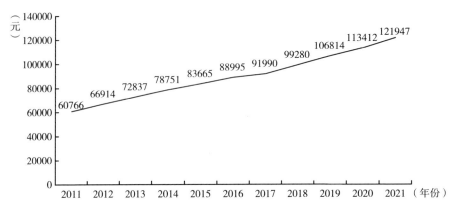

图3 辽宁省信息传输、软件和信息技术服务业城镇单位就业人员平均年收入

资料来源：国家统计局。

济人才"强磁场"，本文选取数字经济发展较好的浙江和江苏两个省份作为参考对象。国家网信办组织开展2022年数字中国发展评价工作①，综合评价结果显示，浙江、北京、广东、江苏、上海、福建、山东、天津、重庆、湖北的数字化综合发展水平位居全国前10。其中，浙江省为我国数字经济发展最好的地区，浙江的私营经济和现代制造业获得了飞速发展，特别是个体私营经济，成为我国的标杆省份。而江苏省的先进制造集群已经成为全国第一，与辽宁省要培育一批先进制造业集群的目标较为契合，而且江苏省是辽宁省的对口合作省份。因此，浙江省和江苏省的发展经验非常值得辽宁省借鉴。

二 数字经济发达省份数字经济和数字人才发展现状

（一）发达省份数字经济综合发展情况

浙江是我国数字经济发展先行省，作为我国经济大省、制造业和互联

---

① 详见《数字中国发展报告（2022）》，http：//www.cac.gov.cn/rootimages/uploadimg/168 6402331296991/1686402331296991.pdf。

网产业强省，浙江大力推进实施数字经济"一号工程"，推动数字产业化、产业数字化和治理数字化，当前，浙江省数字经济发展呈现加速壮大的良好态势，数字经济已经成为推动浙江省经济社会高质量发展的主引擎。

浙江拥有数字安防和网络通信、集成电路、高端软件、智能计算、智能光伏、数字内容六大千亿级产业集群，世界级数字产业集群初具规模，已然形成数字经济集聚发展"强磁场"。2022年，浙江省数字经济核心产业增加值达到8977亿元，产业数字化指数连续3年位居全国第1。从数字经济综合发展指数来看，其增长趋势平稳向好，在2011年，辽宁省数字经济发展水平与浙江省十分接近，浙江省和辽宁省分别位列当年的第3位和第6位，但随着10年的发展，差距逐渐显露，浙江省与辽宁省的数字经济指数差距从2011年的0.022逐渐扩大至2021年的0.049。

江苏省将智能制造作为推动工业经济转型升级的主攻方向，利用新一代信息技术与制造业融合发展，拥有无锡市物联网集群、南京软件和信息服务集群、苏州市生物医药及高端医疗器械集群等10个国家级先进制造业集群，拥有全球"灯塔工厂"9家、国家级智能工厂12家，信息化、工业化融合发展水平连续8年居全国第1。2022年，江苏全省制造业增加值占GDP比重达37.3%，位居全国首位，数字经济规模超5万亿元，核心产业增加值占GDP比重达11%左右。从数字经济综合发展指数上看，江苏省数字经济发展水平逐年上升，在2016年以后，数字经济发展水平快速攀升，在2011年，江苏省数字经济综合发展指数为0.534，排名低于辽宁省3个位次，位列当年第9，经过10年的高速发展，2021年江苏省数字经济综合发展指数攀升至0.682，位列全国第6（见图4）。

（二）标杆省份数字经济从业人员数量

从信息传输、软件和信息技术服务业从业人员数量上看，2011年浙江省拥有12.6万信息传输、软件和信息技术服务业从业人员，随后逐年稳定增长，在2019年至2021年，增长率大幅提高，截至2021年，从业人员

图4 2011～2021年浙江省、江苏省数字经济综合发展指数

资料来源：中国省级数据库3.2版。

人数达到32.8万人，近十年间，平均增长率为10.29%，信息传输、软件和信息技术服务业城镇单位就业人员数量占城镇单位就业人员数量的比例从2011年的1.27%提高至3.17%。与辽宁省相比，浙江省信息传输、软件和信息技术服务业从业人员数量在2012年便达到了辽宁省2021年的水平，随后从业人员数量远远超过辽宁省的从业人员数量。

2011年江苏省信息传输、软件和信息技术服务业从业人员数量为9.9万人，但在党的十八大之后，即2012年至2013年，从业人员数量呈爆发式增长，达到了30.5万人，增长近2.08倍。这是因为，在2012年之后，江苏省出台《江苏省"十二五"人才发展规划》，加大了人才引进力度，分别面向企业、产业、经济发展的主阵地大力引才聚才，相继推出"双创计划""汇智计划""333高层次人才培养工程""区域发展人才聚集工程"等12项重点人才工程，同时配套实施人才优先投入、人才国际化、推进区域人才协调发展、加强人才发展平台建设等8个方面的人才培育政策，效果显著，为江苏省培育了大量人才资源。虽然在随后的4年里略有下降，但仍然保持在27万人以上的高位，远超浙江省。截至2021年，江苏省信息传输、软件和信息技术服务业从业人员数量达到了34.6万人，比辽宁省多20.7万人左右（见图5）。

图5 浙江省、江苏省信息传输、软件和信息技术服务业城镇单位就业人员数量

资料来源：国家统计局。

（三）标杆省份数字经济从业人员薪酬情况

从浙江省信息传输、软件和信息技术服务业城镇单位就业人员工资薪酬上看，从业人员工资水平逐年增长，增速较为稳定。2011年，浙江信息传输、软件和信息技术服务业城镇单位就业人员年平均工资为83493元，约为辽宁省的1.37倍。但随着时间的变化，二者工资收入水平差距逐步加大，浙江省信息传输、软件和信息技术服务业城镇单位就业人员工资水平在2015年至2018年增长较快，平均增长率约为15.35%，10年间平均增长速度约为11.99%。早在2013年，浙江省信息传输、软件和信息技术服务业城镇单位就业人员平均年工资就首次突破10万元大关，在2015年月平均工资首次突破1万元大关。截至2021年，年平均收入为257631元，月平均收入约为21469.25元，是辽宁省的2.11倍。

从江苏省信息传输、软件和信息技术服务业城镇单位就业人员工资薪酬上看，从业人员薪酬水平略低于浙江，在2017年之前，保持稳定增长，在2017年之后，增速略微放缓。具体来说，在2011年，年平均收入为72919元，约为辽宁省的1.2倍，经过10年的增长，截至2021年，从业人员年平均收入达到了180782元，是辽宁省的1.48倍，平均增长率为8.12%。从业

人员年收入在 2014 年时突破了 10 万元大关，在 2016 年时月平均工资首次
突破 1 万元大关，仅落后浙江一年（见图 6）。

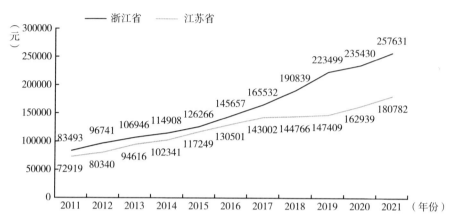

图 6　浙江省、江苏省信息传输、软件和信息技术服务业城镇单位就业人员平均年收入

资料来源：国家统计局。

　　总体来说，辽宁省在 2011 年时数字经济发展水平略低于浙江省与江苏
省的发展水平，但总体上并不悬殊。虽然在这 10 年期间，辽宁不断推出针
对性举措，加快数字经济核心产业发展，推动数字产业化，加强数字技术与
各领域融合发展，但辽宁省在数字经济综合发展指数的全国排名上，成绩却
不容乐观。可以看到，在数字人才上，辽宁省的数字人才资源与浙江省和江
苏省的差距越来越大，辽宁省数字人才在近 9 年的时间里呈"停滞"状态，
主要原因有以下两点。一是科技型企业增量和存量较低，难以对人才形成聚
集效应，同时，由于规模效应和产业集群没有形成竞争优势，难以为数字人
才提供具有竞争力的劳动报酬，导致数字人才难招易走。二是对于科技型企
业来说，缺少科技人员、研发人员、现代运营和营销人员等数字经济人才，
又会导致企业创新能力不足，最终导致恶性循环。

三　数字经济发达省份的实践启示

　　当前，辽宁省数字经济发展形势面临严峻挑战，数字经济与实体经济融合发展亟待深入，制造业数字化程度偏低，产业转型升级的任务有待进一步突破。辽宁省下一步将全面发展数字经济，充分发挥产品资源优势和数字资源优势，大力推进数字产业化，打造软件开发千亿级的产业集群和工业互联网百亿集群①。因此，分析数字经济强省浙江和江苏经验，对于辽宁打好"学、思、用"组合拳，在自身垂直崛起中实现数字经济创新发展、跨越发展，赢得新一轮数字竞争则显得非常重要。

（一）高站位、深谋划，抢先布局"未来产业"先手棋

浙江和江苏素来敢为天下先，在数字经济发展上也是如此。通过前瞻性的思维谋篇布局，不论是从顶层设计到总体布局，还是从系统规划到落地落细，浙江和江苏通过超前战略布局、政策体系先行的方式，探索出了适合自身的优势路径。虽然辽宁与江苏、浙江的发展水平存在差距，但谋篇布局的眼界和高度不能有落差，必须把辽宁省数字经济的发展放在党中央对辽宁的战略定位上、放在全球经济发展大背景下、放在全国发展大格局中、放在国家对振兴东北发展的总体部署中思考谋划。

2003 年，浙江省便将"数字浙江"建设作为"八八战略"的重要内容加快推进。2014 年，浙江制定实施《关于加快发展信息经济的指导意见》《信息经济发展规划》等一系列政策文件。2021 年 3 月 1 日，浙江施行了中国第一部以促进数字经济发展为主题的地方性法规《浙江省数字经济促进条例》。在数字经济的浪潮中，浙江省逐渐从数字经济的跟跑者、并跑者变成领跑者。而江苏省早在 2005 年就出台了《江苏省数字经济发展规划纲要（2005—2010 年）》，之后先后出台《数字经济加速行动实施方案》《关于全面提升江苏数字经济发展水平的指导意见》《江苏省数字经济发展三年行动计划》等一系列政策措施为江苏的数字经济发展保驾护航，特别是 2022 年出台的《江苏省数字经济促进条例》，聚焦江苏省数字核心产业加速、制造业数字化转型、数字政府加速建设、数字经济科技攻关、数字基础设施强

---

① 详见《辽宁发力建设"数字经济大省"》，https：//baijiahao. baidu. com/s？id＝1770725501709798230&wfr＝spider&for＝pc，2023 年 7 月 7 日。

基、数字经济人才引培、数字安全筑盾护航 7 个内容，为江苏省的转型发展提供了有力保障。

（二）敢为人先、勇于创新，抢占数字经济新一轮制高点

浙江与江苏根据自己的发展特色，不断抢占新赛道，打造新优势。浙江省成立数字经济创新提质"一号发展工程"专班，将发力点放在建成世界级新一代信息技术产业集群总目标上，培育壮大人工智能、光芯片、未来网络、区块链、第三代半导体、网络安全等新兴产业和未来产业。江苏省将着力点放在突破工业基础软件、关键元器件等"卡脖子"环节，力争让元宇宙等未来产业在江苏落地生根。浙江与江苏的领导干部在解放思想中统一思想，在奋发进取中开创未来，在直面问题中解决问题，干成了一些过去不敢想或者认为干不成的事情。辽宁必须激活辽宁人骨子里敢闯敢干的基因，破除思想障碍、优化营商环境、打破"投资不过山海关"的困境，利用数字经济做好结构转型"三篇大文章"。

（三）从引才、育才、留才入手打造数字经济人才

浙江省在引才、育才、留才方面，建立全球人工智能高端人才数据库，实施百家数字骨干企业扶持行动，开展领军企业"雄鹰计划"、企业上市"凤凰行动"、高成长性企业"雏鹰计划"。同时，加强创新平台建设，如城西科创大走廊集聚了大量国家重点实验室、科研院所、诺贝尔奖和院士工作站、博士后工作站等高能级创新平台，引领着区域科技创新能力整体提升。而江苏省人社厅在 2022 年 5 月 23 日出台了《全省人力资源社会保障系统服务数字经济发展若干措施》，针对数字经济，专门提出要扩大高端数字人才在国务院政府特殊津贴、省有突出贡献的中青年专家入选比例，卓越博士后计划对数字经济领域予以倾斜。鼓励事业单位聘用的高端数字经济人才实行市场化薪酬，在单位绩效工资总量中"单列"，不受单位绩效工资总量限制。并建立急需紧缺数字经济人才引进"揭榜挂帅"机制，多渠道推进用人单位与数字经济人才精准对接，大力引进一批数字经济青年科技人才、数

字创客、数字技能人才。①

浙江和江苏发展数字经济的实践经验充分说明，作为经济增长的强大引擎，数字经济已成为各地争夺新的经济制高点的主战场。从工业化到信息化是辽宁省高质量发展的必由之路，而人才是数字经济发展的根本支撑，因此，在新的发展阶段，只要抓住数字经济、抓住数字人才，就能在新发展中把握主动权，推动区域经济高质量发展。辽宁省必须抓住这个历史性机遇，分析借鉴数字经济强省的发展实践经验，打好学思践悟"组合拳"，在高质量的数字经济发展中打好、打赢新时代"辽沈战役"。

四　辽宁数字人才建设存在的问题

（一）数字人才供不应求，人才供给和产业需求不匹配

数字经济的快速发展，在扩大相关产业就业人数的同时持续扩大数字人才需求缺口。国家统计局数据显示，2021年辽宁信息传输、软件和信息技术服务业城镇单位就业人数达到13.9万人，但是其中拥有中高级专业技能的数字化人才比例并不高，在人工智能、虚拟现实、智能制造等前沿技术领域的数字人才更少。数字人才紧缺主要体现在人才总储备不足，人才供给远远落后于数字经济发展需求，同时具备数字技术与传统产业跨界经验的融合型人才供不应求。数字人才短缺一直是亟须解决的问题，数字经济人才培养具有周期长、成本高、专业强等特点，现有教育水平结构及学科专业设置与产业发展需求不相匹配，人才成长和输送速度难以满足需求正是造成缺口的重要原因，也是教育界一大痛点。因此，高层次数字人才供给端与需求端之间存在差距，一是数字产业迭代快而人才培养具有相对滞后性；二是培养过程与真实用人场景结合度不足；三是融通性跨学科人才培养有待提升。

---

① 详见《"引、育、留、用、转"，江苏强化数字经济人才全链条保障》，https：//baijiahao. baidu. com/s？id＝1733611148157577227&wfr＝spider&for＝pc，2022年5月23日。

（二）数字人才培养处于探索期，缺少完整培养体系

数字经济包括数字产业化和产业数字化，因此在人才培养结构方面，既要关注数字产业人才培养，又要注重将数字技术与实体经济深度融合。数字人才在创新研发和实践技能的培养方面，均存在严重缺口的情况。从研发端来看，面对数据新型要素，很多研究面临的问题都是全新的，往往来源于产业界的实践，数字人才培养具有明确的需求导向，与数字经济实际需求密切相关，对人才的实践能力、现实问题洞察力提出新要求。从实践端来看，目前省内数字技术的高端人才供给不足，大数据、人工智能等基础核心数字技术领域人才短缺。从交叉端来看，企业更需要兼具某一专业领域技能以及数字技术素养的新型从业人员，交叉领域复合型人才还存在较大缺口。比如，学科布局难以匹配大量新兴的数字化行业和数字化应用岗位；课程设置、教学内容与产业需求脱节，高校学生获取的专业知识与技能培训和企业需求不匹配；教研资源和专业教师缺乏，对学生的指导能力有限；产学研融通渠道尚未打通，学生获得的实践机会少之又少。

（三）数字人才培养成本高，变相增加企业经营负担

除个别大型企业外，大部分企业人才培养课程以入职基础知识培训为主，甚至缺失数字人才培养机制，主要受制于成本、经验、意识等因素。一是现在数字技术人才的就业市场属于供不应求的卖方市场，企业为了提高自身对人才的吸引力，不得不提高薪酬水平，由此导致的薪酬溢价大大提高了企业引进高技术人才的成本。二是囿于培养成本过高、专业培训资源短缺等因素，企业更倾向于引进成熟数字技术人才。对于企业而言，培养和储备涉及战略、技术、业务等多个层面的人才需要投入更多成本。三是部分企业缺乏青年数字人才培养的战略眼光，企业内部的数字人才培养和知识体系建设仍处于早期，大多数企业将战略重点放在数字化业务发展上，忽视了打通业务人员和技术人员间的壁垒。四是吸引人才的政策力度不够。近几年来，辽宁省相继出台多个吸引人才的政策，如《关于推进人才集聚

的若干政策》《深入实施"兴辽英才计划"加快推进新时代人才强省建设若干政策措施》《关于加强新时代辽宁高技能人才队伍建设的实施意见》，与过去比在很多方面实现了突破，但与其他省份相比，在新一轮"人才争夺战"的吸引政策等方面略显保守，尤其是辽宁省人才引进投入不足，人才激励经费少，在落户政策、生活补贴、住房保障、收入水平方面与发达省份相差甚远。

五 对策建议

（一）扩大数字人才供给规模

一是加强辽宁省数字人才培养。充分利用辽宁高校资源，补齐省内数字人才培养短板，摸清数字人才需求，探准数字人才缺口，绘制紧缺人才图谱，协助政府制定数字经济人才发展规划；合理调配高校和职业院校招生结构、招生计划，引导省内高校增设数字经济相关专业，建立动态调整与信息反馈机制；联合企业建设实习基地，协助企业开办产业学院，开展产学研合作，做好就业信息跟踪反馈。二是加大数字人才引进力度。首先要建立数字人才需求调查发布机制。围绕重点数字产业、重大数字项目，深入了解新发展格局下辽宁省数字企业发展需求，及时发布数字人才需求目录，促进数字人才精准培养引进。其次要畅通数字引才"绿色通道"。鼓励用人单位多到国内外重点院校，采取考核的方式现场签约，招聘引进数字相关专业博士和硕士毕业生。最后要着力推动供需对接。高频次开展各类数字人才交流、人岗对接等活动，重点面向高层次青年数字人才提供一对一、点对点精准服务，深入双一流高校开展校园招聘，为辽宁振兴发展储备更多数字青年人才。三是引导人才服务数字经济发展。鼓励高校、科研院所等事业单位中符合条件的科研人员按照国家和省有关规定，采取兼职创新、参与项目合作等形式，到数字经济企业开展科技成果研发、转化等活动。

（二）优化数字人才培养结构

一是培养数字技术创新型人才。数字技术创新型人才的培养以计算机科学、信息技术、软件工程和数据分析等专业为学科基础，高校作为创新研发的"桥头堡"，应当积极筹划数字经济相关学科专业的规划设计，适度超前布局前沿学科，强化核心技术学科牵引作用，推进数字技术专业结构优化升级。二是培养数字技术应用型人才。相较于高校"产学研"数字技术创新研发，职业院校的"产教融合"人才培养在技术应用方面也尤为重要，对人才的实践能力和现实问题解决能力提出新要求。围绕人工智能、大数据、智能制造、区块链等数字技能领域，着力培养数字技术技能人才，包括数字技术领军人才、数字技术人才、数字技能人才等。三是培养数字技术复合型人才。数字技术复合型人才的培养，既需要计算机科学等学科基础，也需要与产业经济、公共管理、人文伦理等学科的结合，鼓励学科交叉融合，积极鼓励高校开设数字经济、人工智能等专业，例如，辽宁大学、东北财经大学开设数字经济专业，结合经济学、数字经济、计算机与数据科学等跨学科专业，培养高级复合型专门人才。因此，应当持续优化数字技术人才培养结构，形成全面、多元、链条式培养方案。

（三）强化数字人才配套保障

一是加大财政资金支持力度。落实"兴辽英才计划"，在实施各类人才项目过程中注重选拔培养数字经济领域优秀人才。将数字经济领域人才纳入各类人才计划支持范围，夯实数字经济发展的人才基础。对引进的数字化发展领域项目团队和高端领军人才予以支持。将数字技能类职业纳入政府补贴性职业技能培训范围，按规定给予培训补贴。开放"云量贷""人才贷"等适合新业态、新模式发展的产品和服务。二是建立数字人才激励机制。制定数字化发展领域高端人才鼓励政策，激励更多相关学科人才到数字技术和数字经济领域发展。建立人才、项目需求调查发布机制，促进人才向数字经济集聚，落实数字经济领域的科研人员职务科技成果转化现金奖励政策。鼓励高校、科研院所等事业单位中符合条件的科研人员按照国家和省有关规定，采取兼职创新、参与项目合作等形式，到数字经济企业开展科技成果研发、转化等活动。三是探索数字人才职称认定。增加数字技术相关的人员类别，科学精准进行人才管理。加快建立数字人才职业技能认定、职业资格审查、评价考核制度。健全技能人才评价制度，建设数字产业、数字技能人才评价技术资源快速响应机制。支持企业结合生产经营特点和实际需要，自主确定数字技能类评价职业范围，自主设置数字技能岗位等级，自主开发制定数字技能评价标准规范，自主运用评价办法，自主开展数字技能人才评价。

参考文献

刘家旗、薛飞、付雅梅：《数字经济的产业结构升级效应研究——基于供给与需求双重视角》，《统计与决策》2023年第18期。

王炜、蔡羽茜：《技术驱动、人才赋能与需求导向：中国数字政府建设的三个关键维度——基于电子政务发展指数的分析》，《行政论坛》2022年第6期。

B.23
沈阳现代化都市圈一体化发展对策研究

舒 波[*]

摘 要： 党的二十大报告指出"以城市群、都市圈为依托构建大中小城市协调发展格局，促进区域协调发展"，为沈阳现代化都市圈建设指明了方向、提供了遵循。一体化建设沈阳现代化都市圈，对于增强沈阳作为中心城市的辐射带动力，促进区域经济协调发展，实现辽宁乃至东北全面振兴全方位振兴具有重大的现实意义。当前，沈阳现代化都市圈发展取得阶段性成效，成为东北振兴发展重要增长极，但锚定都市圈一体化发展目标，在发展机制、基础设施、产业协同、要素市场、公共服务和生态环境等方面仍存在制约因素。本文从构建协同治理发展框架、建设现代化综合交通运输网络、创新产业协同发展模式、搭建要素市场一体化平台、推进优质公共服务均等化和加强生态环境协同共治6个方面提出沈阳现代化都市圈一体化发展的对策建议。

关键词： 都市圈 区域协同 一体化

《辽宁省国民经济和社会发展第十四个五年规划和二〇三五年远景目标纲要》提出，加快构建"一圈一带两区"区域发展格局，促进区域协调发展，推进辽宁实现全面振兴全方位振兴。其中，"一圈"就是指沈阳现代化都市圈。沈阳现代化都市圈以沈阳为中心，包括鞍山、抚顺、本溪、阜新、辽阳、铁岭和沈抚改革创新示范区，全域共七市一区（见图1）。都

---

* 舒波，辽宁社会科学院城市发展研究所副研究员，主要研究方向为城市群都市圈、战略管理等。

市圈总面积 7 万平方公里，占全省面积的 47.1%；都市圈总人口 2122.3 万人，占全省人口的 50.2%；城镇化率超过 75%。区域内以水相系、山相连、人相亲的特殊地缘关系为特征，具有经济地理单元较为完整、区域产业优势突出、区位优势明显、城镇化水平高、教育科技资源丰富、公共基础设施完善、合作基础坚实等比较优势。本文按照"十四五"规划和《辽宁省推进"一圈一带两区"区域协调发展三年行动方案》部署，针对沈阳现代化都市圈发展现状及存在的制约因素，提出沈阳现代化都市圈实现一体化发展的对策建议。

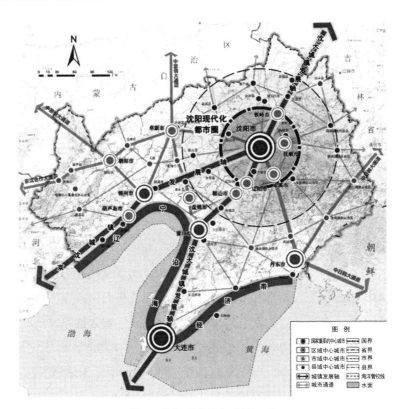

图 1　沈阳现代化都市圈示意

资料来源：辽宁 2035 总规草案。

一 沈阳现代化都市圈一体化发展的重大意义

（一）国家层面支撑国家城镇化和对外开放战略格局

沈阳现代化都市圈是全国第九个国家级都市圈，是辽中南城市群的核心区域，培育沈阳现代化都市圈一体化发展是落实国家"两横三纵"城镇化战略格局的重要一环。在深度融入共建"一带一路"和国内国际双循环相互促进的新发展格局背景下，东北地区是沿海、沿边和沿线对外开放的前沿，沈阳现代化都市圈北接东北腹地，南连京津冀，毗邻日韩，地处东北亚经济圈的核心地带，培育沈阳现代化都市圈一体化发展对构建陆海内外联动、东西双向互济的开放格局至关重要，对打造国家向北开放的重要窗口、连接欧亚大陆桥、面向东北亚双向开放发挥重大作用。

（二）区域层面推进东北、辽宁振兴发展重要增长极

维护国家国防安全、粮食安全、生态安全、能源安全、产业安全是党和国家赋予东北、辽宁的重要战略使命，也是推动东北、辽宁全面振兴全方位振兴的重大机遇。沈阳现代化都市圈是东北地区第一个国家级都市圈，虽然相比较东部地区，东北地区都市圈建设还处于起步阶段，但是相比于东北地区其他中心城市，沈阳在区位条件、资源禀赋、发展基础和历史地位等方面具有无可比拟的优势。新形势下培育沈阳现代化都市圈，重在发挥沈阳中心城市比较优势，促进各类要素合理流动和高效集聚，增强创新发展动力，加快构建一体化发展的动力系统，增强经济和人口承载能力，形成优势互补、高质量发展的区域经济布局。在东北、辽宁培育沈阳现代化都市圈实现一体化发展，是深入贯彻党和国家关于东北、辽宁振兴发展的重要战略部署、落实省"一圈一带两区"区域发展格局部署的重要战略任务，是实现东北、辽宁高质量发展的动力源和增长极，对开创东北、辽宁全面振兴全方位振兴新局面，实现辽宁更高水平对外开放，深度融入国内大循环和国内国际双循环，具有十分重大的意义。

（三）"一圈"层面提升沈阳国家中心城市发展能级和沈阳现代化都市圈竞争力

以"四区一地"发展定位（东北亚更高水平开放合作先行区、国家产业安全的战略承载区、东北全面振兴全方位振兴引领区、现代化都市圈协同创新样板区、我国北方高品质生活宜居地）为目标，培育沈阳现代化都市圈实现一体化发展，一方面有利于为沈阳中心城市功能在更大范围统筹配置拓展空间，另一方面有利于沈阳现代化都市圈内七市一区之间相互协作、合理分工、优化发展，通过沈阳中心城市的引领来发挥集聚和带动效应，确保都市圈其他城市获得比单个城市更大的分工收益和规模效益，使得都市圈整体区域功能更加优化、竞争能力更加强劲。因此，在"一圈"层面，培育沈阳现代化都市圈实现一体化发展对提升沈阳国家中心城市发展能级和沈阳现代化都市圈竞争力具有重要意义。

二　沈阳现代化都市圈的发展现状

按照辽宁省委、省政府部署要求，沈阳现代化都市圈作为辽宁"一圈一带两区"的核心板块，充分发挥七市一区城市组团集聚辐射效应，打造东北振兴发展重要增长极，"一圈"建设不断提质增效。2022年，都市圈地区生产总值1.36万亿元，同比增长2.3%，占全省地区生产总值的47%，对全省经济社会发展形成有力支撑。2023年上半年，都市圈地区生产总值6566亿元，占东北三省的近1/4（24.5%），预计全年都市圈地区生产总值增速高于全省平均水平。本文根据《辽宁省推进"一圈一带两区"区域协调发展三年行动方案》，按照项目化、清单化、工程化的要求，从体制机制、规划政策、基础设施、科技创新、产业发展、要素市场、公共服务和生态环境8个方面（见图2），梳理当前沈阳现代化都市圈发展进程与阶段性成效。

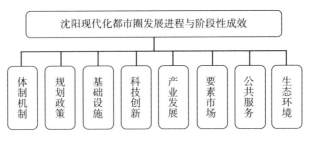

图2　沈阳现代化都市圈发展进程与阶段性成效示意

（一）体制机制：科学化工作体系建立

建立沈阳现代化都市圈书记市长联席会议，设置四级工作推进机制，具体由书记市长联席会议负责决策、市长（常务副市长）负责工作协商推进、联席会议办公室主任负责专班议事、专业委员会负责项目合作执行，其中书记市长联席会议是最高决策协调机制，每半年举行一次。通过各级联席会议明确决策、协商、议事、执行工作机制，确立重大项目和合作事项，签署合作框架协议（见表1），科学有序地推动沈阳现代化都市圈各领域深化交流合作。

（二）规划政策：顶层协同设计规划成果显著

一是总体和重点领域规划先出。沈阳现代化都市圈总体和重点领域规划在顶层协同设计规划方面成果显著，《沈阳现代化都市圈发展规划》获得国家批复，提出并推进"构建一体联通的基础设施网络""塑造全产业链深度协作的现代产业体系"等主要任务；编制实施都市圈国土空间总体规划和科技创新等重点领域专项规划；印发实施沈抚和沈本同城化行动计划，发布都市圈高质量发展指数研究报告。二是重大合作事项和重点项目先行。制定印发《都市圈三年行动方案和年度工作要点》，围绕规划共绘、交通共联、产业共链、平台共享、生态共保、文旅共建和社会共治等重点任务，累计签署实施共建共享沈阳中欧班列、都市圈"跨域通办"等20余项合作协议，完成百余项年度任务，进一步有效提升都市圈建设品质和速度。

表1　沈阳现代化都市圈签署合作框架协议

年份	序号	框架协议名称
2022	1	《沈阳现代化都市圈共建共享沈阳中欧班列框架协议》
	2	《沈阳现代化都市圈信用一体化建设框架协议》
	3	《沈阳现代化都市圈"跨域通办"框架协议》
	4	《沈阳现代化都市圈检验检测联盟框架协议》
	5	《铁岭—沈阳长距离输热项目框架协议》
2023	1	《沈阳现代化都市圈开展协同立法的协议》
	2	《沈阳现代化都市圈建立政协联动调研机制的协议》
	3	《国家开发银行辽宁省分行与沈阳现代化都市圈加强开发性金融合作协议》
	4	《沈阳现代化都市圈重大交通基础设施共建协议》
	5	《沈阳现代化都市圈共建海陆大通道战略枢纽合作框架协议》
	6	《沈阳现代化都市圈制造业高质量融合发展框架协议》
	7	《沈阳现代化都市圈金融合作框架协议》
	8	《沈阳现代化都市圈科技协同创新服务框架协议》
	9	《沈阳现代化都市圈大气环境联防联控合作框架协议》
	10	《沈阳临空经济区协同建设战略合作框架协议》

资料来源：沈阳市人民政府网站。

（三）基础设施：公路、铁路和信息网络进一步完善

一是公路网络进一步完善，四环棋盘山隧道、东部旅游大道、沈康高速调兵山连接线建成通车，都市圈环线高速、新阜高速、鞍台高速等公路项目建设重点推进，沈阳224路、155路公交线路东延至沈抚示范区核心区。二是轨道建设加快推进，地铁2号线南延线、4号线开通运营，沈抚间建成运行全国首条跨市城际轻轨，日均客流量达到2.5万人次，沈白高铁、沈丹铁路外迁等项目建设顺利推进。三是信息网络共建共享，充分发挥"沈阳数字城市运行管理中心""'星火·链网'超级节点"等数据平台载体作用，共建共享协同服务的城市大脑集群，累计建成都市圈工业互联网标识解析二级节点19个，新建5G基站1.1万个，数量位居东北第1。

（四）科技创新：体系构建、平台服务和人才培养成果初显

一是科技创新战略体系加快构建，辽宁材料实验室、辽宁辽河实验室等重大创新平台挂牌运行，超大型深部工程灾害物理模拟设施开工建设。二是都市圈科创服务平台惠及各方，发布各地技术需求和成果信息，组织开展精准化路演及成果对接活动，共建都市圈科技条件平台，汇聚300余家服务机构，共享2952台（套）科研仪器设备，登记2105项科技成果，在线注册2817家企业，提供3100项科技服务项目，都市圈各市（区）签署技术服务合同295份，合同金额4.3亿元。三是技术人才培养成果初显，依托国家技术转移人才培养基地为都市圈各地培育数百名初、中级技术经纪人。

（五）产业发展：产业链、园区、基地、跨境电商、展会平台和文旅资源整合等齐抓并进

一是产业建链强链，推进汽车及零部件、航空制造、机器人、机械装备等重点产业链建设，打造具有国际竞争力的先进装备制造业基地。二是积极推动产业园区合作共建，共同培育生物医药等5个集群，沈阳、本溪、辽阳联合签署沈阳临空经济区共建协议，中德（沈阳）投资发展集团与鞍山经济技术开发区合作运营产业园区。三是产业基地协同共建与转移，协同推动抚顺领航特殊钢沈阳基地等17个项目加快建设，鞍山、阜新等城市的11家企业在沈阳设立研发中心、贸易总部。四是跨境电商协同合作，沈抚合作实现首批抚顺跨境电商业务通关，协同创建中欧班列（沈阳）集结中心，中欧班列开行规模保持东北第1、全国前列，都市圈货物占比达到40%。五是都市圈各市（区）共同搭建展会平台，都市圈内近500家企业参加辽洽会、农博会、制博会、工业园区专场推介会和全球工业互联网峰会等国内外重大展会，举办都市圈重点产业链国内外招商，签约项目近百个。六是整合都市圈文旅资源，组建都市圈文旅产业联盟、博物馆联盟、演艺联盟，举办"七星合耀"文物联展，启动"浑河之夏"文化艺术季，遴选文艺精品交流演出；成立都市圈旅游产业联盟，吸引百余家旅游企业加盟，联合开展都市

圈四季游线上线下推广活动，策划特色旅游线路 108 条、网红打卡好去处640 个，沈阳上榜携程网"五一"最强周边游全国前 5 名榜单。

（六）要素市场：人才、金融和高频事项等成效显著

一是人才要素市场，创建全国首个都市圈"共享用工"平台，建立都市圈干部常态化交流机制，高质量建设中国沈阳人力资源服务产业园，共同举办都市圈人才现场招聘会。二是金融要素市场，辽宁股权交易中心挂牌及展示企业共计 2684 家，都市圈城市占 83%。三是高频事项跨域通办成效显著，实现公积金、医保等通办事项百余项，核心城市对都市圈辐射带动能力进一步增强。四是推进都市圈协同立法，都市圈共同签署《沈阳现代化都市圈开展地方立法协作的协议》，围绕国土空间、文化旅游等领域，开展协同立法调研。五是推动信用一体化建设，在都市圈率先制定《沈阳市社会信用条例》，推进沈阳信用标准体系向都市圈辐射。

（七）公共服务：教育、医疗、赛事和媒体合作共建

一是开展教育都市圈共进，沈阳与本溪、辽阳合作，组织百名名师线上联合培训，开展跟岗培训 500 多人次；实施优质学校携手共进计划，东北育才学校等 70 余所学校开展结对活动。二是开展医疗都市圈合作，加快糖尿病足专科联盟建设，推动都市圈 40 余家三甲医院的 8 大类检验项目纳入国家、省临检中心室间质评范围，成立感染性疾病等跨区域医疗联合体和"养老联盟"，推进检验检查结果互认，"辽宁影像云"签约都市圈 80 余家医院，累计惠及 133 万人。三是举办都市圈赛事，共同举办都市圈市民社区运动会、徒步大会、武术大会、龙舟大赛、国际青少年足球赛等国内外体育赛事活动。四是建立都市圈媒体联盟，成立都市圈广电视听联盟，在媒体上更好服务都市圈建设。

（八）生态环境：河流、大气和绿色低碳协同推进

一是河流修复治理协同推进，共同推动柳河等流域生态修复与保护，辽

河干流沈阳段工程完成进度 70%。二是大气联防联控治理协同推进，签署都市圈大气环境联防联控合作协议，建立大气环境共治机制，开展都市圈空气质量保障联防联控应急管控行动，都市圈空气质量优良天数占比 83%。三是协同发展绿色低碳产业，推进都市圈重点行业实施超低碳排放和产业园区循环化改造工程，阜新、沈阳荣获"国家清洁取暖试点城市"称号，都市圈上线碳排放权市场交易的发电企业共计 40 家。四是加强生态系统保护修复，开展辽河生态封育，投入省市资金 3.16 亿元，完成人工造林 1 万亩。

三 沈阳现代化都市圈实现一体化发展的制约因素

沈阳现代化都市圈尽管在区域发展中具备一定的比较优势和竞争力，但与发达地区相比还存在较大差距，因此沈阳现代化都市圈实现一体化发展仍然面临制约因素和发展困境问题。

（一）区域协同发展机制亟须创新突破

在区域协同机制上，沈阳与周边城市虽然建立了联席会议制度和四级工作推进制度，但都市圈行政壁垒尚未完全破除，区域内统一大市场建设滞后，要素流通不畅，尚未形成较为有力的一体化协调联动机制。都市圈发展成本共担、风险共承、利益共享等合作协商机制尚未完全形成。因此，沈阳现代化都市圈目前在区域发展战略统筹、区域市场一体化发展、区域经济合作、区域互助与利益补偿、基本公共服务均等化等方面，还缺少具有约束力的协同发展机制。

（二）基础设施互联互通有待加强

公路、铁路和信息网络等基础设施正在逐步完善，但是距离匹配中心城市沈阳作为东北地区门户和陆上交通枢纽的地位，距离实现沈阳现代化都市圈高水平建设航空、铁路、公路、物流、信息枢纽网络的目标尚有差距，主要表现为由高速公路、城际铁路、轨道交通组成的高效快捷网络化、一体化交通体系尚未建立，路网间尚有"断头路"需要打通，"最后一公里"需要链接，交通、物流、信息网络等运营管理智能化水平等有待加强。

（三）产业协同需进一步提升

沈阳现代化都市圈虽然具备以装备制造、汽车、钢铁、石化、有色金属材料、生物制药等为主导的完整工业体系，高新技术产业、战略性新兴产业集群近年来也不断发展壮大，但同时还存在着中心城市与周边区域产业结构趋同、产业分工不明确、同质化竞争较为突出；产业链不够完善，缺乏产业链上下游的区域协作配套；产业集群度不高，资源配置空间范围有限等产业协同问题，不利于发展资源要素的合理配置，制约沈阳现代化都市圈增长潜力的有效释放。

（四）区域要素市场一体化建设滞后

生产要素方面，沈阳现代化都市圈依托各市现有的产权交易平台，通过联网交易、统一信息发布、公开披露等途径，逐步实现区域产权交易市场一体化，但是这其中国有企业实物资产、科技专利和知识产权、农村土地所有权、环境产权排污权或碳排放交易等产权交易品类的交易凭证尚未在区域间互认；沈阳是国家重要的区域科创中心，科创资源丰富，但创新成果在都市圈本地转化率相对较低。人口要素方面，区域内城乡二元户籍壁垒尚未消除，需进一步完善沈阳现代化都市圈户籍管理和人口服务体制，促进区域内人口有序流动、合理分布、充分融合。资本要素方面，资本市场和产权市场合作，金融风险联防联控，信贷管理和征信体系一体化建设等相对滞后，一定程度上影响了区域要素市场一体化进程。

（五）公共服务一体化水平不高

沈阳现代化都市圈发展过程中，教育文化、医疗卫生、生活服务等公共服务设施呈现在中心城市高度集聚，在空间上呈现圈层化递减特征。在行政区划分割叠加影响下，都市圈内外圈层公共服务设施供给水平差距显著，主

要体现在学校、教师和教学成果等优质教育资源，三甲医院诊疗平台、病历与医学检验检查结果跨地区互认等公共医疗资源，社保一卡通、医保异地就医结算、公积金与住房货币补贴异地流转等社会保障体系未能实现共建共享，成为制约沈阳现代化都市圈一体化发展的突出短板。

（六）生态环境协同治理尚需加强

沈阳现代化都市圈生态环境在河流、大气和绿色低碳方面有序开展了协同推进，但是在跨区域重大生态空间管控、整体安全评估与监测方面还存在管控不到位的问题，主要体现在对于区域整体生态价值和安全韧性的认识不足、评估不够；对跨行政区的生物多样性保护区、重要环境敏感区、蓄滞洪区等重要指标缺乏长期监测；对区域绿色基础设施和环卫设施规划建设缺乏统筹等。这些问题影响了区域生态空间和重要资源地区长期可持续发展，为此迫切需要都市圈各行政主体达成共识，共同加强生态环境协同治理和安全底线管控，从而提高区域生态系统及其服务功能的稳定性。

四 沈阳现代化都市圈实现一体化发展的对策建议

（一）构建协同治理发展框架

在构建沈阳现代化都市圈"1+N+1"协同发展框架的基础上，探索制定与沈阳现代化都市圈发展相适应的系列协同制度，推进都市圈共治共享；创新探索科学、高效的都市圈治理体系，推动沈阳现代化都市圈一体化发展。一是构建沈阳现代化都市圈"1+N+1"协同发展框架，即共绘都市圈空间规划1张蓝图，打造产业、数据、公共服务、生态等N个共同体，完善1套体制机制。二是探索制定都市圈发展协同制度，推进产业园区、都市圈各城市之间跨界地区的体制机制创新，重点构建"统计分算、财税分成"互利共赢的利益关联体制，探索"行政协调、财力统筹"协同共进的政策协调机制，试点"因区施策、差异分离"因地制宜的现实改革路径；积极创新探索流域、森林等生态地区的生态保护补偿机制，例如在流域内建立资源有偿使用和排污权交易制度，有序推进水资源使用权、碳排放权等交易方式创新，推进商品林赎买改革试点等。三是建立发展监测评估与动态调整机制，以体现新时期发展理念的评估指标构建为基础，建立"沈阳现代化都市圈整体发展质量"和"内部同城化发展水平监测评估"整体框架，采用传统统计数据、部门专项数据、企业工商登记数据、手机信令数据、网络开放地图数据、POI 数据等多源融合数据进行科学系统评估，定期发布都市圈同城化报告。体检评估工作可以为沈阳现代化都市圈规划的有效实施提供动态参考，避免长期目标短期化、系统目标碎片化问题产生。

（二）建设现代化综合交通运输网络

以都市圈交通由互联互通向快联快通转变为目标，构建"内捷外畅、一体衔接、绿色智能"的现代化综合交通运输网络。一是建设国际航空枢纽，通过桃仙国际机场扩容升级，国内外航线拓展，内畅外联、东西一体、南北贯通的集疏运网络的持续完善，货物多式联运发展，以及积极整合综合保税区、自贸区沈阳片区、沈阳桃仙国际机场口岸功能优势，将桃仙国际机场打造成立足辽宁，服务东三省，辐射东北亚，通达"一带一路"沿线国家（地区）的对外经贸交往门户和重要的航空物流中心。二是建设轨道上的都市圈，围绕构建多层次、零换乘、高品质的都市圈轨道交通系统，统筹干线铁路、城际铁路、市域（郊）铁路、城市轨道交通一体化发展，全面加快推进沈白高铁和沈丹铁路外迁工程、沈辽鞍高铁畅联机场工程。三是建设快速公路网，实施四环提升改造工程，完善"环形+放射"的快速网络；实施跨河桥梁建设工程，疏解跨河通道瓶颈；实施国省干线公路维修改造工程，优化普通干线公路网络；加快都市圈环线、沈秦、沈阜、鞍台等高速公路建设，完善以沈阳为核心的六大区域（沈阜、沈盘、沈辽鞍、沈本、沈抚、沈铁）复合交通走廊。四是建设一体衔接的枢纽场站体系，打造机场、铁路、公交综合换乘中心，实现航空、铁路、城市轨道、公交等多种交通方式一体化换乘，无缝衔接。

（三）创新产业协同发展模式

积极发挥沈阳现代化都市圈中心城市作用，推进产业梯次布局，带动各市（区）提高产业协作水平，培育优势产业链和产业集群式发展。一是体系构建，以建设沈阳国家先进制造中心为引领，以智能制造为主攻方向，建成一批新型工业化产业示范核心区，构建先进制造业与现代服务业融合发展的沈阳现代化都市圈产业体系。二是链式拓展，立足培育发展都市圈内优势产业链和产业集群，推动产业基础高级化、产业链现代化水平不断提升，促进都市圈实现全产业链、供应链、创新链深度融合与协作。三是创新合作，深化产业梯次布局，推动形成主导功能清晰、产业各具特色的先进制造业产业生态圈，促进都市圈内企业实现跨区域创新合作、产业园区合作共建和抱团式创新发展。

（四）搭建要素市场一体化平台

以构建都市圈统一大市场，促进各类要素资源有序流动与高效配置为导向，实现平台服务共享。一是建设生产性服务平台，依托各市现有产权交易平台，采用联网交易、统一信息发布、公开披露等方式，逐步实现区域产权交易市场一体化；推进东北科技大市场、科技条件平台等先进科技资源共享；高质量建设沈阳现代化都市圈人才服务（孵化）基地；增强辽宁股权交易中心等各类资本市场平台向都市圈辐射作用；加强区域诚信体系建设，建立诚信"黑名单"，推动征信体系区域内互联互通。二是建设文体旅生活性服务平台，创新和完善沈阳现代化都市圈人口服务和管理体制，促进区域内人口有序流动、合理分布、充分融合；共同打响"共和国长子·冰雪北方·乐迎天下""四季游"等都市圈旅游特色品牌；整合文化创意产业优质资源，做优"沈阳艺术节""浑河岸交响音乐节"等系列沈阳文化品牌，引领带动都市圈文化创意产业集聚式发展；做好都市圈群众体育赛事活动，联合举办马拉松、皮划艇等都市圈体育品牌赛事。三是建设开放性平台，推进自贸区、跨境电商综合试验区、综合保税区等开放性平台的制度创新和资源集散功能共建共享。

（五）推进优质公共服务均等化

以优质教育资源、公共医疗资源和社会保障体系共建共享为抓手，推进优质公共服务均等化。一是推进优质教育资源共建共享。建立都市圈校长教师培训协作体，在教师轮岗和定期交流、优质教学课程网络化、学区组织管理和运行方式、职业教育等方面积极探索实施学校携手共进计划。二是推进公共医疗资源共建共享。组建都市圈专科联盟，鼓励都市圈内开展多层次、多模式合作办医，推动建设三甲医院一体化诊疗平台；进一步推进病历、同级医院医学检验检查结果跨地区互通互认。三是推进都市圈社会保障体系一体化共建共享。建立养老机构协作推进共建机制；加快沈阳现代化都市圈社会保障信息网络尽快互联互通、覆盖城乡，进一步扩大沈阳现代化都市圈内医保就医和异地直接结算人员覆盖范围，推进区域内社保"一卡通"建设；建立都市圈各市住房保障对象资格异地互认机制，推进公积金、住房货币补贴异地流转；加快残障人士社会救助信息都市圈互联互通。

（六）加强生态环境协同共治

着眼于都市圈生态空间、重要资源地区的长期可持续发展，迫切需要都市圈各市在加强生态环境协同共治上达成共识，管控重要水源地、水源涵养、生态绿心、蓄滞洪区等安全底线，提升区域整体生态价值和安全韧性。一是完善都市圈生态环境联防联控机制，建立大气环境共治机制，与都市圈其他地区共享环境空气质量日报告和重污染应急预警等信息；建立都市圈应急物资共享机制，开展联动应急演练。二是共同开展辽河、浑河、太子河等流域协同治理，有序推进辽河干流提升、柳河综合治理国家试点等工程。三是加强生态系统保护修复，统筹实施都市圈山水林田湖草沙一体化生态保护修复工程，因地制宜开展辽河生态封育、遗留矿山生态修复、造林实施方案编制与实施工作，坚持治山、治水、治城一体推进，共同构建都市圈生态安全屏障。

参考文献

金晓玲：《建"圈"强"圈"引领振兴》，《辽宁日报》2022年9月13日。

刘国栋：《沈阳现代化都市圈：深度融合共绘发展新画卷》，《沈阳日报》2023年2月11日。

郑国楠：《培育沈阳都市圈的发展基础与战略路径》，《中国国情国力》2022年第9期。

王朝科、吴家莉、刘泮：《习近平总书记关于促进区域协调发展的若干重要论断》，《上海经济研究》2023年第2期。

李海英：《沈阳现代化都市圈书记市长联席会议暨专项推进组会议召开》，《沈阳日报》2022年2月18日。

金晓玲：《沈阳现代化都市圈签署10项合作协议》，《辽宁日报》2023年4月25日。

刘欣：《沈阳现代化都市圈各项工作有力有序有效推进》，《沈阳日报》2023年4月25日。

尹稚、尚嫣然、崔音等：《现代都市圈规划理论框架体系与实践研究》，《规划师》2023年第4期。

张晓宁：《市交通运输局：沈阳"1小时通勤圈"已经具备良好发展基础》，《沈阳日报》2023年3月9日。

刘国栋：《市发改委　重点实施七大工程　实现沈阳现代化都市圈建设新突破》，《沈阳日报》2023年3月9日。

王博、潘昱龙：《建圈强圈　辽宁打造发展增长极》，《东北之窗》2023年第1期。

张艾阳：《七市一区"携手"推进沈阳现代化都市圈建设》，《辽宁日报》2022年2月18日。

沈阳市档案馆（沈阳市文史研究馆）：《沈阳大事记》，《沈阳市人民政府公报》2022年第5期。

B.24
中欧班列（沈阳）集结中心
发展现状与对策研究

陈 岩*

摘　要：　中欧班列（沈阳）集结中心是全面贯彻落实习近平总书记在深入推进东北振兴座谈会上的重要指示精神，加快建设东北海陆大通道，推进高水平对外开放实现新突破的重要举措。2023 年 3 月 4 日，中欧班列（沈阳）集结中心正式运营，在政策支持力度、海关口岸功能、国际物流网络等方面都有待进一步拓展完善，应积极学习借鉴重庆、郑州、西安等国家中欧班列集结中心运行的成功经验，推进中欧班列（沈阳）集结中心积极申建国家中欧班列集结中心、不断加大政府政策支持力度、完善口岸监管功能、拓展物流枢纽空间、探索推动业务创新、构建产业生态圈，不断推进辽宁全面振兴，高质量运行发展。

关键词：　中欧班列　一带一路　经验借鉴

中欧班列作为推进"一带一路"建设的重要示范项目，是深化我国与沿线国家经贸合作的重要载体。自 2011 年 3 月 19 日重庆首发中欧班列以来，国内武汉、西安、成都、郑州、苏州、沈阳等 50 余个城市陆续开行了去往德国、西班牙、俄罗斯、比利时等欧洲国家的国际集装箱班列。截至 2020 年底，全国中欧班列累计开行 3.36 万列，通达全球 21 个国家 92 个城市，运行线路 73 条。2023 年 7 月，中共中央政治局会议在部署 2023

---

* 陈岩，辽宁社会科学院产业经济研究所副研究员，主要研究方向为对外开放、对外贸易。

年下半年经济工作时，提出要保障中欧班列的稳定畅通。2023年6月，辽宁省人民政府办公厅下发了《关于在辽宁全面振兴新突破三年行动中进一步提升对外开放水平的实施意见》（以下简称"《意见》"），在《意见》中明确提出，到2025年，中欧班列开行数量突破1000列，争创国家中欧班列（沈阳）集结中心。根据国家发改委评选，目前国内有五大国家中欧班列集结中心，即重庆、郑州、西安、成都、乌鲁木齐集结中心，认真学习研究国家中欧班列集结中心的发展经验，有助于推进中欧班列（沈阳）集结中心的高质量发展，带动辽宁全面振兴。

一 中欧班列（沈阳）集结中心发展现状

中欧班列（沈阳）集结中心自2023年3月4日运营以来，总体呈现"稳中有进、快速增长"的良好态势。目前已顺利承接全部沈阳到发中欧班列，形成了富有韧性的国际物流供应链，为辽沈地区开创了亚欧国际运输新通道。截至2023年7月31日，中欧班列累计开行196列，运送集装箱16108个，货物重量约17.7万吨，重箱率达100%，开行数量稳居东北地区第1。商品种类涵盖汽车配件、机械设备、电子产品、医疗器械、日用品等20余种，货源来自东三省、京津冀、长三角、珠三角等地区。其中，为保障辽沈企业产业链和供应链安全稳定做出重要贡献的汽车零部件、机电产品和工业原材料货值占比均超过80%。

（一）基础设施完善

中欧班列（沈阳）集结中心注册成立于2022年6月30日，注册资本8000万元人民币。其中，沈阳盛京金控投资集团占比56%；辽宁铁信集团占比34%；中外运东北公司占比10%。依托集结中心和蒲河物流基地铁路货站等基础设施，中欧班列（沈阳）集结中心的主要业务为为中欧班列提供场内集装箱装卸搬运、掏箱装箱、堆存理货、海关监管等服务。中欧班列（沈阳）集结中心占地面积17.7万平方米，其中海关监管区占地面积8万平方米，非监管作业区占地面积 9.7 万平方米。海关监管区建设了内、外贸集装箱堆存区，前置检验检疫区，核生化处置区，检验检疫处置区等功能区域，设置 1 进 2 出公路卡口和 2 进 2 出铁路虚拟卡口，配套建设查验平台、检验检疫平台、查验罚没库房等设施。目前，配备约 2650 个 40 尺集装箱位，拥有 2 束 4 线集装箱装卸线，满足每年服务 1000 列以上中欧班列作业能力。

（二）通关智能高效

中欧班列（沈阳）集结中心通过信息化手段，将集结中心场站运营管理系统与海关监管系统对接，一单通报，数据共享，实现单证流转无纸化、场站管理系统智能化；采用业界领先的集装箱场站管理系统，建设无人值守的智能卡口，具备集装箱自动派位、自动派工、三维可视化等智能化管理功能。

在创新海关和铁路部门协同发展的模式下，中欧班列（沈阳）集结中心争取实现"空间共享、设施共享、数据共享、智能管理"。其一，将海关监管规则嵌入场站作业流程，实现关铁融合。其二，铁路与海关共享一台集装箱安检设备，实现安检数据共享。这两项举措为全国首创，在显著提升作业效率的同时，物流成本大大降低。此外，沈阳海关实施了一系列通关便利化措施，包括"中欧班列绿色通道""延时、错时+7×24 小时预约通关"等，以确保中欧班列通关效率排在全国前列。

（三）形成"1+5+8+N"物流网络体系

凭借位于中欧班列东和中通道咽喉要塞的地缘优势，以及完善的铁路、公路网等基础设施优势，沈阳已成功开通至满洲里、绥芬河、二连浩特、阿拉山口、霍尔果斯口岸的通道，形成中欧班列（沈阳）东、中、西"三通道五口岸"全覆盖发展格局。沈阳成为国内实现全口岸通行用时最短的城市。目前，中欧班列（沈阳）集结中心已经形成"1（沈阳始发站）+5（5个口岸）+8（8个欧洲城市终到站）+N（日、韩、蒙、俄等东北亚及国内

主要城市物流节点）"的国内外物流网络体系。① 目前，40 余个城市、10 余个欧洲国家都在中欧班列（沈阳）集结中心货物辐射范围内。

（四）多式联运降本增效

中欧班列（沈阳）集结中心与大连、营口、威海、青岛、虎门等沿海城市开展公海铁多式联运货物集散合作，提供"门到门""站到站"的全链路一站式综合服务，实现"一单到底，物流全球"。目前，中欧班列（沈阳）集结中心平均每周开行 10 列左右，实现定时定点、常态化平稳运行。运输时间和运输费用大大缩减，运输时间为海运运输的 1/4，货物到达俄罗斯的平均时间为 12 天、到达德国的平均时间为 16 天，运输费用仅为空运运输的 1/5，企业综合物流成本平均降低 15% 左右。以制造业企业国际物流成本为例，仅据华晨宝马、新松、北方重工、远大博林特电梯等 20 余家企业统计，国际物流成本平均降低约 20%。

二 中欧班列（沈阳）集结中心发展中面临的问题

中欧班列（沈阳）集结中心自成立以来，运营发展取得了良好成效。但与国内其他城市的中欧班列集结中心相比，在运营发展中面临着一些问题。

（一）政策支持力度有待加强

根据成都、郑州、西安等城市的发展经验，上级部门对本地中欧班列政策支持力度都很大。比如，河南省级财政设立了 2.4 亿元的专项资金支持中欧班列（郑州）集结中心建设运营，主要针对集结中心固定资产投资、口岸建设、场地作业费、货物集结、引进 5A 级物流企业等给予财政补贴。四

---

① 陈伟昌、孙略伦、李晓宁：《创建国家中欧班列集结中心推动中欧班列（沈阳）高质量发展研究》，《辽宁经济》2021 年第 5 期。

川、陕西按照省、市、区三级 1∶1∶1 的比例，安排了省级中欧班列运输财政补贴资金。此外，郑州给予场站建设作业补贴、西安免费提供集装箱等。与这些地区相比，辽宁省内上级部门还需进一步加大对中欧班列（沈阳）集结中心的支持力度。

（二）海关口岸功能尚需完善

目前，中欧班列（沈阳）集结中心铁路口岸作为铁路临时口岸，仅能满足一般货物进出口需求，海关指定监管口岸功能，尚不具备进境肉类、进境粮食、整车进口等功能。相比之下，郑州、重庆、西安、成都等的中欧班列口岸功能更加完善，海关指定监管场地均设有整车进口、进境粮食、肉类、药品等功能。受限的海关口岸功能不仅制约了中欧班列（沈阳）开行规模的扩大，也不利于促进相关产业集聚成势。

（三）国际物流网络有待进一步拓展

目前，国内中欧班列已通达欧洲 22 个国家和地区，包括西班牙、俄罗斯、德国、波兰、捷克、匈牙利等。相比之下，中欧班列（沈阳）集结中心仅到达俄罗斯、波兰、德国、白俄罗斯等 10 余个国家。作为国家"一带一路"向北开放的窗口，中欧班列（沈阳）集结中心面向欧洲的国际物流网络还有较大发展空间，国际物流路线节点和通达的国家数量有待进一步拓展。

三　国家中欧班列集结中心发展经验借鉴

（一）省、市政府高度重视

根据成都、郑州、西安等城市的发展经验，上级部门对本地中欧班列政策支持力度较大。比如，新疆维吾尔自治区人民政府先后提出《关于推进新疆丝绸之路经济带核心区建设的实施意见》《关于推进新疆丝绸之路经济

带核心区建设行动计划（2014—2020 年）》《中欧班列（乌鲁木齐）集结中心建设方案（2020—2024 年）》等政策，为乌鲁木齐集结中心发展中欧班列提供政策支持。

（二）完善的运营管理体系

中欧班列（郑州）集结中心建设主体为郑州经开投资发展有限公司，运营主体为郑州国际陆港开发建设有限公司。集结中心获批后，按照"政府引导、市场运作、企业经营"原则，成立郑州新丝路国际港务投资有限公司作为平台公司，负责集结中心重大项目建设运营、管理和服务。实行多主体、多模式、多元化开行郑州国际货运班列，中欧线以郑州国际陆港开发建设有限公司为主体，中亚线、中俄线以中原新丝路为主体，中东盟线以河南越通供应链管理有限公司为主体，基本形成"管委会+平台公司+运营企业"的运营管理体系。按照河南省委、省政府统筹布局，为进一步整合全省陆港资源，成立中豫国际港务集团，实行全省中欧班列开行"五统一"，促进河南省中欧班列开行由"点对点"向"枢纽对枢纽"转变，加快形成"干支结合、枢纽集散"的高效集疏运体系。

（三）统筹资源规划建设

中欧班列（重庆）集结中心依托国际物流园，统筹规划其口岸（铁路、整车、医药）、场站、保税区、自贸区、海关等各种资源，形成了大通道、大口岸、大物流建设的重要平台。2020 年园区企业营收超过 1000 亿元，服务涵盖 150 公里，16 个千亿元级产业园区。重庆国际物流枢纽园区作为重庆铁路口岸、铁路保税物流中心所在地，是内陆首个一类铁路口岸及首个整车、医药、邮件口岸，累计入驻企业超 5400 家。

（四）口岸经济提质增效

国务院在批复郑州设立"铁路一类口岸"之后，河南先后取得了众多功能性口岸，如"进口粮食口岸""进口肉类口岸""汽车整车进口口岸"

"全国邮政第四口岸"等，郑州成为内陆地区功能性口岸最多的城市。河南依托中欧班列（郑州）物流通道，开展多元化业务，包括冷链物流、跨境电商、进境粮食、汽车进口、一般国际贸易等，促进特色口岸经济发展。便利有效的通关流程、井然有序的监管体制、互通高效的信息资讯实现了"口岸+通道"到"枢纽+物流+开放"的转变，极大地促进了郑州口岸经济的发展。

（五）创新服务链运营模式

中欧班列（成都）集结中心探索推进建设国际供应链及服务链，形成3种创新型服务链运营模式，即"班列+园区""班列+产业""班列+贸易"。以中欧班列（成都）为依托，为金青新大港区招商引资，促进大型物流产业园区聚集，吸引国内外知名企业入驻，如京东五星电器、西门子家电等，推动青白江区王牌汽车厂、川化厂等老牌重工业产业向"智慧产业城"转型建设。

四　中欧班列（沈阳）集结中心发展的对策建议

（一）加大政府政策支持力度

目前，从成都、郑州、西安城市经验看，上级部门对本地中欧班列政策支持力度都很大。辽宁应积极争取中央、辽宁预算内投资对中欧班列（沈阳）集结中心场站基础设施建设的支持。政府充分发挥宏观调控作用，对各班列线路的建设和优化进行指导和规划，避免地方政府和相关企业可能出现的恶性竞争问题。坚持"政府引导、市场运作、企业主体"原则，明确中欧班列（沈阳）集结中心市场化的发展目标，确立竞争性的发展机制，采用参股或优化重组等有效方式充分发挥市场竞争的作用，提高企业参与积极性，为中欧班列（沈阳）集结中心持续健康发展营造良好的市场环境。

（二）积极申建国家中欧班列集结中心

省内相关部门应该持续加强与北京中交协物流研究院的交流与合作，加快推进申报国家中欧班列集结中心规划方案的制定工作。积极与各级部门沟通协调，对申报方案进行完善修改，全力争取获批国家中欧班列集结中心，争取在政策扶持、产业引导、战略规划等方面获取国家支持。推动沈阳国家中欧班列集结中心项目发展建设，为中欧班列货物在沈阳留得下、企业在沈阳发展得好提供更好的环境；加快补齐沈阳对外开放短板，建设高能级开放平台，探索东北发展的新途径、新模式。加大中欧班列（沈阳）集结中心进出口货源组织力度，深入挖掘俄罗斯、白俄罗斯及其他欧洲国家和地区的市场需求。健全"干支结合、枢纽集散"的集疏运体系，发挥沈阳地缘优势，拓展面向中亚、欧洲等地区的国际陆路通道网络。

（三）完善口岸监管功能

目前，中欧班列（沈阳）集结中心铁路口岸作为铁路临时口岸，仅能满足一般货物进出口需求，尚不具备海关指定监管口岸功能。完善的口岸功能，将带动口岸多元化业务的开展，提升班列运载效率，进而促进特色口岸经济的发展。省内各有关部门应加大支持力度，协助中欧班列（沈阳）集结中心丰富海关监管场所功能。积极申建进境粮食、进境木材等海关指定监管场地，强化中欧班列铁路口岸功能，为发展枢纽经济提供支撑。

（四）拓展物流枢纽空间

充分发挥中欧班列（沈阳）集结中心大型枢纽作用，构建国际货运中转通道，特别是日、韩及东南亚地区经沈阳至欧洲的交通中转通道。加强与海关沟通，为集结中心发展赋能。有效发挥"比海运省时，比空运便宜"的特色优势，以优质、便捷服务吸引适合铁路运输的货源。积极开发跨境电商货物和国际邮政运输业务，改善铁路、海关和邮政信息互享机制。一方面，进一步丰富海关监管场所包括但不限于内贸集装箱到发、集拼业务等监管功能，拓展集结中心海关监管场所业务类型。另一方面，推动统筹指导规划海关临时口岸（进境粮食指定口岸、进境木材指定口岸等）、指定监管场地、综合保税等功能申建。探索开通沈阳至东盟国际班列，加强东盟十国对欧洲进出口货物的集散分拨，不断提升中欧班列（沈阳）集结中心的物流服务能力。

（五）探索推动业务创新构建产业生态圈

探索创新开展多种服务，包括"班列+冷链""班列+跨境电商""班列+运邮""班列+保税展示交易"等，以不断满足对外贸易企业定制化、个性化的物流需求。加强与中欧班列沿线城市、主要港口和场站合作，探索开展班列出口拼箱、进口拆箱等集拼集运业务。探索开通跨境电商中欧班列，推进"保税仓""海外仓"等规模适度发展，推进沈阳建设面向东北亚、辐射中西亚及欧洲的跨境电子商务特色平台。推动中欧班列"运贸一体化"发展，以中欧班列（沈阳）集结中心为依托，促进跨境电商、先进装备制造、现代物流、大宗商品交易、金融供应链等产业的集聚，吸引贸易、物流、金融、保险等行业龙头企业在沈阳投资发展。

参考文献

陈伟昌、孙略伦、李晓宁：《创建国家中欧班列集结中心推动中欧班列（沈阳）高质量发展研究》，《辽宁经济》2021 年第 5 期。

王霞、祁润：《中欧班列乌鲁木齐集结中心发展对策探讨》，《铁道货运》2020年第 9 期。

史锋华：《中欧班列助力郑州"国际范儿"》，《大陆桥视野》2017 年第 8 期。

周郑杨、曾耀锐、刘可馨：《中欧班列（成都）运行现状及发展路径研究》，《中国储运》2022 年第 2 期。

张磊：《中欧班列发展经验借鉴及相关建议》，《港口经济》2016 年第 10 期。

刘如新：《中欧班列在郑州市的发展现状与前景研究》，《商讯》2020 年第 10 期。

《中欧班列（渝新欧）十年开行近 7600 班》，光明网，2021 年 3 月 18 日。

附录一
2023年辽宁大事记

2023年1月2日 沈阳鼓风机集团股份有限公司中标内蒙古宝丰煤基新材料有限公司订单，该项目是全球唯一一个规模化用绿氢替代化石能源生产烯烃的项目，在大空分领域再次刷新关键设备国产化纪录。

2023年1月2日 东北地区首票保税维修货物在营口通关，标志着营口综合保税区围绕保税加工、保税维修、跨境电商等产业打造的"保税+"发展模式全面启动。

2023年1月6日 大石桥市、辽阳县、兴城市三地，入选全国第七批率先基本实现主要农作物生产全程机械化示范县（市、区）。

2023年1月6日 辽宁省工业和信息化厅正式公布省首批省级工业遗产名单，辽宁共15处工业遗产上榜。

2023年1月11日 中央全面依法治国委员会办公室印发《关于第二批全国法治政府建设示范地区和项目命名的决定》，沈阳市被命名为全国法治政府建设示范市，是国家在法治政府建设方面的最高荣誉。

2023年1月20日 《辽宁省进一步稳经济若干政策举措》出台，围绕企业融资、重点产业发展、消费复苏回暖、外贸外资稳增长等九大方面，提出27项进一步稳经济的具体举措。

2023年1月30日 辽宁省国土空间规划体系初步建立，划定耕地保护目标7603万亩，生态保护红线面积4.1万平方公里。

2023年2月22日 中国共产党辽宁省第十三届委员会第五次全体会议审议通过《辽宁全面振兴新突破三年行动方案（2023—2025年）》，行动方案明确了指导思想、6 项原则和 1 个总体目标、8 个分项目标、10 个方面新突破、50 项重点任务及 5 项保障措施。

2023 年 2 月 22 日 沈阳老北市景区以"一市兴一城"为主题,打造东北首家 24 小时不夜城消费场景——沈阳夜 SOHO·老北市。

2023 年 3 月 1 日 《辽宁省进一步支持大学生创新创业的若干措施》印发,出台多项措施提升大学生创新创业能力、增强创新活力,服务高水平创新型省份建设,明确辽宁省支持大学生创新创业政策清单。

2023 年 3 月 1 日 辽宁省与央企深化合作座谈会在北京举行,8 家央企签署了战略合作协议,地方政府、企业与部分央企集团或子企业完成项目签约 25 个,项目计划投资总额 3732 亿元。

2023 年 3 月 13 日 辽宁 5 家企业入选国家企业技术中心名单,全省国家级企业技术中心达 47 家。

2023 年 3 月 19 日 主题为"智电新引擎,蝶变新能源"的中国新能源汽车大数据 2023 年产业大会在沈阳举行,新能源汽车国家大数据联盟东北分中心揭牌,沈阳市铁西区作招商推介并现场签约 20 个项目。

2023 年 3 月 24 日 《辽宁省食品工业大省建设规划(2023—2027)》出台,创新推出综合配套支持政策,推动辽宁由农产品大省向食品工业大省转变。

2023 年 4 月 24 日 辽宁"阳光国企"平台启动仪式在沈阳举行,标志着辽宁"阳光国企"平台正式上线运行。

2023 年 5 月 4 日 七部门联合印发《辽宁"校企协同科技创新伙伴行动"实施方案》,推动省内校企对接,促进科技成果转化。

2023 年 5 月 4 日 省委印发实施《中共辽宁省委关于遏制腐败增量清除腐败存量构建保障振兴发展反腐败治理新格局的意见》等"1+5"文件,用 3 年左右时间打一场有力遏制腐败增量、有效清除腐败存量、构建保障振兴发展反腐败治理新格局的攻坚战。

2023 年 5 月 8 日 大连金石滩景区和沈阳故宫博物院入选第二批国家级文明旅游示范单位名单。

2023 年 5 月 17 日　东港市、绥中县、法库县和海城市四地，成功入选国家第二批创新型县（市）。

2023 年 5 月 30 日　中国·鞍山菱镁产业高质量发展大会在鞍山市召开，作为全球最重要的菱镁资源生产基地，鞍山市将全面启动世界级菱镁产业基地建设。

2023 年 6 月 8 日　中共中央政治局常委、国务院总理李强在辽宁调研，强调要深入贯彻落实习近平总书记关于东北振兴重要论述，完整、准确、全面贯彻新发展理念，大力优化营商环境，全面增强经济发展动力和活力，推动东北全面振兴取得新突破。

2023 年 6 月 9 日　2023 中国（辽宁）食品预制化产业发展大会在沈阳召开，大会集中展示国内预制食品及餐饮行业发展成果。会议期间，沈阳市预制食品产业园揭牌，并举行产业融合签约仪式。

2023 年 6 月 10 日　《辽宁省文旅产业高质量发展行动方案（2023—2025 年）》正式发布，将用 3 年把文旅产业培育成现代服务业发展新引擎、国民经济战略性支柱产业，全面建设旅游强省。

2023 年 6 月 19 日　《关于进一步深化东北三省一区交流合作的工作方案》通过省委常委会会议审议，辽宁将与吉林省、黑龙江省、内蒙古自治区继续深化交流合作，加快推进区域经济一体化发展，携手推动新时代东北振兴取得新突破。

2023 年 6 月 25 日　国务院国资委在沈阳召开东北地区国企改革现场推进会，推动国资国企改革向纵深推进，东北三省及内蒙古自治区首次联合举办与国内大型企业座谈会，并举行项目签约仪式。

2023 年 7 月 13 日　辽宁省科技厅等七部门联合印发《辽宁省科技支撑碳达峰碳中和实施方案（2023—2030 年）》，明确工作时间表、任务书、路线图，到 2025 年将突破百项绿色低碳关键核心技术。

2023 年 7 月 20 日　辽宁省全面开展第五次全国经济普查工作。

2023 年 7 月 25 日　以"创新促振兴·2023 台商辽宁行"为主题的台商座谈会在沈阳召开，开幕式当天签约 9 个项目，投资金额 3.2 亿美元。

2023 年 8 月 1 日 辽宁首家"退役军人乡村振兴培训基地"在普兰店区杨树房街道战家村成立，标志着该区退役军人就业创业及乡村振兴工作迈上了一个新台阶。

2023 年 8 月 3 日 全国知名民企助力辽宁全面振兴新突破高端峰会在沈阳开幕，现场签约项目 24 个，涵盖共享储能、锂电池、氢能、装备制造、农业养殖业、数字经济、化工新材料等领域，投资额达 634 亿元，峰会签约 147 个项目，总投资 1435 亿元。

2023 年 8 月 3 日 国家林草局在辽宁省彰武县章古台林场召开科尔沁、浑善达克沙地歼灭战片区推进会，标志着科尔沁、浑善达克两大沙地歼灭战正式启动。

2023 年 8 月 4 日 辽宁省农业农村厅、省财政厅联合印发《2023 年农业生态资源保护资金项目实施方案》，就地膜回收利用、农作物秸秆综合利用、草原禁牧补助与草畜平衡奖励、渔业资源保护渔业增殖放流等工作设定目标任务，推进农业绿色低碳高效发展。

2023 年 8 月 10 日 辽宁首例具有专门知识的人民陪审员参加审理的环资案件开庭，为环资审判工作注入更多专业力量。

2023 年 8 月 26 日 辽宁省、吉林省、黑龙江省和内蒙古自治区生态环境厅签订《东北"三省一区"区域危险废物联防联控联治合作协议》，将建立危险废物跨省转移"白名单"制度。

2023 年 9 月 1 日 第 21 届中国国际装备制造业博览会在沈阳开幕，诺贝尔奖获得者和 20 余位国内外院士出席，150 余位全球制造业专家、企业家、科学家齐聚一堂，为辽宁制造加快升级、智造强省阔步迈进建言献智。

2023 年 9 月 4 日 沈阳、大连两市入选全国首批中小企业数字化转型试点城市名单。

2023 年 9 月 12 日 中升（大连）集团有限公司、禾丰食品股份有限公司、辽宁嘉晨控股集团有限公司，入围全国工商联发布了"2023 中国民营企业 500 强"榜单。

2023 年 9 月 15 日 沈阳入选全国首批中小企业数字化转型试点城市，

位列全国首批 30 个试点城市的第 12 位。

2023 年 9 月 25 日 以"共推振兴新突破、共享发展新机遇"为主题的第四届辽宁国际投资贸易洽谈会在沈阳开幕，来自韩国、日本、德国、波兰、英国、蒙古、澳大利亚等国家近 200 家企业参展。

2023 年 9 月 27 日 辽宁省建筑产业数字化平台正式上线，将为建筑企业提供系统化、集成化、数字化赋能服务。

2023 年 10 月 2 日 《辽宁省推进基本养老服务体系建设实施方案》印发，通过完善政策制度，建立基本养老服务清单，加快建成覆盖全体老年人、权责清晰、保障适度、可持续的基本养老服务体系，不断增强老年人的获得感、幸福感、安全感。

2023 年 10 月 4 日 辽宁省林草局、省自然资源厅联合印发《辽宁省湿地保护规划（2023—2030 年）》，将构建"一廊一带两区"湿地保护格局。

2023 年 10 月 8 日 中秋、国庆假期辽宁共接待游客 5596.2 万人次，实现旅游综合收入 369.3 亿元，全省各项旅游指标均创历史新高。

2023 年 10 月 12 日 辽宁首家独角兽企业、中国厨房主食品牌领军企业——十月稻田集团股份有限公司在港交所主板挂牌上市。

2023 年 10 月 15 日 《辽宁省支持文旅产业高质量发展若干政策措施》正式发布，六方面 24 项政策措施，助力辽宁全面振兴新突破三年行动，推动文旅产业高质量发展。

2023 年 10 月 18 日 以"赋能新型工业化 打造新质生产力"为主题的 2023 全球工业互联网大会在沈阳开幕，大会发布了《工业互联网与工程机械行业融合应用参考指南》等，举办了辽宁省政府与中国科协、东北大学共建"工业互联网战略研究智库"，沈阳制造业数字化转型创新中心揭牌仪式。

2023 年 10 月 24 日 东北亚地区地方政府联合会（NEAR）第 14 届全体会议在韩国蔚山广域市召开，辽宁正式接任联合会第 15 届主席地方政府。

2023 年 10 月 28 日 中国版权保护中心软件著作权部为辽宁省营商局（辽宁省大数据管理局）颁发了政务服务效能监察平台著作权登记证书，这是全国首个由政府机关主体登记的政务服务效能监察平台。

2023年11月8日　省委十三届六次全会审议通过的《中共辽宁省委关于深入贯彻落实习近平总书记在新时代推动东北全面振兴座谈会上重要讲话精神奋力谱写中国式现代化辽宁新篇章的意见》，鲜明提出了打造辽宁新时代"六地"的目标定位，必将进一步激发全省干部群众踔厉奋发、勇毅前行，在强国建设、民族复兴新征程中重振雄风、再创佳绩。

2023年11月15日　辽宁省农业农村厅、辽宁省文化和旅游厅组织制定了《辽宁省支持乡村旅游重点村建设方案》，支持建设乡村旅游重点村。

2023年11月23日　中国空军运-20运输机接运第十批在韩中国人民志愿军烈士遗骸回国，并在沈阳桃仙国际机场举行迎回仪式，24日上午在沈阳抗美援朝烈士陵园举行安葬仪式。

2023年11月29日　辽宁省政府新闻办"山海有情　天辽地宁"冰雪主题系列首场现场新闻发布会在沈阳东北亚国际滑雪场举行，向社会各界重点介绍沈阳市深入开展冰雪旅游、冰雪运动、冰雪文化的主要举措、重点活动和亮点特色，开启一场浪漫的冰雪之约。

2023年11月30日　"以高水平对外开放推动东北全面振兴取得新突破"为主题的2023年东北振兴论坛在大连召开。

2023年12月4日　辽宁3人、2个团队获得国家卓越工程师和国家卓越工程师团队表彰。

2023年12月5日　东北三省一区工会工作交流协作会议在沈阳召开，审议并签署了《东北三省一区工会协作机制框架协议》，协商确定了2024年协作项目。

2023年12月15日　国家防总印发《关于将辽河流域防汛抗旱协调领导小组调整为辽河防汛抗旱总指挥部的批复》，这标志着我国长江、黄河、淮河、海河、珠江、辽河、松花江七大江河及太湖均成立了流域防汛抗旱指挥机构。

2023年12月20日　辽宁省委经济工作会议在沈阳举行，2024年经济工作将集中力量开展"八大攻坚"，打好打赢三年行动攻坚之年攻坚之战。

附录二
2023年辽宁基本数据表

2023 年辽宁基本数据表

项目	单位	绝对值	同比增长
国内生产总值	亿元、%	30209.4	5.3
第一产业	亿元、%	2651.0	4.7
第二产业	亿元、%	11734.5	5.0
第三产业	亿元、%	15823.9	5.5
工业增加值	亿元、%	—	5.0
装备制造业	亿元、%	—	9.1
固定资产投资	%	—	4.0
基础设施投资	%	—	15.2
制造业投资	%	—	14.0
高技术产业投资	%	—	32.8
社会消费品零售总额	亿元、%	10362.1	8.8
城镇	亿元、%	8787.0	8.7
乡村	亿元、%	1575.0	9.3
居民消费价格指数	%	—	0.1
工业生产者出厂价格指数	%	—	-3.4
工业生产者购进价格	%	—	-4.2
一般公共预算收入	亿元、%	2754.0	9.1
各项税收	亿元、%	1870.6	12.4
一般公共预算支出	亿元、%	6567.3	4.9
全体居民人均可支配收入	元、%	37992	5.3
城镇居民人均可支配收入	元、%	45896	4.3
农村居民人均现金收入	元、%	21483	7.9
存款余额	亿元	80296.8	6.5
贷款余额	亿元	54909.3	1.0

资料来源：辽宁省统计局网站。

348

社会科学文献出版社

皮 书

智库成果出版与传播平台

❖ 皮书定义 ❖

皮书是对中国与世界发展状况和热点问题进行年度监测，以专业的角度、专家的视野和实证研究方法，针对某一领域或区域现状与发展态势展开分析和预测，具备前沿性、原创性、实证性、连续性、时效性等特点的公开出版物，由一系列权威研究报告组成。

❖ 皮书作者 ❖

皮书系列报告作者以国内外一流研究机构、知名高校等重点智库的研究人员为主，多为相关领域一流专家学者，他们的观点代表了当下学界对中国与世界的现实和未来最高水平的解读与分析。

❖ 皮书荣誉 ❖

皮书作为中国社会科学院基础理论研究与应用对策研究融合发展的代表性成果，不仅是哲学社会科学工作者服务中国特色社会主义现代化建设的重要成果，更是助力中国特色新型智库建设、构建中国特色哲学社会科学"三大体系"的重要平台。皮书系列先后被列入"十二五""十三五""十四五"时期国家重点出版物出版专项规划项目；自2013年起，重点皮书被列入中国社会科学院国家哲学社会科学创新工程项目。

皮书网

（网址：www.pishu.cn）

发布皮书研创资讯，传播皮书精彩内容
引领皮书出版潮流，打造皮书服务平台

栏目设置

◆ **关于皮书**

何谓皮书、皮书分类、皮书大事记、
皮书荣誉、皮书出版第一人、皮书编辑部

◆ **最新资讯**

通知公告、新闻动态、媒体聚焦、
网站专题、视频直播、下载专区

◆ **皮书研创**

皮书规范、皮书出版、
皮书研究、研创团队

◆ **皮书评奖评价**

指标体系、皮书评价、皮书评奖

所获荣誉

◆ 2008 年、2011 年、2014 年，皮书网均
在全国新闻出版业网站荣誉评选中获得
"最具商业价值网站"称号；

◆ 2012 年，获得"出版业网站百强"称号。

网库合一

2014 年，皮书网与皮书数据库端口合
一，实现资源共享，搭建智库成果融合创
新平台。

皮书网

"皮书说"
微信公众号

权威报告·连续出版·独家资源

皮书数据库

ANNUAL REPORT(YEARBOOK)
DATABASE

分析解读当下中国发展变迁的高端智库平台

所获荣誉

- 2022年，入选技术赋能"新闻+"推荐案例
- 2020年，入选全国新闻出版深度融合发展创新案例
- 2019年，入选国家新闻出版署数字出版精品遴选推荐计划
- 2016年，入选"十三五"国家重点电子出版物出版规划骨干工程
- 2013年，荣获"中国出版政府奖·网络出版物奖"提名奖

皮书数据库

"社科数托邦"
微信公众号

成为用户

　　登录网址www.pishu.com.cn访问皮书数据库网站或下载皮书数据库APP，通过手机号码验证或邮箱验证即可成为皮书数据库用户。

用户福利

- 已注册用户购书后可免费获赠100元皮书数据库充值卡。刮开充值卡涂层获取充值密码，登录并进入"会员中心"—"在线充值"—"充值卡充值"，充值成功即可购买和查看数据库内容。
- 用户福利最终解释权归社会科学文献出版社所有。

数据库服务热线：010-59367265
数据库服务QQ：2475522410
数据库服务邮箱：database@ssap.cn
图书销售热线：010-59367070/7028
图书服务QQ：1265056568
图书服务邮箱：duzhe@ssap.cn

社会科学文献出版社 皮书系列
SOCIAL SCIENCES ACADEMIC PRESS (CHINA)

卡号：957465274687
密码：

中国社会发展数据库（下设 12 个专题子库）

紧扣人口、政治、外交、法律、教育、医疗卫生、资源环境等 12 个社会发展领域的前沿和热点，全面整合专业著作、智库报告、学术资讯、调研数据等类型资源，帮助用户追踪中国社会发展动态、研究社会发展战略与政策、了解社会热点问题、分析社会发展趋势。

中国经济发展数据库（下设 12 专题子库）

内容涵盖宏观经济、产业经济、工业经济、农业经济、财政金融、房地产经济、城市经济、商业贸易等 12 个重点经济领域，为把握经济运行态势、洞察经济发展规律、研判经济发展趋势、进行经济调控决策提供参考和依据。

中国行业发展数据库（下设 17 个专题子库）

以中国国民经济行业分类为依据，覆盖金融业、旅游业、交通运输业、能源矿产业、制造业等 100 多个行业，跟踪分析国民经济相关行业市场运行状况和政策导向，汇集行业发展前沿资讯，为投资、从业及各种经济决策提供理论支撑和实践指导。

中国区域发展数据库（下设 4 个专题子库）

对中国特定区域内的经济、社会、文化等领域现状与发展情况进行深度分析和预测，涉及省级行政区、城市群、城市、农村等不同维度，研究层级至县及县以下行政区，为学者研究地方经济社会宏观态势、经验模式、发展案例提供支撑，为地方政府决策提供参考。

中国文化传媒数据库（下设 18 个专题子库）

内容覆盖文化产业、新闻传播、电影娱乐、文学艺术、群众文化、图书情报等 18 个重点研究领域，聚焦文化传媒领域发展前沿、热点话题、行业实践，服务用户的教学科研、文化投资、企业规划等需要。

世界经济与国际关系数据库（下设 6 个专题子库）

整合世界经济、国际政治、世界文化与科技、全球性问题、国际组织与国际法、区域研究 6 大领域研究成果，对世界经济形势、国际形势进行连续性深度分析，对年度热点问题进行专题解读，为研判全球发展趋势提供事实和数据支持。

法律声明